徐中

先生百年诞辰纪念文集

COLLECTED WORKS OF XU ZHONG FOR THE 100TH ANNIVERSARY OF HIS BIRTH

天津大学建筑学院 编

辽宁科学技术出版社

·沈阳·

图书在版编目（CIP）数据

徐中先生百年诞辰纪念文集 / 天津大学建筑学院
编 . -- 沈阳 : 辽宁科学技术出版社 , 2013.11
  ISBN 978-7-5381-8138-8

  Ⅰ . ①徐… Ⅱ . ①天… Ⅲ . ①徐中（1912—1985）–
纪念文集 Ⅳ . ① K826.16

  中国版本图书馆 CIP 数据核字 (2013) 第 148171 号

出版发行：辽宁科学技术出版社
   （地址：沈阳市和平区十一纬路 29 号 邮编：110003）
印 刷 者：北京雅昌彩色印刷有限公司
幅面尺寸：185mm×280mm
印 张：12.5
字 数：143 千字
出版时间：2013 年 11 月第 1 版
印刷时间：2013 年 11 月第 1 次印刷
责任编辑：付 蓉 闫程程
编 辑：姜思琪 包伸明
封面设计：马文娟
版式设计：马文娟
责任校对：王玉宝

书 号：ISBN978-7-5381-8138-8
定 价：98.00 元

前言

2012 年 7 月 28 日是徐中先生（1912—1985）诞辰 100 周年纪念日。作为中国杰出的建筑学家和建筑教育家，徐中先生博学笃行，知行合一，倾尽毕生精力无私奉献于祖国的建筑教育事业，天下桃李，不乏栋梁。

徐中先生是天津大学建筑系的奠基人。主持建筑系工作三十余年间，徐中先生以其远见卓识和责任担当，为天津大学建筑系的发展做出杰出贡献，"徐中教育思想"造就了天津大学建筑系的教学风格和教学特色，惠泽了一代又一代天大建筑学人。

饮水思源，师恩难忘。"纪念徐中先生百年诞辰学术研讨会"于 2012 年 7 月 28 日在天津大学建筑学院成功举办，彭一刚院士、戴复东院士、崔恺院士及建筑老八校的院长出席论坛并发表演讲，深切缅怀徐中先生，共同追忆徐中先生对天津大学建筑学院倾注的心血及其对中国建筑教育的深远影响。

值此徐中先生诞辰 100 周年之际，《徐中先生百年诞辰纪念文集》付梓出版。这部文集不仅饱含了对徐中先生的怀念和追思，更体现了后辈对先生教育理念、建筑理论的继承和发扬。文集分为"徐中先生建筑理论与设计实践"、"徐中先生与建筑学教育"、"纪念徐中先生百年诞辰学术研讨会"三个部分，力求全面、客观地记录和探讨先生生前之成就与身后之影响，对当代建筑创作以及建筑教育改革的深化和完善均具有积极意义。

人生有期，而思想之火不熄。

愿我们的努力无愧于先生的安眠。

PREFACE

The date,28th July 2012,is the 100th anniversary of Xu Zhong's birth. As an excellent architect and architectural educator, Xu Zhong is a broadly learner and persevering practicer, who is aways follow the principle of the unity of knowledge and action. At the same time, he dedicated himself to the architectural education career of China, thus his students spread all over the world.

Xu Zhong is the pioneer and pacemaker of the Shool of Architect of Tianjin University. In his leadership period, Xu Zhong carried a heavy burden and did a lot of work for Tianjin University. 'Xu Zhong Educational Thoughts' created the teaching methods and teaching characteristics, moreover, affected the gernerations of learners of the Shool of Architect of Tianjin University.

When we drink from the stream, remember the source. 'The Symposium of Architectural Education in Commemoration of 100th Anniversary of Xu Zhong' was successfully hosted on 28th July 2012. On the symposium, Academician Peng Yigang, Academician Dai Fudong, Academician Cui Kai and Deans of The Original Architecture Schools delivered speeches and deeply recalled Xu Zhong's efforts that have been made on the Shool of Architect of Tianjin University and far-reaching influences on architectural education of China.

On the 100th anniversary of the Xu Zhong's birth, the book 'Collected Works of Xu Zhong for the 100th Anniversary of His Birth' is going to be published. The collections not only contain the memories and recallings about Xu Zhong, but also a reflection of spirit that continuator inherit and carry forward the education methods and architectural theories of Xu Zhong. It contains three parts, including 'The Architectural Theories and Design Practice of Xu Zhong', 'Xu Zhong and Architectural Education' and 'The Symposium of Architectural Education in Commemoration of 100th Anniversary of Xu Zhong', with the expection that it can wholely, at the same time, objectively record and discuss the achievements during his living time, meanwhile, the long-term effects as time passes.

Everyone has only one life, but the thoughts last forever.

Wish our endeavors live up to our ancestor's expections.

Zhang Qi

目 录 CONTENTS

前言·· 04
PREFACE

徐中先生生平··· 10
THE BIOGRAPHY OF XU ZHONG

徐中先生建筑理论与设计实践
THE ARCHITECTURAL THEORIES AND DESIGN PRACTICE OF XU ZHONG

北京外贸部大楼的建设（1950—1952年）······································· 32
THE CONSTRUCTION OF ADMINISTRATION BUILDING OF FOREIGN TRADE IN BEIJING (1950-1952)

天大校园建筑的设计（1952—1958年）··· 34
THE DESIGN OF TIANJIN UNIVERSITY CAMPUS (1952-1958)

建筑与美·· 40
ARCHITECTURE AND AESTHETICS

建筑的艺术性究竟在哪里·· 52
WHERE IS THE ARTISTRY OF ARCHITECTURE

探讨建筑里的艺术问题·· 57
EXPLORING ARTS OF THE ARCHITECTURE

建筑和建筑设计·· 59
ARCHITECTURE AND ARCHITECTURAL DESIGN

建筑功能与建筑艺术的关系·· 66
THE RELATIONSHIP BETWEEN FUNCTION AND ARTISTRY IN ARCHITECTURE

发挥主观能动性，创造建筑新风格··· 73
TO TAKE THE INITIATIVE TO CREATE THE ARCHITECTURE OF A NEW STYLE

论建筑风格的决定因素·· 88
ON DETERMINATIVE FACTORS TO ARCHITECTURAL STYLE

徐中先生与建筑学教育
XU ZHONG AND ARCHITECTURAL EDUCATION

怀念启蒙老师徐中教授 / 吴良镛 ································· 98
RECALLING PROF. XU ZHONG, MY FIRST TEACHER IN ARCHITECTURE /WU LIANG-YONG

怀念徐中老师 / 齐康 ····································· 99
RECALLING PROF. XU ZHONG /QI KANG

传统的继承者与叛逆者——忆徐中教授的创新精神 / 彭一刚　黄为隽 ·········· 102
TRADITIONAL INHERITOR AND REBELS—RECALLING PROF. XU ZHONG'S INNOVATIVE SPIRIT /PENG YI-GANG AND HUANG WEI-JUN

徐中先生与天大建筑系 / 聂兰生　章又新 ························· 105
XU ZHONG AND THE DEPARTMENT OF ARCHITECTURE, TIANJIN UNIVERSITY /NIE LAN-SHENG AND ZHANG YOU-XIN

忆敬爱的徐中先生 / 魏挹澧 ································· 109
MY MEMORY OF BELOVED PROF. XU ZHONG/WEI YI-LI

理论思考的严谨性与设计思维的敏锐性——在徐中导师言传身教中感悟的素质教育 / 布正伟 ··········112
EARNEST IN THEORETICAL THINKING AND ACUTENESS IN DESIGN CONCEPTION—THE EDUCATION GAINED FROM XU ZHONG'S THOUGHTS AND BEHAVIORS /BU ZHENG-WEI

追忆与恩师徐中的二三事 / 徐显棠 ····························· 119
MY RECOLLECTIONS OF BELOVED MENTOR, XU ZHONG /XU XIAN-TANG

不弃愚钝，点化成形——领受徐中老师给我改图 / 邹德侬 ················ 122
KEEPING THE LESS ADVANCED IN MIND, KNOCKING THEM INTO MORE ADVANTAGED SHAPE—GAIN A LOT FROM THE IMAGE PROCESSING UNDER THE INSTRUCTIONS OF XU ZHONG /ZOU DE-NONG

怀念徐中先生 / 张文忠 ····································· 125
RECALLING PROF. XU ZHONG /ZHANG WEN-ZHONG

徐中先生是天大建筑学院的创业者和领路人，我们永远怀念他！/ 沈玉麟 ··········127
XU ZHONG, THE ENTREPRENEURS AND PACEMAKER OF THE SCHOOL OF ARCHITECTURE, WE MISS HIM FOREVER! /SHEN YU-LIN

徐中先生的生平——论他的教学思想、科研态度、学术观点与为人 / 周祖奭 ··········132
THE LIFE OF XU ZHONG—ON HIS TEACHING IDEAS, RESEARCH ATTITUDE, ACADEMIC VIEWPOINT AND HUMANNESS /ZHOU ZU-SHI

徐中先生的建筑教育思想与实践 / 周祖奭 ···141
XU ZHONG'S ARCHITECTURAL EDUCATION THOUGHT AND PRACTICE /ZHOU ZU-SHI

天津大学建筑系办学特色与徐中先生 / 胡德君 ···145
THE BOND BETWEEN THE SCHOOL-RUNNING FEATURES AND XU ZHONG/HU DE-JUN

走独辟蹊径的创作道路——忆徐中先生与人民大会堂的建筑创作 / 张敕 ·········148
A NEW WAY OF CREATION—RECALLING XU ZHONG AND THE ARCHITECTURAL CREATION OF THE GREAT HALL OF THE PEOPLE /ZHANG CHI

《透视建筑教育》——献给徐中老师的书 / 荆其敏 ···································150
'THE PERSPECTIVE ARCHITECTURAL EDUCATION'—THE BOOK DEDICATED TO XU ZHONG /JING QI-MIN

追忆与徐中先生共事的那些岁月 / 陈式桐 ···153
REMEMBRANCE OF THOSE WORKING DAYS WITH XU ZHONG / CHEN SHI-TONG

记忆中的祖父 / 徐石 ··158
GRANDFATHER IN MY MEMORY / XU SHI

纪念徐中先生百年诞辰学术研讨会
THE SYMPOSIUM OF ARCHITECTURAL EDUCATION IN COMMEMORATION OF 100TH ANNIVERSARY OF XU ZHONG

鼓励建筑学科 培养建筑人才 / 李家俊 ···166
ENCOURAGING ARCHITECTURAL DISCIPLINES AND ENLIGHTENING ARCHITECTURAL TALENTS /LI JIA-JUN

感恩母校 感恩师长 / 刘燕辉 ···167
GRATITUDE TO MY SCHOOL AND TEACHERS /LIU YAN-HUI

感念徐中先生 / 路红 ··168
REMEMBERING XU ZHONG WITH GRATITUDE /LU HONG

深切缅怀徐中先生 / 谌谦 ···169
IN DEEPLY RECALLING OF XU ZHONG /CHEN QIAN

做先辈那样的建筑学人，推动建筑学科繁荣发展 / 张颀 ·····························170
FOLLOWING THE FOREGOERS AND PUSH ARCHITECTURAL DISCIPLINE FORWARD INTO PROSPERITY /ZHANG QI

缅怀天津大学建筑系创办人徐中先生 / 彭一刚 ···173
IN MEMORY OF XU ZHONG , FOUNDER OF DEPARTMENT OF ARCHITECTURE, TIANJIN UNIVERSITY /PENG YI-GANG

深切怀念恩师——徐中教授 / 戴复东·························177
THE DEEPLY CHERISHED MEMORY OF MY BELOVED MENTOR, PROF. XU ZHONG /DAI FU-DONG

忆恩师 / 钟训正·························180
IN MEMORY OF MY MENTOR /ZHONG XUN-ZHENG

徐师关注我们的"美学热" / 邹德侬·························181
PROF. XU ZHONG'S CONCERNS ABOUT THE 'ESTHETIC HEAT' /ZOU DE-NONG

以"理论的理论"应万变是可持续进取的创作之道 / 布正伟·························183
MEETING ALL CHANGES WITH ONE 'THEORY OF THEORY' IS THE CREATION OF SUSTAINABLE DESIGN /BU ZHENG-WEI

我的老师 / 崔愷·························186
MY TEACHER /CUI KAI

传承前辈大师遗产·开拓建筑教育明天 / 朱文一·························191
INHERITING TREASURES FROM SENIOR MASTERS, FORGING THE FUTURE OF ARCHITECTURAL EDUCATION /ZHU WEN-YI

向我国建筑教育先驱致敬 / 吴长福·························193
A HOMAGE TO THE PIONEER OF CHINESE ARCHITECTURAL EDUCATION /WU CHANG-FU

怀念徐中先生 / 赵万民·························195
RECALLING PROF. XU ZHONG /ZHAO WAN-MIN

感谢徐中先生 / 刘克成·························196
GRATITUDE TO PROF. XU ZHONG /LIU KE-CHENG

编织中国建筑之网 / 魏春雨·························198
BUILDING THE NETWORK OF CHINESE ARCHITECTURE /WEI CHUN-YU

感恩与传承 / 段进·························199
THANKSGIVING AND INHERITANCE /DUAN JIN

徐中的建筑美学研究及其价值、影响、启示
——纪念天津大学建筑学院创始人徐中先生诞辰 100 周年 / 布正伟·························202
RESEARCH OBJECTIVES OF XU ZHONG ARCHITECTURAL AESTHETICS AND THE ACHIEVEMENTS—FOR THE 100TH ANNIVERSARY OF THE BIRTH OF XU ZHONG, THE FOUNDER OF THE ARCHITECTURE COLLEGE OF TIANJIN UNIVERSITY /BU ZHENG-WEI

后记
CONCLUSION

20 世纪 70 年代的徐中先生

THE BIOGRAPHY OF XU ZHONG
徐中先生生平 *

1912 年 7 月 28 日	出生于江苏省常州市。 Born in Changzhou, Jiangsu Province July 28th,1912.
1931 年	毕业于省立常州中学，同年考入中央大学建筑系。 In 1931, he graduated from Changzhou Provincial Middle School,the same year was admitted into Department of Architecture, National Central University in Nanjing. 1927 年 6 月，苏州工业专门学校建筑科并入南京的第四中山大学，1928 年 5 月改名中央大学，成立建筑系。系主任为刘福泰（近代建筑教育家，曾任教于苏州工业专门学校、中央大学、北方交通大学等）。先后担任教授的有刘敦桢、童寯、贝季眉、卢树森、谭垣、鲍鼎、张镛森等。培养了吴良镛、齐康、钟训正、张良皋、张铸、张开济等大批教授、学者和著名建筑师。
1933 年	大学二年级暑假，为金城银行正、副经理在青岛设计一所毗邻式英国半木料式 (halftimber) 小住宅。 During college sophomore year's summer holiday in 1933, he designed a half-timer English style duplex-house for the Manager and Deputy Manager of Jincheng Bank. 中央大学读书期间，徐中先生的优秀作业经常刊登在中国早期建筑杂志《中国建筑》《建筑月刊》上，建筑类型涉及商埠大厦、税务稽征所、都市住宅、名人灵堂等。
1935 年	毕业于中央大学。 Graduated from National Central University in 1935.
1935 年 10 月	天津市工务局任技佐。 Assistant technician in Tianjin Municipal Council since October, 1935.
1936 年 1 月	上海中国银行建筑科当实习建筑师。 Intern architect in Architecture Department, the Bank of China in Shanghai since January, 1936. 上海中国银行建筑科为著名建筑师陆谦受建筑师事务所。
1936 年夏	赴美国伊利诺伊大学攻读建筑设计硕士学位。

* 参考魏秋芳，王蔚《"表"述天津大学建筑学院徐中先生》。

Pursued Master Degree of Architectural Design in University of Illinois, U.S. in the summer of 1936.

美国伊利诺伊大学（University of Illinois）曾为中国培养过最早留学美国的建筑师庄俊、建筑教育家鲍鼎、中国第二代建筑大师汪定曾等建筑人才。

1937 年   获硕士学位，同年回国。

Received Master Degree of Architectural Design and returned to China in 1937.

1937 年   国民党军政部城塞局技士。

Technician in the Bureau of City Defense and Fortress, Ministry of Military Affairs in 1937.

正值抗日战争开始，徐中回国后立即投笔从戎。主要设计一些沿着长江的军事要塞。武汉沦陷后，城塞局转移到重庆。

1939 年   受中央大学建筑系主任鲍鼎先生聘请，任建筑系讲师。

Serving as lecturer at architectural department at the invitation of Bao Ding, Dean of Architectural Department at National Central University in 1939.

1937—1946 年，中央大学（今东南大学前身）因抗日战争影响迁校至重庆沙坪坝。1939—1950 年任教于中央大学期间，曾受教于徐中先生的学生有吴良镛、汪坦、周卜颐、张守仪、张昌龄、朱畅中、吴允敬、辜其晦、戴念慈等。

1940 年   提升为正教授。同时在徐中建筑事务所从事建筑设计工作，重庆期间设计过巴县县政府办公楼、礼堂，重庆波兰使馆，外交部饭厅兼礼堂等。

Promoted to professor in 1940. Meanwhile engaged in architectural design at Xu Zhong Architects. While in Chongqing, designed Baxian County Government Office Building and Auditorium, Polish Embassy, dining hall/auditorium of the Ministry of Foreign Affairs in Chongqing.

国民党时期的外交部饭厅兼礼堂系当时国民党特务头子戴笠慕名要求徐中先生设计的。在随后而来的各种政治运动中，徐中先生因此受到很多不公正的待遇。自 1940 年起，鲍鼎担任建筑系系主任，聘请梁思成为客座教授，杨廷宝、刘敦桢为兼职教授，徐中为专职教授。

1946 年   随中央大学迁回南京，曾为南京的中央音乐学院设计过校舍，南京龙潭山督师台（纪念北伐战争的龙潭战役的纪念建筑）。

Moving back to Nanjing with National Central University in 1946. Designed dormitory building for the Nanjing Central Conservatory of Music, Nanjing Longtan Mountain Supervisor Tower (a memorial building in memory of Longtan Battle in the Northern Expedition).

1947 年　兼任交通部民航局专员，设计上海龙华机场站房建筑。

Holding a concurrent commissioner of the Civil Aviation Bureau, the Ministry of Communications and designed the Station Building of Shanghai Longhua Airport in 1947.

1948 年　设计南京"馥园新村"住宅。

Designed the Nanjing 'Fuyuanxincun Housing' in 1948 (means Fragrant Garden Village Housing).

1950 年　受聘对外贸易部基建处及北京华泰建筑师事务所顾问建筑师，同时受国立唐山工学院建筑系刘福泰教授的聘请任兼职教授，其间为华泰建筑师事务所设计新华印刷厂，为对外贸易部设计办公大楼。

Appointed to work for the Infrastructure Construction Department of Ministry of Foreign Trade and serving as consulting architect in Beijing Huatai Architects. Meanwhile, at the invitation of professor Liu Futai from Tangshan Engineering College serving as part-time professor. At the time, he designed the Xinhua Printing factory for Huatai Architects and designed the office building for the Ministry of Foreign Trade in 1950.

国立唐山工学院建筑系，1946 年林炳贤（毕业于美国俄亥俄大学，英国皇家建筑学会会员）创办。1948 年．刘福泰任系主任。1951 年 5 月，从唐山迁到北京铁道学院（今北京交通大学前身），期间设计外贸部大楼，地处北京长安街，1993 年获得《中国建筑学会优秀创作奖》（1953—1988 年）。

1951 年　唐山工学院建筑系并入北京铁道学院，徐中主持设计新校址的全部校舍。同年担任北京铁道学院建筑系主任。

The Architectural Department of Tangshan Engineering College incorporated into Beijing Railway College in 1951. Xu Zhong was in charge of the design of all the dormitory buildings in the new campus. At the same year he served as Dean of the Architectural Department in Beijing Railway College.

1952 年
院系调整，北京铁道学院与津沽大学（原天津工商学院）的建筑系合并到天津大学土建系，徐中任建筑设计教研室主任。主持设计天津大学第五、六、七教学楼。

As a result of adjustments in colleges and departments in 1952, Beijing Railway College and the Architectural Department of Jin Gu University (the former Tianjin Institute of Business) intergrated into the Civil Engineering Department of Tianjin University with Xu Zhong serving as Dean of Architectural Design Teaching-research Section.

1953 月
主持设计天津大学第八、九教学楼。

Xu Zhong was in charge of the eighth and ninth teaching building of Tianjin University in 1953.

1953 年 5 月
担任天津市建筑学会第一、二、三、四、五届副理事长，1984 年任名誉理事长。

Serving as vice chairman of Architectural Society of Tianjin at the beginning for five years in a row and serving as honorable chairman in 1984.

1954 年
土木、建筑两系分开，徐中先生被任命为建筑系主任。同年在天津大学召开全国第一次统一教学计划修订会议。

The Civil Engineering and Architectural Departments separated from each other in 1954, Xu Zhong was appointed as Dean of the Architectural Department. At the same year, the first national unified teaching plan revise meeting was held in Tianjin University.

1954 年分设建筑系，1958 年又合并入土建系，至 1979 年恢复建筑系。

1954 年夏
徐中协同卢绳、冯建逵等教师率领 55 届全体学生和教师赴承德避暑山庄和外八庙进行测绘实习。

Together with lecturers such as Lu Sheng and Feng Jiankui, etc, Xu Zhong led all the students and teachers of 1955 to do practices of surveying and mapping in Chengde Mountain Resort and Eight Outer Temples.

中国古建筑测绘作为天津大学建筑系本科教学的必修课，除"文革"期间间断外，延续至今。1989 年获得"全国普通高校优秀教学成果国家级特等奖"。

1954 年 10 月	当选中国建筑学会第一届理事会理事。 Elected among directors of the 1st Architectural Society of China in October, 1954.
1955 年 7 月 9 日	应国际建协的邀请，徐中与杨廷宝等八人组成中国建筑学会代表团，出席在海牙召开的第四届国际建筑师协会大会。 As a member of the Delegation of Architectural Society of China, along with Yang Tingbao and others, at UIA's invitation, attending the 4th UIA Conference held in Hague on July 9th, 1955. 1955 年 7 月 9 日，应国际建协的邀请，由杨廷宝、汪季琦、贾震、沈勃、徐中、华揽洪、戴念慈和吴良镛组成的中国建筑学会代表团，出席在海牙召开的第四次会议。中国被接纳为协会的会员国。中国建筑学会理事长周荣鑫当选为该会的执行委员。
1956 年	完成论文《建筑与美》，在天津大学科学报告大会上作报告。 Finished the paper 'Architecture and Aesthetics' and reported in the Scientific Reports Conference in Tianjin University.
1957 年 2 月	当选中国建筑学会第二届理事会理事。 Elected among directors of the 2nd Architectural Society of China in February,1957
1958 年	设计天津大学图书馆。主持北京体育学院 30 万人体育场方案设计。 Designed Tianjin University Library and hosted the design of 300 000 Stadium of Beijing Institute of Physical Education in 1958. 30 万人体育场为庆祝中华人民共和国建立十周年的纪念工程之一。
1958 年 9 月	参加全国人民大会堂的方案设计。 Participated in the design of the Great Hall of the People since September in 1958. 1958 年 9 月，中央为建设人民大会堂，召集全国各地区的专家级建筑师杨廷宝、陈植、张开济等。徐中先生亦被邀。
1959 年 4 月	发表论文《建筑的艺术性在哪里》。 Published the paper 'Where is the Artistry of Architecture' in April, 1954. 1959 年 4 月中国建筑学会在上海组织关于建筑艺术的座谈会，徐中先生

的论文受到当时建筑工程部部长刘秀峰的赞扬。

1960 年　　　完成论文《建筑和建筑设计》。
　　　　　　Finished the paper 'Architecture and Architectural Design' in 1960.

1961 年 12 月　当选中国建筑学会第三届理事会理事。
　　　　　　Elected among directors of the 3rd Architectural Society of China in
　　　　　　December, 1961.

1962 年　　　在光明日报上发表《建筑功能与建筑艺术的关系》，又完成论文《发挥
　　　　　　主观能动性，创造建筑新风格》。指导研究生王乃香、夏锡南和布正伟。
　　　　　　Published the article 'The Relationship between Function and Artistry
　　　　　　in Architecture' in Guangming Daily, finished the paper 'Initializing Our
　　　　　　Subjectivity, Creating New Architecture', supervised postgraduates,
　　　　　　Wang Naixiang, Xia Xinan and Bu Zhengwei in 1962.
　　　　　　徐中先生提倡"创新"的建筑创作观，要求充分发挥人的主观能动作用。
　　　　　　徐中先生在指导研究生教育工作中，继续进行有关建筑美学的研究。

1965 年　　　与梁思成等参加在法国巴黎召开的第八届国际建筑师协会大会。
　　　　　　Attended the 8th UIA Conference in Paris along with Liang Sicheng
　　　　　　and others in 1965.

1966 年　　　在"文革"中饱经磨难，个人资料均遭损毁，身体受到严重伤害。
　　　　　　After years of suffering in 'the Cultural Revolution', many of his
　　　　　　personal works were missing and damaged, hisphysical health was
　　　　　　also greatly harmed in 1966.

1966 年 3 月　当选中国建筑学会第四届理事会常务理事。
　　　　　　Elected among directors of the 4th Architectural Society of China in
　　　　　　March, 1966.

1978 年　　　担任第五届全国政协委员，还历任天津市政协委员、常委。
　　　　　　Elected as a member of the 5th National Committee of CPPCC and
　　　　　　served successively as a member and a standing member of Tianjin
　　　　　　Municipal Committee of CPPCC in 1978.

1979 年　　　恢复天津大学建筑系，任系主任。
　　　　　　Since the resuming of the Department of Architecture, Tianjin
　　　　　　University, he served as the Department Head in 1979.

1980 年 10 月 当选中国建筑学会第五届理事会理事。

Elected among directors of the 5th Architectural Society of China in October, 1980.

1985 年 任天津市建筑学会名誉理事长。

Elected as the Honorary Director of Architectural Society of Tianjin in 1985.

1985 年 12 月 19 日 因病逝世。

Passed away due to illness on December 19th, 1985.

2002 年 9 月 27 日 纪念徐中先生诞辰 90 周年暨建筑教育学术研讨会在天津大学召开。

The Symposium of Architectural Education in commemoration of 90th Anniversary of Xu Zhong in Tianjin University was held on September 27th, 2002 .

会议包括徐中先生铜像揭幕仪式、徐中奖学金颁发仪式，来宾包括清华大学吴良镛院士、东南大学钟训正院士等，东南大学齐康院士电传《怀念徐中老师》，天大校友崔愷、周愷等人，天津大学领导、建筑学院张颂院长等教师及建筑学院学生参加会议。

2012 年 7 月 28 日 纪念徐中先生百年诞辰学术研讨会在天津大学召开。

The Symposium of Architectural Education in Commemoration of 100th Anniversary of Xu Zhong in Tianjin University was held on July 28th, 2012.

彭一刚院士、戴复东院士、崔愷院士以及来自清华大学建筑学院、东南大学建筑学院、同济大学建筑与城市规划学院、重庆大学建筑城规学院等相关高等建筑院校的院长出席了本次论坛并发表了精彩演讲。同时，天津大学建筑学院 57、77、78 级校友以及在校师生齐聚母校，参加了此次研讨会，一同缅怀我国著名建筑学家、建筑教育家徐中先生，共同追忆徐中先生对天大建筑学院所做出的贡献以及对中国建筑教育界的深远影响。

1951年，徐中在北京家中

徐中在国立中央大学的毕业证书（图片来源：徐石）

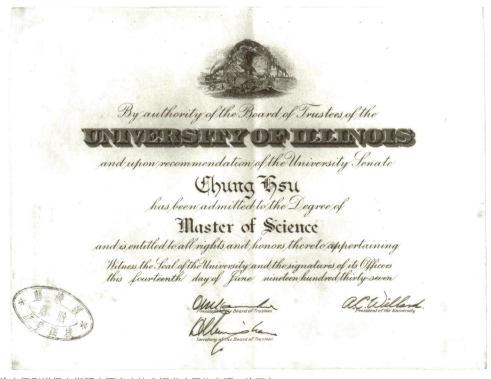

徐中伊利诺伊大学硕士研究生毕业证书（图片来源：徐石）

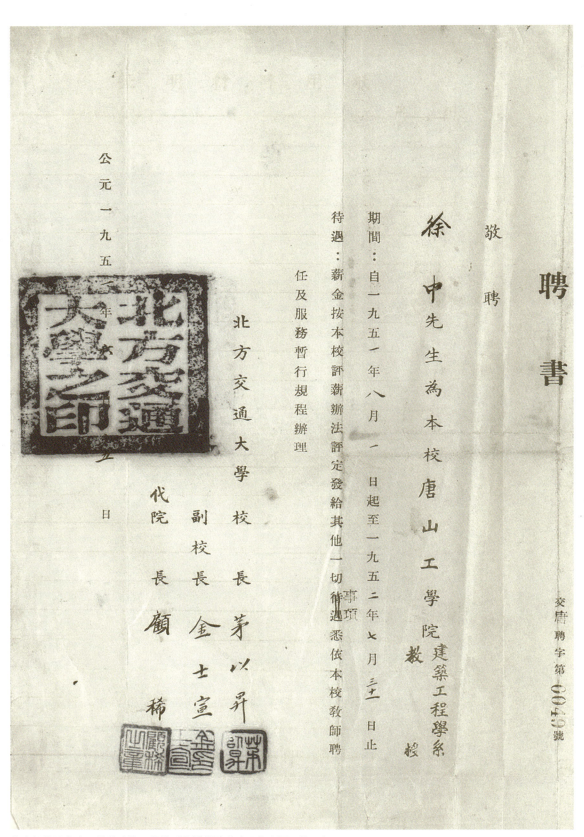

聘書

敬聘

徐中先生為本校唐山工學院建築工程學系教授

期間：自一九五一年八月一日起至一九五二年七月三十一日止

待遇：薪金按本校評薪辦法評定發給其他一切待遇悉依本校教師聘任及服務暫行規程辦理

專項

北方交通大學

校　長　茅以昇

副校長　金士宣

代院長　顧稀

公元一九五一年　　　月　　　日

交唐聘字第００４０號

徐中任教于唐山工学院建筑工程学系教授的聘书（图片来源：徐石）

徐中及友人合影（第一排右二为徐中 图片来源：徐石）

徐中、张开济、何立蒸绘制的名人灵堂练习（图左上为徐中练习图 图片来源：周祖奭）

青岛八大关路别墅（图片来源：周祖奭）

督师台（图片来源：周祖奭）

时中我兄：今日接郑孝燮兄函，知
兄有北来之意，闻讯之下，欣奋至极。清华建
筑系成立三年，因受北方政局影响，各师
鲜乐北来，师资阵容，素感薄弱。今全国
解放左即，北平亲为首都之可能性颇大，
同时北方建设工作已逐渐展开，需用建筑师
亟为迫切；将来建筑师之养成，亦为当今急
务。北平都市之计画工作已由清华建筑系
负责进行。无论在何方面，皆有广大前途。拟
请吾兄届就清华教授，同时参加都市计
画工作。务希
俯允，实本系师生之大幸。企候
研祺。

弟梁思成承上
卅八年六月廿二日

1949 年梁思成先生致徐中先生的信函

徐中我兄：今日接郑孝燮兄函，知兄有北来之意，闻讯之下，欣奋至极。清华建筑系成立三年，因受北方政局影响，各师鲜乐北来，师资阵容，素感薄弱。今全国解放在即，北平成为首都之可能性颇大，同时北方建设工作已逐渐展开，需用建筑师正为迫切；将来建筑师之养成，亦为当今急务。北平都市之计划工作已由清华建筑系负责进行。无论在何方面，皆有广大前途。拟请吾兄屈就清华教授，同时参加都市计划工作。务希俯兄，实本系师生之大幸。企候佳音，并致研祺。

弟梁思成承上 卅八年六月廿二日

中央人民政府貿易部

摘由	聘徐中先生兼任本部基本建設工程處顧問工程師。	
發往	徐中先生	附件字號 賀工人(181)字第六號
讀開		
抄致		
機關		
批辦		擬辦

徐中先生

此致

台端兼任本部基本建設工程處顧問工程師

茲聘

徐中先生

部　長　葉季壯

副部長　姚依林

沙千里

一九五一年三月三日

中央人民政府貿易部印

徐中受聘中央人民政府贸易部基本建设工程处顾问工程师的聘书

1964 年，徐中与建筑系毕业生合影（第一排左二为徐中）

1978 年，徐中与建筑系毕业生合影（第二排左六为徐中）

1956年，东北工学院苏联专家连斯基来天大讲授建筑构造课程（第一排右二为徐中）

1965年，徐中与61级研究生王乃香合影于赵州桥

1965年，徐中与62级研究生
布正伟合影于八达岭

1951 年，徐中与北京铁道管理学院建筑系部分师生合影（左三为徐中）

1951 年，徐中与北京铁道管理学院建筑系部分学生合影（第三排右六为徐中）

徐中先生建筑理论与设计实践

THE ARCHITECTURAL THEORIES AND DESIGN PRACTICE OF XU ZHONG

徐中先生从事建筑教学工作四十余年，在这些年的教学实践中，他将主要精力投入到了建筑教育事业，因此，他并未留下太多建筑作品，主要为北京外贸部大楼（1950—1952年）和天津大学校园建筑组群的设计。从徐中先生可数的作品中，可以看到作为一名处在大时代背景下的建筑师，作品中表现出的执着探索、大胆追求创新的精神。他的建筑作品同时也反映出中国第二代建筑师在创作历程中，努力探索中国现代建筑的创作道路，立足于传统建筑风格的同时勇于革新，在质朴求实的同时坚持以人为本的价值观念。为响应周恩来总理提出的向科学进军的口号，时任天津大学党委书记兼第一副校长的李曙森找到徐中，要求他在丰富的实践经验的基础上，在建筑理论上有所建树。徐中先生因此受到了很大鼓舞，开始着手研究如何处理建筑形式美与建筑功能、结构、材料之间的矛盾，寻求一条建筑美与建筑功能的统一之道。1956年徐中先生在天津大学全校的科学报告大会上做了《建筑与美》学术报告之后，其建筑理论作品《建筑的艺术性究竟在哪里》《建筑和建筑设计》《建筑功能与建筑艺术的关系》等文章相继发表，获得业界巨大好评，至今对中国建筑美学理论的研究具有深远的影响。

As devoted to architectural teaching for more than forty years, which took a remarkable part of his attention as well, the number of his actual works remained today is rather limited, where in outstand the construction of Administration Building of Ministry of Foreign Trade in Beijing (1950-1952) and building group design and campus planning of Tianjin University. As limited as the works are in quantity, still the very persistent exploration and persuasive creativity of an architect can be seen overflowing beyond the 1950s setting. Also set back into the whole second generation of modern Chinese architects, their efforts and effusion in establishing the path of modern Chinese architectural creation at the turning in connecting tradition with zeitgeist while nurturing humanity values in an austere pursuit of architectural truth. In responding to Premier Zhou Enlai's call for expedition to sciences in 1956, Li Shusen, then Party Secretary and the 1st Vice President of Tianjin University, encouraged Xu Zhong to establish something theoretical based upon prolific practices, to which the latter answered with profound enthusiasm. Looking into contradictions in between aesthetic form and function, structure, material, Xu Zhong set out to find out the integrating way of aesthetics and functions in architecture. As early as in 1956, when Xu Zhong read out his 'Architecture and Aesthetics' in front of all staff and students during theTianjin University Scientific Reports Conference, followed by 'Where is the artistry of architecture', 'Architecture and Building Design' and 'The Relationship between Function and Artistry in Architecture', his profound influence upon theoretical studies in Chinese architectural aesthetics has been felt out ever since, to which heated discussion was attracted at the very beginning.

北京外贸部大楼的建设（1950—1952 年）
THE CONSTRUCTION OF ADMINISTRATION BUILDING OF FOREIGN TRADE IN BEIJING (1950-1952)

天大校园建筑的设计（1952—1958 年）
THE DESIGN OF TIANJIN UNIVERSITY CAMPUS (1952-1958)

建筑与美
ARCHITECTURE AND AESTHETICS

建筑的艺术性究竟在哪里
WHERE IS THE ARTISTRY OF ARCHITECTURE

探讨建筑里的艺术问题
EXPLORING ARTS OF THE ARCHITECTURE

建筑和建筑设计
ARCHITECTURE AND ARCHITECTURAL DESIGN

建筑功能与建筑艺术的关系
THE RELATIONSHIP BETWEEN FUNCTION AND ARTISTRY IN ARCHITECTURE

发挥主观能动性，创造建筑新风格
TO TAKE THE INITIATIVE TO CREATE THE ARCHITECTURE OF A NEW STYLE

论建筑风格的决定因素
ON DETERMINATIVE FACTORS TO ARCHITECTURAL STYLE

外贸部大楼筹建阶段是由近代建筑先驱沈理源（1890—1950）负责，因沈理源突然去世，后由徐中接手。

外贸部大楼地处长安街上，在首都规委会大力提倡琉璃瓦大屋顶"民族形式"的环境里，徐中极力主张传统与革新相结合，要在首都北京创造出有中国传统的新建筑风格来。他主张结合我国传统建筑形式，采用新结构、新材料、新施工方法建造。他"逆"潮流而动，极力反对法式陈陈相因的做法，反对用传统部件拼装成新的建筑形式；他主张因时、因地、因材地吸收传统精华为我所用。在这个设计中，他一不用传统的琉璃瓦顶，二不搞复杂的飞檐举折，三不用斗拱飞椽，四不去雕梁画栋，五不配须弥台座和望柱栏板——对于当时盛行运用的传统原形部件，他碰都不碰。徐中根据当时所处的经济条件，用最简洁的手法、最朴素的建筑材料，在群体组合、单体设计和细部处理上体现中国传统建筑的韵味，并在各方面均有所突破。

在办公楼的群体组合上，他突破了一正两厢的"品"字形传统布局模式，又继承了中国建筑单体简洁而丰富的特征，用一主两辅互相平行而又不完全对称组合方式，毫不矫揉造作地满足了办公建筑的朝向需要。

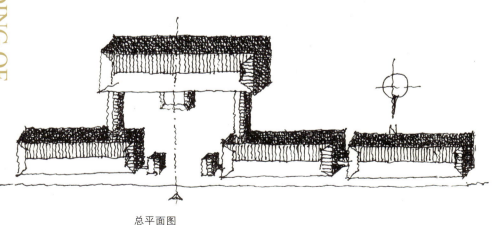

总平面图

* 参考魏秋芳《徐中先生的建筑教育思想与天津大学建筑学系》。

北京外贸部大楼全景

细部 1

细部 2

天大校园建筑的设计（1952—1958 年）*

THE DESIGN OF TIANJIN UNIVERSITY CAMPUS (1952-1958)

在天津大学主教学校园中，敬业湖的北畔屹立着一组机制水泥瓦屋顶、过火砖（琉缸砖）墙身的传统式建筑群。20 世纪 50 年代徐中主持设计的这组建筑，风采依然，格外引人注目。在初步形成校园至 20 世纪 60 年代前的校园建设中，以徐中为主导，先后聚集了冯建逵、彭一刚等一批建筑学系的师生。1952 年设计了天津大学第五、六、七教学楼，1953 年设计了第八、九教学楼，1958 年又设计了天津大学图书馆（现北馆）。

20 世纪 50 年代，在倡导民族传统的设计潮流中，天津大学的这组校园建筑也把民族形式作为设计基点。但不同的是，以徐中为主的设计团队不赞成琉璃瓦大屋顶的过分华彩，他试图在民族式中加入更多的时代气息。他们在民间形式、天津地方建筑特色，以及 50 年代的文化氛围中寻找灵感，在保持庄重的民族古典建筑艺术品质的同时，天津大学的传统式建筑显得更加平和、清雅。半个世纪以来，这些建筑一直是天津大学校园环境特色的主要体现者。在今天，他们除了记述着天大的历史外，仍然是校园主轴景观的重要组成部分，构成最能反映天大校园个性的园区。

---

* 参考魏秋芳《徐中先生的建筑教育思想与天津大学建筑学系》。

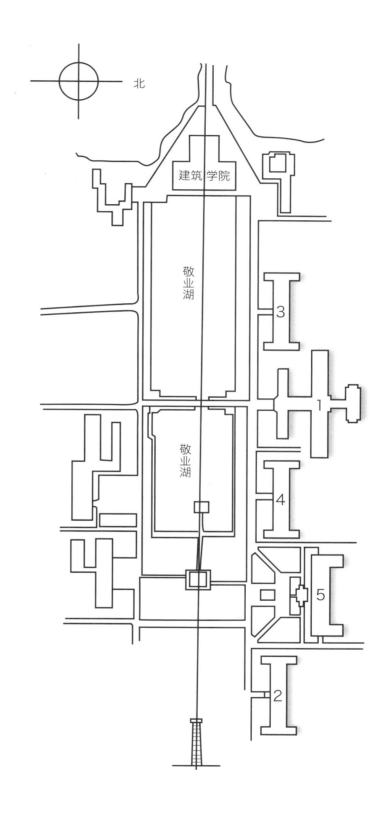

建筑学院

敬业湖

敬业湖

北

3

1

4

5

2

天津大学教学区总体分布

1. 图书馆

2. 第五教学楼

3. 第六教学楼

4. 第七教学楼

5. 第九教学楼

第六教学楼

第八教学楼

图书馆

摄影：高文仲、赵淳

第九教学楼

第九教学楼

第九教学楼

摄影：韩宝志（37 页至 39 页）

景九教学楼

ARCHITECTURE AND AESTHETICS

建筑与美 *

○ 徐中

一、问题的提出

不久以前，由于在建筑理论上产生了形式主义、复古主义的论调，在建筑实践中产生了片面追求形式、铺张浪费的现象，使国家的基本建设受到了巨大的损失，让建筑事业迷失了发展的方向。这样引起了大家有必要重新来考察一下建筑，批判错误，明确方向。于是纷纷探求建筑的本质和特征，在理论上指出了建筑的两面性。它一方面在物质上一方面在精神上为人们服务，物质是第一性的，精神是第二性的，物质生活和物质生产是主要的，精神生活和建筑艺术是次要的等，来纠正强调"建筑就是艺术"的倾向。建筑设计工作者也纷纷检讨过去忽视建筑的实用经济，过多注意了建筑艺术，为了追求美而造成铺张浪费、过多装饰等错误。这无疑是对今后如何正确地对待建筑事业，进一步明确建筑发展的方向有很大帮助的。

但是，问题不是那样简单地就能得到一致的了解和解决，对建筑的看法，至今还是有一定程度上的意见分歧。对党明确指出了建筑要"实用、经济，在可能的条件下注意美观"的方针，就存在着不同的理解。譬如，有这样的看法：既然建筑里物质生产是主要的，艺术是次要的，我们就可以取其主要，去其次要。"在可能的条件下注意美观"，就说明美观并不是非要不可的。况且建筑是为了用的，不是为了看的，去掉艺术的一面岂不简单，这个主义、那个主义，都是从艺术问题上引起来的，因此对建筑可以不必去谈什么艺术美观等，只要能实用经济就好。这不失为一种看法。可是又有这样的看法：建筑中艺术的一面，虽然是次要的，但次要不等于不要，次要的东西可以是重要和必要的。固然物质生活是第一性的，精神是第二性的，难道就能说精神生活、思想工作等就不重要吗？建筑必须具有艺术的特征，可能讲求美观的才是建筑，不能或者没有讲求美观的就不能称为建筑。这又不失为是一种看法。这两种看法的分歧，显然是在于建筑要不要和是不是艺术这一问题上。再说今天之所以造成忽视实用经济的原因，是不是单纯因为过多注意了艺术和美的缘故？是不是形式主义、复古主义、铺张浪费的建筑中的美太多了，艺术性太强了呢？是不是少注意美观，空出时间来多注意实用经济，就是今后的建筑创作方向呢？这一系列问题的关键，也仍旧在于建筑的美和艺术上，所以这些意见和问题，实质上是一个美学问题。

*1956 年天津大学第一次科学讨论会全会论文

建筑首先在物质生活上为人们服务这一点，大家的意见不会有多大的分歧。因为就是唯心主义者，他也是首先需要物质生活的，也一定要住房子的，绝不会承认他可以穿艺术、吃艺术和住艺术的。我们要更多地研究建筑的实用问题、经济问题和有关的一切工程技术上的问题，这是没有问题的，大家容易取得一致意见。但从上面提到的各种不同的看法和问题来看，在建筑的美和艺术问题上，意见就有很大的分歧了，由于对美和艺术上的意见分歧，对整个建筑的理解，也就产生了分歧。因此，我认为从美学的观点来考察建筑，是有助于对建筑的正确理解的。

或者认为过去在建筑问题上，过多地空谈艺术，犯了错误，今天最好多做少谈，或者只做不谈。我想问题要是存在，避而不谈是因噎废食的办法，只谈不做当然不好，只做不谈，恐怕也不能更快地统一和提高我们对建筑的认识。当然我们要力求避免学究式地的、毫无意义的空谈教条，搬弄美学名词。但由于作者知识的缺乏，尤其是对美学知识的缺乏，讨论这一问题，对我来讲，是没有足够条件的。本着"百家争鸣"而不一定要成"家"而后"鸣"的精神，发表一些个人的意见，这些意见可能恰恰是空洞、教条和十分错误的，希望能在大家发表意见、互相讨论中，对建筑问题能逐步获得正确的认识。

以下先讨论一下建筑中有没有美，也就是有没有客观的美，又有没有艺术中的美，然后谈谈建筑中的美如何统一的问题。

二、建筑中有没有客观的美

从马克思列宁主义的美学观点来看，美是客观上存在着的。说客观上存在着美，就是说人们对美的感受，是由客观事物引起的，是客观事物本身固有的特征的反映，而不是人们脑子里无中生有的。

美存在于现实中，存在于自然界和社会生活中，也应该存在于人们合目的性的劳动生产的产物中。铁路公路的建设，引起了艺术家创作"古长城外"和"春到西藏"，反映了新社会的新建设给人民带来了幸福的生活，美好的现在和未来。这些都是艺术家先对这些事物有了美的感受，然后进行创作，用艺术形象表现出来的。艺术家的美感就是从这些现实的社会生活中，现实的建设中得来的，是现实的反映。铁路公路本身不是艺术，而是人们合目的的劳动创造，画面上铁路公路虽不占显著地位，但艺术家美的感受，不能说不是由它们具有能符合便利交通，加强经济和文化的交流与繁荣的目的而引起的。又如那些反映采矿藏、炼钢铁、修堤坝等的文艺作品，它歌颂了广大劳动人民的勇敢、勤劳、机智等优秀品质，而这些优秀品质之所以优秀的道理之一，和他们能生产出合目的的，对人民有利的劳动产物是分不开的。所以劳动生产出来的东西，是能具有美的性质的。它所以具有美的性质，因为它和人的生活有内在的联系。美感的产生，并不是孤立绝缘地从直觉独自产生的，而是和人们的生活相联系的，只有发觉了事物和生活的联系，才能认识到事物的美，而劳动产物和生活的联系，主要在于它的合目的性。马克思说："人是依据美的法则而创造的。"我体会就是这个意思。

上面说的合目的性，也就是合乎人们生活的目的，人们的生活包括物质生活和精神生活两方面，合乎这两方面的目的的事物，都能具有美的性质，在这里是着重指出了合乎物质生活目的这一方面。同时合目的性，也不是不加区别地指任何目的，以后还要谈到，只有是合乎生活发展规律的，也就是合乎广大人民利益的目的，才是正当的目的，才能成为真正的美的对象。

建筑作为合目的的物质生产来看，它本身就可以具有美的特征。杜甫："安得广厦千万间，大庇天下寒士俱欢颜，风雨不动安如山……吾庐独破受冻死亦足"的诗句，不是诗人在关怀寒士生活的心情下，憧憬着广厦的美吗？能大庇天下寒士安如山的广厦，在诗人看来是美的。这里并没有述及广厦的形式美好与否，也没有提到它的艺术性，而是和人们生产建筑的物质上的目的性相联系的。再说我们听到或者看到今天的基本建设，数以千万平方米计算的，为广大劳动人民服务的住宅、工厂等，我们是会感到美的，而这个美感的产生，就是从建筑供人们居住和进行大规模的生产等目的性，再联系到生活而产生的。布置得方便、合用，有足够的光线空气等的建筑，人们生活在里面，就会觉得欢乐和幸福，因为这些方面是符合人们的生活目的的。

所以建筑中是有客观的物质创造中的美的，而建筑中客观的物质创造中的美主要在于它的合目的性。也就是在于它的实用和经济等。

建筑的目的首先是为了供人们生活之用，实用为建筑的目的是毋庸置疑的，但是有人认为经济不是建筑的目的，理由是人们不是为了省钱而建筑的。在我们生产里，有没有要达到节省人力物力的经济目的呢？我认为是有的，实用不一定要经济才能达到，不经济的建筑也可以实用的，所以要经济，是有它另外的目的的。譬如社会主义生产的目的是保证最大限度地满足整个社会经常增长的物质和文化需要，不经济是妨碍满足整个社会经常增长的需要的，这就是要经济的目的。能做到经济而实用，这样才能"大庇"天下劳动人民"俱欢颜"，这难道不美吗？

如果我们认识到实用经济是建筑中美的来源之一，那么说为了美而不注意实用经济，不是等于说为了美而不注意美吗？或者说美是指艺术中的美，是为了追求艺术中的美，因而忽视了客观的美，这也是说不过去的。艺术中的美是客观现实中的美的反映，所以艺术家要体验生活，善于审美。一个不懂得和不善于注意客观现实中的美的人，如何能创造出艺术中的美来呢？这里当然不是说建筑艺术的美就是建筑中客观的物质创造中的美的反映，而是说一个从事艺术创作的人，（假如建筑是艺术，那么建筑师也包括在内。）要善于理解客观现实的美，才会正确对待艺术，要不然就是艺术中的美也是不会对待得正确的。忽视建筑物质创造中的美而去追求艺术的美，这就出现了形式主义、铺张浪费等现象，这不是证明了不理解现实中的美也不能正确对待艺术吗？

爱美是好事，不要把美理解得虚无缥缈，也不要把美理解为仅仅是形式问题，美就是美好的事物，美是值得追求也必须追求的，就看追求的是不是真正的美。建筑的实用经济问题，不能为了艺术而有所忽视，从美学观点来看，也应该如此。

既然建筑具有客观的物质创造中的美，而这个美又主要在于它的合目的性，那么建筑的物质生产的目的性就应该具有客观的性质，也就是说我们所要求的实用经济等目的，应该有它的客观规律，而不是以人们的意志为转移的。也许因为在建筑实践中，这些目的的要求，总是要通过人们的思考、设计才能达到，人们可以设计得要求高些或者低些，于是对建筑的目的要求，就认为似乎是凭人们主观意志来决定的。但是我们过细地研究一下，人们对建筑的目的要求，实际上不能不受一定的生产方式、一定的经济制度所制约、所决定。不是人们主观可以左右一切的。在一定的生产力和一定的生产关系下，人们对建筑只能提出或达到一定的目的要求，不切实际的目的要求，或者提不出来，或者提出来了也不可能达到。人们对建筑的目的要求，只能在经济规律的作用下，起些主观能动的作用。

生产力还没有发展到使用蒸汽机、使用火车来作为交通工具的时候，不可能有建立火车站的目的要求。在还没有生产电梯的可能之前，不会产生用高层建筑来解决居住或办公等问题的想法。生产力的发展，使我们今天使用混凝土才能比罗马时代更广泛有效，房屋建造方法才能比高直式建筑更灵活轻巧。阶级社会里要求宗教建筑，在社会主义社会里才要求工人文化宫。在阶级社会里，建筑只能满足统治阶级的要求，人民的要求是不能满足的，只能有"安得广厦千万间"之叹。社会主义的建筑，才能成为全民的事业，才能最大限度地满足人民的要求。所以，随着经济的发展，人们才能产生、实现、取消或改变对建筑的要求。实用方面的要求才越来越复杂，建筑类型才越来越多，建筑方法才越来越经济有效。今天的要求，是今天的经济条件规定的，不能在过去产生或实现。建筑活动是自觉或者不自觉地符合社会经济发展规律的，不是以人们意志为转移的，人们只能利用规律，加速或者阻碍它的发展。所以适当的、符合经济发展要求的建筑，是生产上和生活上所必需的；不适当地、穷奢极欲地大兴土木，可以导致民穷财尽，这样的建筑"贤者虽有此不乐也"。

建筑中美的客观性和客观标准，就在这里。

今天社会主义的经济建设，是自觉地掌握了经济发展规律，有计划、有步骤地建设，目的在于尽快地促使经济的发展。我们说最大限度地满足人民的要求，这个限度就是要符合经济发展规律。建筑中过分装饰、铺张浪费会阻碍经济发展，推迟社会主义建设。归根结底，是不符合广大人民的目的要求的。哪怕它的形式多么美丽，空间多么方便舒适，在浪费这一点上，只能引起有心人的痛心，而不能引起美感的。反之，单纯经济观点妨碍了在今天的经济情况下人们生活所要求的合理目的，同样不符合人民的利益。被评为简陋的东西，也是不美的。所以在今天的社会里，我们必须要求建筑师在设计过程中，要充分了解所设计的建筑物在当前国民经济中的意义，也就是要了解怎样更好地来符合今天的经济发展规律。多、好、快、省就是结合今天经济发展情况提出来的要求，也要根据今天经济发展的情况来理解，不是无限制的多、好、快、省。但是事实上不可能要求一个建筑师十分全面地掌握经济发展规律，所以在建筑实践中，又有赖于能真实反映实际情况的经济指标和定额等的帮助。对科学的指标定额的任何忽视，或者对不科学的或不符合具体情况的指标定额的教条搬运，盲目迷信，都是不对的。美好的现实主义的建筑，必须要和现实的经济条件紧密联系。

三、建筑中有没有艺术的美

现在让我们来讨论一下建筑中有没有艺术的美，也就是说建筑是不是艺术，有没有艺术性。讨论这一问题，首先要搞清究竟怎样才算艺术，且不管什么流派，什么主义的艺术，不管它是进步的还是反动的，我们为什么叫它是艺术呢？正像哲学，不管是唯心主义的还是唯物主义的，我们为什么称之谓哲学呢？因为它总是论证存在与思维的关系问题，都是这样或那样的"世界观"。那么凡是称之谓艺术的东西，它总是通过一定的手段，形象地表现这样或那样的思想感情。不过唯心主义者认为艺术中的思想感情，美学上的感受来自主观，美是概念，艺术是用来补足现实中没有美的缺陷的。反动的艺术歪曲现实，表现腐朽的思想感情，以美为丑，以丑为美。唯物主义者科学地认为艺术中的思想感情是客观现实的反映，美是客观存在着的，艺术中的美是客观的美的集中反映，主客观是一致的。进步的艺术真实地反映现实，以美为美，以丑为丑。两种艺术观虽然有本质上的区别，但总是用形象来表现思想感情的，这是艺术与非艺术有所区别的最基本条件。这里说的思想感情，也就是艺术家的艺术意图，艺术家希望传达给人的感受。

建筑是不是艺术，不是查一下百科全书，书上说建筑是艺术就能解决问题的。要看它是不是形象地表现了一定的思想感情，要是具有这个特性，我们就应该承认它的艺术性，要是不具有这个特性，我们又何必一定要称建筑是一种艺术呢？

对建筑的确可以这样来设计，譬如一座厂房：根据工艺过程的需要、结构的要求等来决定柱网和厂房面积，根据起重量和操作上的要求决定吊车梁的高低，因而决定了厂房的高低，通风采光决定了窗子的位置面积；天窗的形式尺寸，热工计算决定了围护结构的构造，安全防火规范决定了厂房间距及其他设施等。我想一个工厂是可以根据这些目的要求，创造性地运用科学技术，精打细算地设计出来，建造起来的，而且能在里面顺利地进行生产。这是建筑，但它的艺术性在哪里呢？鞍钢是一个令人兴奋鼓舞的地方，许多艺术家描绘它、歌颂它，说明这里是充满着美好的事物的，数不清的烟囱，连绵几公里的厂房，都可以成为审美的对象。但是，就其建筑处理来说，很难看出它有什么艺术性，它具有什么艺术中的美。因为在建筑里看不出它有什么艺术意图，看不出它要拿什么样的感受传达给人。同样一幢或一群居住建筑或公共建筑，完全可以按照使用上的条件，科学技术上的要求等建造起来，住在里面也可以得到冬暖夏凉、光线充足、空气新鲜、交通流畅、工作方便等效果，要是这里不是有意识地通过建筑形象表现什么艺术意图，考虑到人对它形体的感受，那么又有什么艺术性和艺术中的美呢？全然不用建筑形象表现什么思想感情的建筑，在理论上可以盖，在事实上也是有的。所以有这样的建筑，它是可以不具有艺术性，可以没有艺术中的美的。

对建筑又可以这样来设计，像长春汽车厂这样的工业建筑，不管大家对它的建筑处理有什么不同的意见和看法，它的设计除掉尽量适合生产上的需要外，是有着使人看上去感到一种清新感觉的意图的。又像宗教建筑，除掉按照宗教仪式的需要外，建造得那样高大阴沉，使人感到神的伟大神秘和人的渺小。故宫处理得富丽堂皇、庄严肃穆，使人感到天子的无限权威。中国庭园，布置得曲径通幽、豁然开朗，使人身临其境，有恬静、宁静的感觉。这些都不是合目的的物质生产的自然产物，而是人们有意识地放进去的一定的思想意图，在感受上对人起作用的。又如今天设计政府办公楼，结合实用经济，我们同样可以有这样或那样的意图，譬如想到人民的政府不同于过去的衙门，它不是要用森严的布局来吓唬老百姓，而是要和蔼可亲地与人民接近。但是人民的政府是实事求是、认真严肃的，人民的政权是牢固的，那么政府办公楼的建筑气氛，又要能朴实庄重，而不是轻佻浮夸等。这些意图感受，都是设计者从周围世界、现实生活里体会而得来的一定的思想感情。这些感受，当然首先要有新社会的存在，设计者才能感受到，感受到了再通过建筑表现出来，这就是建筑艺术。所以不论是工业建筑、居住建筑或者是公共建筑，要是设计者不但在物质生活上对人关怀，还能通过建筑形体，关怀了人们对它的感受，它就具有艺术性。

建筑首先是为了实用，不是为了看的。但人们使用它，不能不看到它，要求人们闭上眼睛用房子是不可能的，因此建筑有时要通过建筑形象，给人们一定的感受，不但在物质生活上而且在精神生活上对人们起作用。这样说来，建筑又可以有艺术性，可以有艺术中的美的。

建筑可以没有艺术性，又可以有艺术性，这说明什么问题呢？这说明不是在任何情况下建筑和它的艺术性是不可分的，建筑的艺术性，要以我们需要不需要对人的感受上起作用为转移。至于是不是有艺术性的建筑才能叫建筑，没有艺术性的就不叫建筑，我认为这不过是名词上的纠缠而已，一般构筑物，如梁水坝，虽然不是房屋，只要我们在处理上也考虑到了人对它的感受，美化一番，我们通常也称作建筑处理，所以建筑二字，有时是含有艺术的意义的。但也没有必要一定把没有艺术性的房屋，一律不称为建筑，而说成建筑的特性就在于它的艺术性。

因此，如果有一个建筑物，它主要不是供人们在里面生活的，又是处在和人们生活环境相当隔绝的情况下，不论它的外部、内部或是群体，恐怕是不需要什么艺术处理的。如堆货物的仓库，内部恐怕就没有艺术处理的必要。至于外部或群体，也只有在和人们生活环境比较密切的时候，艺术处理才有开始考虑的必要。工业建筑有没有艺术性，取决于要不要对成千上万的、日夜在里面工作的劳动人民精神感受上的关怀。在我们今天的社会制度下，应该是需要的。所以厂区布置和生活车间等，都有给以一定的艺术处理的必要。但是工人主要是在工厂里进行生产，不是专门在这里过文化生活的，他们的注意力必然集中在生产上，一座厂房一个车间，做过分的艺术处理就不必要了。不需要和不适当的艺术处理，非但有可能妨碍实用，而且会成为人们不欣赏的累赘。所以工业建筑需要艺术处理，但要从它的使用性质出发，处理得恰如其分。再说居住建筑、公共建筑所以要有这样那样的艺术处理，也因为它和人们的生活紧密联系。居住建筑从其使用性质、生活要求出发，我们要的是宁静亲切、轻松愉快的气氛，没有要使人感到激动、兴奋或者伟大庄严的必要。公共建筑种类很多，也应该按其使用性质，该庄严处庄严，该宁静处宁静。总之，建筑艺术是为了关怀人的感受，要估计到人在不同生活情况下所需要的不同感受。建筑艺术也要多样化，不管人们是在工作、休息还是娱乐，处处给人同样的感受，用一种调子告诉人们说"祖国伟大！祖国伟大！"那就单调得像说教了。要反映祖国的美丽与伟大，也应该是多方面的、多样性的。不论是办公楼还是宿舍或其他用途的建筑，一般化地光靠中央突出，歇山屋顶居中，两端微微向前伸，有亭翼然的体型，是不解决问题的。

任何艺术，能这样那样在思想感情上动人，固然有赖于美好的形式，但主要是取决于艺术意图，也就是它的内容。建筑艺术也不例外，复古主义我们所以要批判，一方面是它造成了很大浪费，危害到经济建设和发展，一方面也是为了它的艺术意图不正确。有些在复古主义思想指导下的建筑，不是构图布局的技巧不好，而在于设计者一心想把"思古之幽情"传达给人，而且成功地用建筑形象表达出来了，于是也就成功地使人联想到城堡、大庙，失去了新时代的感觉。

为了对人的精神上、感受上起作用，我们可以说基本上大部分建筑都应该赋予一定的艺术性的，建筑是有艺术中的美的。艺术中的美，是现实中的美的反映，爱艺术中的美也同样是好事，同样值得追求也必须追求的，就看追求的是不是真正的美，就看追求艺术美是不是没有忽略建筑的物质生产中的美。我体会党提出的"在可能的条件下注意美观"，是有形式有内容的美观，就是要注意通过美好的形式，给人们以感受上的关怀，也就是要注意建筑艺术。所以在实用经济的可能条件下，建筑艺术的美我认为是可以尽量追求的，而关键在于是不是遵守了、符合了和利用了这可能条件。

四、客观的物质创造中的美和艺术中的美在建筑中的统一

上面指出了在建筑中既有客观的物质创造中的美，又有艺术中的美，而建筑中的艺术美又不是建筑中的客观的美的反映，我们要用建筑在物质上和精神上为人们服务，就必须把这两种美在建筑里统一起来。我们说统一，显然不是简单地相加，不是先单纯在实用经济工程技术上考虑好了，然后在上面描花贴金那样的所谓"艺术处理"、"艺术加工"，而是要在具体条件下，把建筑创作中物质方面的目的要求和精神方面的预期给人们的感受等同时考虑，同时解决。不是简单相加而是要像解连列方程式那样，要使得出的解答，既适合这一方程式，也适合那一方程式。当然这样来比拟，可能是不恰当的，因为建筑里各种要考虑的因素比解一些简单的连列方程式复杂得多，而且建筑里的因素是不断发展的，要考虑的因素又常常是矛盾的。实用的建筑不一定经济、美观，经济的建筑不一定美观、实用，同样，美观的建筑也不一定实用、经济。就是实用、经济本身，也同时有种种不同的要求，有时也是互相矛盾的。有矛盾要统一，所以建筑设计要求高度的辩证的逻辑思维与形象思维相结合，来求得物质要求和精神要求的统一。单凭明确了第一性、

第二性、主要、次要，或者机械地要求多注意这方面，少注意那方面等，还是统一不起来的。

建筑中客观的美的创造，在于实用地、经济地、合目的地运用建筑材料、建筑构件，组合起能满足人们物质生活上要求的空间。而建筑艺术的美是利用这个建筑空间组合来作为艺术表现的主要手段（或者说媒介），把艺术意图形象地表现出来。两种美也就在这里结合起来，统一起来。

任何艺术必须通过一定的手段用形象来表现现实。所以有各种不同的艺术，首先也是决定于它运用的手段不同，或运用手段的方式不同。建筑艺术不同于其他艺术，就在于它的手段是运用合乎物质生活要求目的的空间组合。要是说建筑艺术由于所运用的手段的严格要求，使建筑的艺术表现受到极大的局限性，那么任何艺术都要受它的手段的一定局限。虽说王维的诗中有画，画中有诗，但绘画的表现，毕竟不同于诗歌，诗歌的表现也不同于绘画。如果将局限性理解为某种艺术的缺点，而企图突破手段的局限来作艺术表现，只有歪曲手段，同时也歪曲了艺术。小朋友玩儿的组字画，是绘画艺术呢还是文学艺术？绘画不要求画一只和平鸽还要能看出有"保卫和平"四个字来。语言文字也不是绘画的手段。组字画歪曲了绘画的手段，所以不再是绘画艺术，不过是一种游戏罢了。因此艺术不能歪曲而是要尽量利用手段的一切可能性，必须符合而不能违反手段所固有的特性来表达艺术意图。表现手段的局限性，不是某种艺术的缺点，而正是它赋予了各种艺术的特性。各种艺术有它的共同性，也有它的特殊性，把任何艺术完全等同起来，对任何一种艺术，也就很难得到正确的理解。对建筑艺术也不能例外。

文学和建筑不是不能类比，语言文字和建筑上运用建筑构件组成的空间组合，在都是被利用来作为艺术表现的手段这一意义上，是可以类比的。这是它们的共同性。但更重要的是要看到它们之间的特殊性。文学艺术，必须服从、利用而不能歪曲语言文字的特性。在文学艺术创作时，对语言进行艺术加工时，可以尽量利用语言文字的词汇、语法、音韵等，但无论如何不能违反词汇的意义和文法的规则。建筑艺术同样也必须服从、利用而不能歪曲建筑空间组合所具有的实用的要求、力学的规律、材料的性能乃至经济的法则等特性。复古主义的理论，就是从歪曲建筑艺术表现手段出发的，因而是错误的。它把语言文字的特性和建筑空间组合的特性等同起来，将文法和法式等同起来，必然造成对建筑的歪曲，使得物质创造和艺术创造不能在建筑中很好地统一起来。

莫斯科的苏军中央剧院，是一个美好巨大的剧院，但是从它有意做成一个五角星的体型这一点来讲，是突破建筑艺术表现手段的局限，像雕刻艺术一样，想用直接的形象来表现，这是歪曲了建筑艺术的表现手段的。结果造成了平面布局上许多的不合理现象。穆·波·查宾科在《论苏联建筑艺术的现实主义基础》一书中，在指出了这个剧院的优缺点的同时，为五角星象征形式辩护道："把三间正堂的横式古代巴西里卡和圆顶的非基督教建筑物设计图案加以改造，使其适合于耶稣教象征——十字架的形式，这就引致了基督教敬神的建筑艺术定型的产生。……谁也不能谴责拜占庭式、罗曼式、高直式和巴洛克式建筑艺术最完善的古迹的建造者，认为他们把这些建筑结构强行'挤入'十字架的轮廓以内，虽然这个格局也是在象征形式基础上形成的，……看上去却是十分有机的，合乎逻辑的。"这里基督教的教堂，是否先有了十字架形式的意图，然后在象征形式的基础上，纳入那些适合举行宗教仪式的部分呢；还是在巴西里卡平面的基础上，为了更适合宗教仪式的要求，随着宗教仪式的演变、建筑结构形式的演变而演变发展出来的，这还是值得研究的问题。但是它既然"十分有机的，合乎逻辑的"，那它当然就不是"强行挤入"的了，"强行挤入"我想还是应该谴责的。而苏军剧院，恰恰是"强行挤入"五角星的。天坛也是圆以象天的，圆形的亭子，不是从天坛才开始有的，而且圆形的建筑也不是从象天开始的。建筑实践证明圆形可以适合像天坛那样建筑的要求，而不必"强行挤入"，象天就象天吧。苏军剧院宁可让什么都迁就五角星，象征形式第一，那就成为象征主义了，就妨碍到建筑中美的统一了。

当然，不是一般的反对建筑的平面形体像某些东西，譬如飞机站，从实用出发，可能形成了一个像飞机形式的平面。与铁道有关的房屋可能形成一个像钢轨断面的"工"字形。但是绝没有必要，而且必须反对先有了飞机形的意图，而后将飞机站的要求，"强行挤入"飞机形的轮廓内。先有路徽形式的意图，然后将与铁道有关的房屋，"强行挤入"这个轮廓内。甚至有这样的意图，将居住建筑的总体布置，拼成俄文"友好"字样。加入用这些意图来对待建筑，除了歪曲了建筑艺术，破坏了建筑中美的统一外，也算不得什么高尚的建筑艺术意图的。

在目前的建筑实践中，像上面说的那种象征的做法，并不流行。但是类乎这样的先有形式，"强行挤入"建筑的目的要求的作风，不是绝无仅有的。像不问地形环境和建筑的具体要求，对称第一的做法，追求先入为主的轮廓、体型等，就可能歪曲手段，忽视实用经济而造成错误。所以不是过多注意建筑艺术而导致了忽视实用经济，而是歪曲了建筑艺术，才造成了忽视实用经济，才失去了建筑中美的统一。

这里说不要歪曲而是要利用建筑空间组合来做建筑艺术表现，和那些片面地持功能决定形式、表现结构、表现材料等主张的人的理解，是有区别的。说不歪曲，就是不违反建筑表现手段的特征和规律。说利用，就是要在这些特性和规律的作用下，在它们的可能条件下，能动地加以这样或那样组合，综合建筑的各个方面，使它达到完美的境地。对建筑艺术来说，我们是利用具有功能作用的空间，构成空间的结构、材料等来表现，而不是表现功能、结构、材料，不是以手段表现手段。要求在建筑造型上能显示出它的功能来，合理有效地运用结构和材料，这还是应该的。这应该理解为正确对待手段的必然结果，和那些为表现而表现的主张是有区别的。

上面说建筑空间组合是建筑艺术表现的主要手段，那就不是唯一的手段。建筑艺术的表现还可以借助于各种建筑装饰。从线脚到绘画雕刻，都可以用来丰富建筑的表现力。这里说的装饰有些本身就是一种独立的艺术，但是对建筑艺术来说，应该是作为手段来理解的。表现手段，只有在它们体现了艺术意图的时候才能成为艺术形式，建筑装饰虽然它本身可能已经是一件不起的艺术品了，但是不能说它就是建筑艺术，只有用它们体现了建筑艺术意图时，才能成为建筑艺术形式。假如把建筑装饰和建筑艺术的含义混淆起来，就会引起装饰越多建筑的艺术性越强的误解，造成过多装饰的错误。而且装饰作为建筑艺术的表现手段，和建筑的合目的性的空间组合这一主要手段来比较，应该是一种辅助的手段，不是在所有情况下非要不可的。想主要依靠装饰来表现建筑艺术，也是造成过多装饰的原因之一。

我们可以而且应该尽量利用在结构上、实用上有作用的建筑构件同时起装饰作用，但是要求在所有的建筑装饰里找到它在实用上、结构上的现实意义，而一概否定没有功能作用的装饰，或者一用装饰似乎就是形式主义，就是铺张浪费，我认为是没有理由的。希腊、罗马建筑柱头上、山墙上、楣梁檐口上的雕刻，中国建筑檩枋上的彩画，梁头上的霸王拳，它们究竟起什么功能作用呢？有人说彩画起保护木料的作用，但保护木料的是披麻、捉灰、油漆、粉刷，而不是和玺、旋子等彩画。彩画除掉费些工料外，不能起加强任何油漆功能的作用。它只能丰富建筑的表现力。同样霸王拳非但不能加固梁头，而且也总是要费些功夫去雕刻它的。有人说它们虽然不能增加功能上的作用，但是它们就妙在和有功能作用的东西结合在一起，是有功能的东西的加工。那么我认为大部分建筑装饰都是这样的，梁柱梁上的装梁必然是梁柱的加工，屋顶上的装饰是屋顶的加工，墙壁门窗上的装饰是墙壁门窗的加工，很少建筑装饰是飘在空中而不和有用的构件结合在一起的。或者说我们是反对把过去有功能作用的构件，如斗拱，今天沦为没有功能作用的装饰。我认为只要你认为装饰在建筑上还用得着，又承认它不是别的而是装饰，那就不必再求其实用、构造等功能上的作用了。要是允许描绘或雕刻这样或那样纹样来做装饰，为什么不允许雕刻成斗拱样的纹样装饰呢？本来有功能作用的东西沦为装饰，并没有不可以的理由。其实，有现实功能作用的构件就不是装饰，而是我们可以利用它起表现作用。倒是在建筑上常常用装饰把构件装饰起来。装饰而表现了一定的健康的建筑艺术意图，就不是形式主义。装饰肯定是要多花钱的，但是在经济的可能条件下起一定艺术作用的装饰，就不一定是浪费。所以不是一般的能不能用斗拱做装饰的问题，而是要问为什么用它来做装饰，用了它取得了怎样的效果，花这笔钱值不值得，上不上算。这里决没有鼓励用装饰、用斗拱的意思，而是想说明建筑装饰的，要多少，要怎样的装饰等，不是有什么一成不变的清规戒律，而是取决于经济的可能条件和建筑艺术表现的意图。装饰而达到了浪费的程度，装饰而没有能表现一定的健康的艺术意图，那就是过多装饰了。

最后本来想谈一谈关于建筑的形式问题和构图问题，因为艺术需要有美好的形式，才能充分表达艺术的意图。建筑的美观，应该是指建筑在客观美和艺术美统一的过程中，能表达建筑艺术意图的美好的建筑形式，不是空洞的而是有内容、有形式的美观，是建筑艺术内容和形式的统一。所以这里还应该谈谈建筑的形式美的问题，但限于时间，想另外找机会再讨论了。

○ 徐中

建筑的艺术性究竟在哪里

WHERE IS THE ARTISTRY OF ARCHITECTURE

一

解放十年来，在党的领导下，我国的建筑事业是取得了史无前例的巨大成就的。这也使我们认识到在社会主义制度下，我们的建筑事业和资本主义国家有根本的区别，它不再是建筑在私有制的基础上了，而成为全民的事业，必须为广大人民服务。因此我们必须在建筑创作方向上有统一的认识，这样才能使我国的建筑事业更符合人民的要求，使我们的城乡面貌既多样又统一。

党早就给我们指出了创作方向，提出了"实用、经济、在可能条件下注意美观"的建筑方针。几年来在建筑实践中，在建筑教育中都贯彻了这一方针，取得了成绩。但由于对这一方针的体会理解不深，在思想认识上至今还是存在着一定的分歧，因而建筑创作的意志还不是那么统一的。

我认为最大的分歧是在美观这一问题上，对"实用、经济"的意义比较容易理解，对"美观"二字的理解就不是那么容易一致了。我这里说实用、经济比较容易理解，决不是说这些要求很容易达到或者很容易解决，这里存在着许许多多生活要求上、生产要求上、工程技术上的问题，正有待我们努力学习、大力钻研和不断解决的。也不是说适用、经济问题已经在我们的思想上有了足够的重视，恰恰相反，许多建筑创作中建筑教育上的脱离实际追求形式等缺点和错误，正是由于忽视适用、经济而产生的。就是遇到具体问题，譬如居住建筑问题，怎样才算实用，怎样才算经济，意见也不是那么容易一致的。但是实用、经济的涵义是什么，它们具体指的是什么东西，还是比较容易得到统一的理解的。遇到美观问题就其说不一了，美观是不是专指形式？有形式就有内容，美观的内容又是什么？大家说建筑有艺术性的一面，美观是不是就是指建筑的艺术性？这些问题就不容易一下子得到一致的答案了。今天我们讨论建筑的艺术问题，建筑的形式问题，我们不妨大胆怀疑，来找一找建筑的艺术性究竟在哪里，找不到就不必说建筑具有艺术性，找到了再看看在具体建筑上艺术性又是怎样表现的。

二

建筑之具有艺术性是为一般建筑工作者包括我在内所公认了的，而且究竟表现在哪里似乎也很明确，那就是建筑除了在物质上而且要在精神上为人们服务，所以具有艺术性。还进一步论证了在建筑中物质是第一性的，艺术是第二性的，物质是主要的，艺术是从属的。但是再谈得具体一点，就不无可争辩之处了。譬如谈到建筑的形式问题，建筑的艺术问题，就有类似这样的说法："谈建筑的形式、建筑的艺术问题不能脱离内容，不能脱离功能，不能脱离工程技术，内容变了形式也要变，形式要和内容统一，建筑艺术和其他艺术不同，就是因为它具有功能、工程技术的内容"等。这些说得都不错，而且看到了一个事物各方面的有机联系，相互制约和变化发展的内在关系。就是有一点，这里没有具体说明哪些是艺术的内容，说的有些笼统含糊，似乎把建筑的功能、工程技术也说成是建筑的艺术性的内容了，而和这些内容统一的形式就是艺术形式了。功能和工程技术无疑是建筑的内容，而且是头等重要的内容，它们也给建筑的艺术性以不可否定的影响。但是在分析问题上把功能和工程技术也理解为艺术的内容，或者和艺术的内容混淆起来，我看是不妥当的。这样就会得出这样的结论，认为建筑只要它的功能、工程技术的内容和它们规定的形式统一起来，就会具有艺术性。资本主义国家的持"功能决定形式"、"建筑是居住的机器"论者的理论就是这样的。他们也不反对美，也承认建筑具有艺术性，不过他们认为只要建筑的形式和"合理"的功能工程技术统一，美就在其中矣，于是艺术性也就在其中矣，这种说法很能迷惑人。大家知道他们的言行是不一致的，他们是在"合理"的幌子下大搞抽象艺术，但就是他们口头上所标榜的这些理论，我认为也是十分错误的。

我也认为单纯在功能工程技术上合理的物质创造中是可以有美的，但是，第一物质创造中的美主要是指它的内容，而形式不一定美，第二这个美是现实中的美不是艺术中的美。美存在于现实中，存在于自然界中，存在于社会生活中，也应该存在于人们合目的的劳动生产的成果中。譬如我们去参观鞍钢，心里感到非常兴奋愉快，许多文艺工作者也用诗歌来歌颂它，用绘画来描绘它，这是由于鞍钢的厂房、机器和劳动生产是同我们社会主义建设，同我们的生活有着内在的联系，因此它是可以给我们以美的感受的，但反过来看鞍钢在形式上是否漂亮呢？我看并不漂亮，有些厂房是旧厂房修复的，总体布置比较凌乱，里面的机器设备由于是重工业的重型机器，功能上工程技术很好，而形式上既不轻巧也不明快，比例尺度上也不那么吸引人，不见得漂亮。我们说鞍钢美主要在于它的内容而不在于形式，而且这个美是现实中的美，不是艺术中的美。艺术中的美是现实中的美的再现，是现实中的美的集中加工。美同艺术不能随便等同起来，具有现实中的美的东西不是艺术，不能说它具有艺术性。建筑作为具有功能工程技术内容的物质生产来看，可以具有美的性质，但不能说它具有艺术性。

我们可以说建筑不同于一般的物质创造，它的功能作用是和人的生活直接联系着的。艺术是生活的再现，建筑在满足功能上的要求的同时也就反映了人们的生活，所以具有艺术性，我想这也是不对的。建筑的功能作用是指适合人们使用上的要求，物质生活上的要求，是人们物质生活的一部分，而不是生活的再现。就算它能再现生活，工厂的功能是要求符合生产的工艺过程，办公楼是符合办公的要求，医院是符合医疗上的要求，单纯反映生产过程、办公过程、医疗过程，一句话单纯反映人们日常生活过程也不是什么艺术，也不具有艺术性。所以功能技术的内容和它们的形式的统一是没有什么艺术性的。到功能工程技术中去找艺术性，这第一找我认为是找错了的。

我们又可以说功能工程技术的内容和形式的统一固然不具有艺术性，但是我们可以讲求比例、尺度、调和、对比等，创造出美好的形式，这就有了艺术性。艺术必须要有美好的形式，这是不错的，但美好的形式不等于艺术，用圆规画一个圆，圆是一个完美的形式，但一个圆不是艺术。要讲求比例、尺度等也是对的，在我们国画理论"六法"里就有一条叫"经营位置"。就看怎样讲求比例尺度了，空讲是不行的。因为比例尺度等是一种手法，它要表现了一定的艺术意图才具有艺术形式的意义。檐柱径六斗口，柱高六十斗口不是艺术，柱高一丈出檐三尺也不是艺术，大家喜欢讲的黄金比也不是艺术。犹如"平平仄仄平平"不是诗，没有赋予诗的内容之前，对诗来讲，不过是空洞的形式而已。一讲比例就具有艺术性，这显然是说不过去的。在建筑创作中表现手法、表现技巧很重要，没有技巧艺术意图就不可能用美好的形式表达出来，但是单凭手法技巧，就只会导致形式主义。抽象艺术之所以是形式主义就在于它没有艺术的内容。所以把艺术性归结为美好的形式也是不妥当的，这第二找我认为也是找错了的。

还有一种说法，认为一个房子光秃秃一点装饰都没有，有什么艺术性呢？这里又在建筑装饰里找建筑的艺术性了。建筑装饰从线脚、纹样、装饰材料到绘画雕刻等，有些它本身就是一种艺术，同时装饰也能用来丰富建筑艺术的表现力，但是不能说它就是建筑艺术，也只有用它体现了建筑艺术意图时，才能成为建筑艺术形式。有了装饰建筑就具有艺术性，那么难道装饰越多艺术性就越强吗？装饰的不适当不但不能加强而且会削弱建筑艺术的表现力。所以建筑有没有艺术性不取决于装饰。这第三找我认为也是落空的。

或者说建筑艺术不同于其他艺术，不能把一般艺术的概念定义往建筑身上乱套，这是完全正确的。具体问题应该具体分析，所以建筑艺术的特殊性必须肯定，但是也必须找出它和其他艺术的共性，才能说建筑具有艺术性，要是没有的话我们又何必说建筑具有艺术性呢？要是把没有艺术性的东西说成有艺术性，把第一性的东西说成第二性，那就只有歪曲马克思列宁主义的艺术观，从而否定历史唯物主义关于意识形态的理论。

那么什么是艺术的共性呢？我认为凡是能称之为艺术或者具有艺术性的东西，它必定通过一定的手段（譬如文学艺术是用语言文字作为手段）用形象来表达一定的思想感情或者一种感受。这是艺术的最低限度的共性，也是艺术与非艺术的最低限度的区别所在。这里说的思想感情或者一种感受也就是作者希望传达给人们的一种艺术意图。这里形象是艺术的形式，艺术意图是艺术的内容。

我认为建筑不是非要具有艺术性不可的，艺术性是人们有意识赋予它的。建筑之所以要赋予艺术性是为了给人们一种美好的思想感受，是对人们精神上的关怀。所以一个建筑物、一个建筑群乃至一个城市面貌，如果说它们具有艺术性，那么它们就必须用形象来表达一定的思想感情，一定的艺术意图，把一定的感受传达给人们。从建筑的艺术性这一点来讲，它的内容是思想内容，是艺术意图而不是功能技术，而它是通过具有功能工程技术内容的物质生产作为手段来表达一定的建筑艺术意图的，建筑中的功能、工程技术和艺术也就是在这样的关系上联系起来统一起来的。如果是为了避免建筑艺术脱离功能技术，就把功能技术说成是艺术的内容，或者把功能技术说成本身就具有艺术性，这是不能说明它们之间相互联系、相互制约的正确关系的。

各种艺术之所以不同，或者说各种艺术的特殊性，首先取决于它们运用的手段的特殊性，手段不同，表现形式、表现方法就不同，手段变化发展，表现形式、表现方法也要变化发展。建筑艺术不同于其他艺术，就在于它运用的手段是具有巨大的实用意义、经济意义的物质生产。功能工程技术的变化发展必然要求建筑艺术的表现形式、表现方法的变化发展。我们在物质生产的意义上不能忽视建筑的适用、经济，就是在艺术的意义上，为了保证建筑艺术的特性，也应该尽量运用和发挥手段的特性而不能歪曲玩弄和违背手段的特性。牺牲了功能工程技术的合理性，忽视适用、经济的要求来做艺术表现，就会损害建筑的艺术性，也就没有了建筑艺术的创造性。譬如不从功能技术和各种具体条件出发，先有艺术形式，让功能技术等无原则地迁就形式，就很难符合党提出的建筑方针，也很难有建筑艺术的创造性。

具有艺术性的建筑，必须具有作为物质生产满足人们物质生活需要的功能、工程技术等内容和形式，同时又具有作为艺术形态满足人们精神生活的思想内容和形式。这些内容和形式是统一在完整的一个建筑形体、一个建筑组合之中的，在具体建筑中不可能划分哪一部分是物质生产的内容和形式，哪一部分是艺术的内容和形式。但是在理论探讨上、在思想认识上不能把物质内容和精神内容混淆起来，那样就会产生表现功能表现结构仿佛就是艺术的错误。或者口头上说不能脱离内容讲形式，而实际上犯了脱离一定的艺术意图，盲目抄袭，为比例而比例，为装饰而装饰。一句话，就会犯"为形式而形式"的错误。

三

建筑之具有艺术性在于思想内容和艺术形式的统一。但是对建筑艺术的思想内容也不能理解得过于神秘，有时它具有明显的思想性和阶级性，有时也不一定有明显的思想性和阶级性。譬如北京的美术馆从设计图纸和模型上来看，是具有一定的思想性和阶级性的，它表现了我们这个伟大时代文艺创作的繁荣和社会主义的文化对历史传统的继承。这是从现实生活中得来的感受用建筑艺术形象表达出来的。也可以设想，具有胡风思想的人，他就看不到创作的繁荣，也反对传统的继承，如果让他来设计的话，虽然不至于在房子上插上五把刀子，可是决不会有歌颂创作繁荣的热情。又如我们用一个茅草亭子来点缀风景，我们可以布置得曲径通幽，豁然开朗，有亭翼然，远吞山光，平挹江籁。这里当然也有感情上健康不健康之分，但是不一定有多少明显的思想性和阶级性。正如一幅主题画可以有强烈的思想性和阶级性，可是齐白石画两只虾就不一定有多少思想和阶级性。其次建筑艺术的表现不可能要求像文学艺术、绘画艺术描得那样形象、那样具体，建筑艺术和音乐有这样一点相似之处，就是它只能通过艺术形象来造成各种感人的气氛，来表达一定的思想意图，如宁静、亲切、轻松、愉快、庄严、伟大等，这些既是艺术的形式又是艺术的内容。庄严、伟大的形象是形式庄严、伟大的气氛，是内容。强求建筑艺术表现它所不能表现的艺术意图，或者能表现而表现得不确当，常常不能令人满意。譬如我们设计一个民族宫，如果想用大小亭子来表现民族大团结，那是会造成构图的繁琐而大团结的气氛还是表现不出来的，要表现民族团结倒不如在几间主要房间的内部装饰上体现出各种不同的民族风格。

最后为了更好地进行制作，使适用、经济、美观在建筑中更好地统一起来，建筑工作者必须建立起辩证唯物主义和历史唯物主义的世界观和艺术观。复古主义、折衷主义、功能主义、唯理主义等的错误，归根结底是由于唯心主义的世界观、艺术观和形而上学的思想方法所形成的必然结果，他们用反现实主义的创作方法来进行创作，就不可能走上正确的道路，我们今后的建筑方向应该是遵循着党的建筑方针，走群众路线，努力改造自己，使自己的思想感情和劳动人民打成一片，不断提高业务，用实事求是的精神创造出为劳动人民所喜闻乐见的社会主义新中国的新建筑来。

限于思想水平、业务水平，谈得很空，而且可能是错误的，希望大家批评指正。

探讨建筑里的艺术问题

○ 徐中

EXPLORING ARTS OF THE ARCHITECTURE

从 1931 年我开始学习建筑起，思想里就老存在着一个问题：建筑里的艺术问题究竟是个什么问题？读书时期没有解决，后来教书和工作的时候，也没有解决。也看了一些旧的有关书籍，书上讲得就是似是而非，看的更是一知半解，糊里糊涂。解放以后，唯物主义的文艺理论书籍多了，我就买了些、借了些看看；也读了毛主席的《延安文艺座谈会的讲话》。看着看着，心里稍稍明白些，但是，总觉得不能"对号入座"，解决不了我的问题。按理讲，我倒是"带着问题学习的"。不是吗？我学习是有目的的，是想解决多年来存在我心中的建筑问题的。我想带着问题学习也不是什么新鲜事儿；譬如，我们遇到一个生词，这不就是问题吗？那我们就去查字典，找词义，找变格，找用法，这不是带着问题学习吗？这种学习方法我是熟悉的，也是无可非议的。但是，正因为我习惯于这样带着问题，到书本上去找现成答案，现成答案找不到，问题也就解决不了。而且反过来还会觉得，学习理论也解决不了问题。

近几年来，建筑界开展了关于建筑理论问题的讨论，主要讨论了建筑里的实用问题、工程技术问题、艺术问题和它们之间的关系等等。人家提出一些看法，有些我不同意；我也有些看法，提出来人家也不同意；人家说服不了我，我也说服不了别人。这就迫使我不能重新再思考。渐渐发现自己认为有道理的东西，其实自己也说不清、道不明，没有把问题分析清楚。主席的《矛盾论》上不是说"人的认识物质，就是认识物质的运动形式，……人和网运动形式，其内部都包含着本身特殊的矛盾"吗？我想我对建筑理论问题所以搞不明白，主要是对其中的特殊矛盾没有认识清楚。《矛盾论》上又说："单纯的过程只有一对矛盾，复杂的过程则有一对以上是矛盾，各对矛盾之间，又互相成为矛盾。"又说："……而且只有从矛盾的各个方面着手研究，才有可能了解其总体。所谓了解矛盾的各个方面，就是了解的每一个方面各占何等特定的地位，各用何种具体形式和对方发生互相依存又互相矛盾的关系，……"我就运用主席的思想重新来认识和分析建筑里的矛盾，以及矛盾的相互关系。发现建筑里的矛盾很多，其中实用问题是一对矛盾艺术问题也是一对矛盾，每对矛盾的双方，都是内容和形式的矛盾。这两对矛盾的性质也不相同，一个属于物质生产范畴，一个属于意识形态范畴，而这两对矛盾之间又构成矛盾，这两对矛盾之间的矛盾关系，就不再是内容和形式的关系了。过去的讨论，首先没有把实用和艺术看成两对矛盾，其次又没有把实用和艺术之间的关系弄清楚，把它们也堪称是内容和形式的关系了。这样整个建筑理论方面的问题，就不容易搞清楚了。

当然，建筑理论问题不能仅仅搞清楚其中的矛盾性质和关系就算完事，还有许多更具体的理论问题要解决，但是从我的思想认识的实际情况出发，实用和艺术的性质及其关系问题，是当前建筑理论中的主要问题。这个问题不解决，一系列问题就不好解决。这个问题解决了，对解决其他问题就开辟了途径。其他问题当然还是要认真研究，一个一个地逐步解决的。现在我正在试着进一步学习和运用主席思想，对建筑理论方面其他一些问题进行探讨。这样，我又对《矛盾论》上说的"捉住了这个主要矛盾，一切问题就迎刃而解了"这句话，有了一些新的体会；也就是说：不捉住主要矛盾，其他问题就乱糟糟不好解决。但也决不是说捉住了主要矛盾，解决了主要矛盾，其他问题就不成其为问题了，就自然而然地自动解决了，还是要"迎刃"而一个一个去认真解决的。

我对主席思想学习得很不够，对《矛盾论》的理解和运用不见得正确，从而对建筑里的矛盾分析也未必对头。不过我认为主席思想和我所要解决的问题是"对"得上"号"的。主席思想不是对所有具体问题的现成答案，而是对一切问题的开门"钥匙"，而且是一把万能的"金钥匙"，就看我们怎样"活学活用"了。
上面我说"带着问题学习"这种方法，我们是熟悉的，这里我又要把话说回来了，带着力学问题、结构问题、热工问题，一句话，带着业务上的问题去找参考书籍，我们确实是熟悉的。带着业务问题中的思想问题和工作问题去学习主席思想，对我来讲，还是很不熟悉的，甚至有些时候，在某些问题上还是不很愿意的。这还有待自己今后不断的努力，但是，我体会到，要想站得高、看得清，不管业务问题、思想问题，都必须以主席思想来武装自己。

建筑和建筑设计

○ 徐中

"人的认识物质，就是认识物质的运动形式，……任何运动形式，其内部都包含着本身特殊的矛盾。这种特色的矛盾，就构成一事物区别于他事物的本质。"

"单纯的过程只有一对矛盾，复杂的过程则有一对以上的矛盾。各对矛盾之间，又互相成为矛盾。"

"所谓了解矛盾的各个方面，就是了解它们每一方面各占何等的地位，各用何种具体形式和对方发生互相依存又矛盾的关系，在互相依存又互相矛盾中，以及依存破裂后，又各用何种具体的方法和对方作斗争。"

《矛盾论》

一、建筑的本质

把建筑理解为房屋，一般讲来是不错的，因为中国建筑的宫殿是房屋，希腊建筑的神庙、高直建筑的教堂、文艺复兴建筑的宫邸也都是房屋，现在我们说的工业建筑、公共建筑和居住建筑，也无一不是房屋。但是认真把建筑仅仅理解为房屋，也未必确当。埃及的金字塔，罗马的凯旋门，中国的赵州桥、应州塔，乃至掇石为山、掘地为池的苏州园林，这些虽不是房屋，也都被认为是建筑。所以建筑这一概念，又不能等于房屋。不过从古今中外的建筑活动来看，房屋毕竟是建筑中的主流。（天安门广场鸟瞰）

建筑应该归在哪个学科里？我们过去称大量的建筑活动叫"大兴土木"；清代有一部建筑术书叫《工程作法》，建筑活动在行政上归"工部"管理。希腊语"建筑师"一词是"大营造家"的意思，宋代有一部建筑专书就叫《营造法式》。而建筑确实是一种物质生产，是要用建筑材料通过工程技术把它建造起来的，所以可以归在工程类里，或者进一步归在土木工程类里。我们现在在教学上就是把这一专业设在工料性质的高等学校里的，有的还把它和其他土木类的专业合并在一个系里。但是建筑又可以归在艺术类里。不论在哲学里谈到意识形态之一的艺术的时候，还是在一般的艺术史和美学一类的书籍里，通常把建筑和文学、绘画、雕塑、音乐等并列，而作为一种艺术看待的。在意大利文艺复兴时期，一些有名的建筑师，首先就是绘画雕塑方面的大艺术家。而国外有一些学校，过去和现在都把这个专业设立在艺术学院里的，这是因为建筑又可以通过建筑形象，表达一定的思想感情，所以它又是一种艺术创造。

正因为建筑是工程，建筑这一概念可以大致包括各种工程，在罗马时期的《建筑十书》里，建筑这一概念除包括房屋工程外，还包括了防御公事等土木工程和兵器制造等机械工程。而近年来我们也把铁道工程、水利工程叫做铁道建筑、水工建筑。在今天来讲，这个概念显然太大了，我们早已不把机械工程等包括在建筑这一概念里了。就是土木工程也要分类，近年来我们说的铁道建筑、水工建筑等，又显然是在翻译名词上的紊乱造成的。

又因为建筑活动里房屋是主流，它又表现为一种艺术，所以建筑这一概念又可以小至仅指有艺术性的房屋而言；这显然又太小了。首先建筑不仅仅是房屋，而这里仅指房屋中的具有艺术性的房屋，这就更小了。

要确定一个事物的概念，就要研究这一事物的本质。所以建筑的本质问题，在讨论建筑理论问题时，是首先要讨论的。什么是建筑的本质呢？现在基本上有一个统一的认识，那就是建筑的双重性；它的物质的、功能的性质、和精神的、审美的、艺术的性质。建筑是物质文化和精神文化的复杂统一；是实用功能和艺术的统一。但是，尽管建筑里有实用功能问题，有艺术问题，有二者统一的问题，把双重性作为建筑的本质，看来也不是没有问题的。所谓一个事物的本质的东西，应该既是这类事物的共性又是这类事物区别于其他事物的特性。如果双重性是建筑的本质，那么没有双重性的当然就不是建筑。我们不是说有一种不讲建筑艺术的功能主义、结构主义的流派吗？他们不是盖出了一些光秃秃没有艺术性的方匣子吗？这些是不是建筑？当然有人不同意说光秃秃的方匣子就没有艺术性，这样问题就更复杂了。方匣子究竟有没有艺术性这一问题，如果还没有定论的话，似乎还不能主观地确定它是不是建筑，因为它有没有双重性还没有肯定呀！

又如有人在肯定双重性是建筑本质的同时，不是又在批评那些主张有艺术性的才叫建筑，没有艺术性的是"一般构筑物"的说法吗？如果说双重性是建筑的本质，那么把没有艺术性的房屋开除出建筑的领域，不是很合情合理的吗？难道没有艺术性的建筑还具有作为建筑本质的双重性吗？

我们联系实际，到城市的每个角落去观察一下，这里有新的，有旧的，有质量比较高的，有质量比较低的，有比较实用的，有比较不实用的，有楚楚可观的，有单调乏味甚至丑陋的。一句话，有好好坏坏形形色色的房子：这里有牌坊、碑塔等不是房子的建筑物。你是不是认为这些都体现了双重性呢？是不是都是使用功能与艺术的统一呢？要不是的话，那么哪些你认为是建筑，哪些你认为不是建筑呢？

在我看来，"方匣子"肯定是建筑；有些没有什么艺术性的房子，有些没有什么实用功能的碑塔等也是建筑。至于设计得好不好，你赞不赞成这种或那种流派是另外一回事。

这里说它们都是建筑，不取决于它们有没有双重性，而取决于它们是不是人们创造的生活空间。用双重性作为本质来区别建筑与非建筑，来说明建筑的特性，一联系实际，就会带来很多麻烦，更不用说这样使建筑和日用工艺品在本质上也混淆不清，我们怎么能说一所房子和一个花瓶没有本质上的差别呢？

建筑来自生活需要，人们劳动生产、工作、居住和文化活动等生活需要服务。建筑具有悠久的历史，在不同时期就有不同的建筑，这些建筑都是人们根据当时政治、经济、社会、宗教等生活上的需要，结合当时的具体条件，在自然环境里人工创造出来的生活环境。而这个生活环境，又是运用各种工程技术等物质手段，通过建筑的内部空间、外部空间，或者说各种不同的三度空间组合而成的，是一种生活环境的空间组合。因此我们可以说建筑是人们用物质手段创造的生活空间。人们创作的生活空间是建筑的本质。

生活有物质的和精神的两个方面，所以建筑既有物质的、功能的要求，又有精神的、艺术的要求，也就是双重性的要求、实用功能和艺术统一的要求。但是建筑的物质功能，不同于其他物质的物质功能，它是一种作为人们生活空间的物质功能。建筑的艺术，也不同于其他艺术，它是一种作为人们生活空间的空间艺术。因此，把生活空间作为建筑的本质，就不会和其他具有双重性的事物混淆，从而避免了在逻辑上犯定义过宽的错误。而且，由于生活的多样性，作为生活空间的建筑也不一定都需要从两方面同时为生活服务。要根据生活的要求，具体问题具体分析，要根据生活的不同过程，实事求是地处理空间，不一定处处要求双重性。现在把生活空间作为建筑的本质，也就不会把一些没有双重性的建筑，排除在建筑之外，从而避免了在逻辑上犯定义过狭的错误。

建筑是人们创造的生活空间，这样，供人们生活的房屋，是生活空间，是建筑；建筑群体形式的外部空间，也是生活空间，也是建筑；所以建筑工作者既要创作个体建筑，也要创造群体建筑。室外的雕像、绿化，前者是雕塑艺术，后者是园艺工程，本身不是建筑，但是，它们根据生活空间的需要，形成和丰富了生活空间，因此也具有建筑的意义。室内的家具陈设等，本身也不是建筑，但是，它们也是根据生活空间的需要，形成和丰富了生活空间，因此也具有建筑的意义。

所以建筑工作者既要注意室外布置，也要注意室内布置，要把它们看作建筑设计的重要部分。此外如水塔、仓库、牧畜饲养房等，按其实用功能来讲，它显然不是人们的生活空间，但是它们也能形成人们生活空间的一部分，所以也具有建筑的意义；建筑工作者也要关心它们的布局和造型，按生活空间的要求加以处理。我认为这样来理解建筑，理解一些事物与建筑的区别和联系，较之用双重性的概念来理解建筑，要更确切而全面些。

二、建筑设计

建设是人们创造的生活空间，所以在建筑里有实用要求问题，有艺术要求问题。建筑要用大量人力物力才能建造起来，所以在建筑里又有工程技术问题和经济要求问题。这些要求和问题，就是建筑里的矛盾。建筑里有好几对矛盾，各对矛盾之间，又相互成为矛盾，这些矛盾要在建筑里统一起来，所以我们又提出了实用功能和艺术的统一，科学技术和艺术技巧的统一等一系列这样那样的统一问题。

建筑的这些要求和问题的存在，是不以人们的意志为转移的，但是，它们不能自动解决，要人去认识它、统一它，要通过以人们的意志为转移的建筑设计来解决它。建筑设计问题，不论是理论问题还是实际问题，归根到底，是怎样创造生活空间、怎样为生活服务的问题；是怎样少、慢、差、费，怎样才能多、快、好、省地创造生活空间的问题。也就是怎样主观能动地解决建筑里的问题，有机地把这些要求和问题统一起来，还有赖于对这些要求和问题的认识。也就是要了解矛盾的各个方面，了解矛盾统一的性质，矛盾的互相依存又互相斗争的关系。不同的认识，就有不同的设计。

建筑里有物质功能上的、实用上的要求，"上栋下宇，以待风雨"就是房屋建筑里最原始、最基本的实用要求。随着社会的发展，建筑的实用要求就更加复杂多样，而不同的建筑又有不同的要求。医院建筑要满足各种医疗活动的要求，居住建筑要符合家庭生活的需求，而工业建筑又要体现各种不同生产劳动上的要求，这些不同的实用要求，正是这些不同建筑所以兴建的目的。

建筑里的实用要求，是要用空间的形式体现出来的；而建筑实用空间的形成，又要以材料、结构、构造、设备、施工等方面。工程技术手段形成空间，空间形式体现实用的目的要求。一个手段一个目的，因此，建筑里工程技术与实用要求的关系，是属于物质生产范畴的形式和内容的关系。

建筑里还有精神上的、艺术上的要求，不同建筑也有不同要求，譬如，有的需要有庄严雄伟的气氛，有点需要有清新愉快的气氛，这就是建筑里的艺术要求。这些气氛要用美好的形式通过建筑艺术形象来体现。所谓建筑形象，就是感性的、具体的、直接反映一定气氛的建筑内部、外部的空间体形——体形的大小、高低，体形的方圆、长短、轻重、虚实，以及体形的色彩、质感、装饰等。而作为艺术形象的空间体形，也必须通过建筑材料、工程技术作为手段。工程技术手段形成空间形象，空间形象体现建筑艺术的目的要求。这里也是一个手段一个目的，因此，建筑里的工程技术与艺术要求的关系，也应该是形式和内容的关系，而这个关系是属于意识形态范畴的。

建筑在大部分情况下，要求通过工程技术形成空间来同时体现建筑实用和艺术两方面的要求，用统一的形式使两种不同的内容在建筑里统一起来。

工程技术对建筑的实用要求、艺术要求，是属于形式范畴的。但是，工程技术本身又有它自己的内容和形式。譬如，材料、结构的物理性能、化学性能等是它的内容；材料、构件的形状、结构的布局等是它的形式。对材料性能、力学规律等认识的不断发展，就不断出现新材料、新结构和新技术。所以建筑里的工程技术问题，又不能单纯把它看成仅仅是一个形式问题。

上面谈了一系列内容和形式的关系，那么，建筑实用与艺术的关系是不是也是内容和形式的关系呢？实用问题与艺术问题是建筑里的两对矛盾，它们各有其内容和形式。如果这两对矛盾共存于一个建筑物里，它们之间的矛盾关系，我看就不再是内容和形式的关系了，因为它们之间，失去一方，另一方亦然存在。我看它们应该是主次关系，它们是以主要矛盾、次要矛盾的关系共存于建筑之中。一般来讲，实用问题是矛盾是主要方面，主要矛盾对次要矛盾要起规定和制约的作用。如果这两对矛盾在建筑里失去一方，那就没有了谁主谁次的问题，也没有了谁规定制约谁的问题，也就是失去了主要矛盾和次要矛盾这一对矛盾。

同样的道理，建筑里的经济问题，也和建筑里其他各个方面构成矛盾，这些矛盾的关系，在我看来，也应该是主次的关系。有人愿意把建筑里的问题说成"经济基础"，这样容易与对上层建筑来说的经济基础相混淆。当然，建筑是社会经济建设的一部分，是和一定社会的生产力和生产关系密切联系的。但是，党提出的"适用、经济、在可能条件下注重美观"的建筑方针里的"经济"，其实是一个节约人力物力的问题，是"多、快、好、省"里的"省"的问题。建筑要实用而经济，坚固而经济，美观而经济；或者是经济而实用，经济而坚固，经济而美观。他们之间有错综复杂的主次关系，要求我们具体问题具体分析，分清主次，正确地对待它们之间辩证的相互规定、制约作用。

以上初步分析了建筑里矛盾的性质和它们之间的相互关系。但是，它们是不是这样的性质和关系呢？是不是应该辩证地对待这些问题呢？在国内外的建筑工作者之间的看法中，远远不是一致的，存在着各种不同的理解和主张，因而在具体的建筑事件中，就有不同的处理方法和作风。

19世纪以来，由于实用要求的不断发展，工程技术的不断进步，建筑设计上受到了很大震动，造成了一定的紊乱，引起建筑界的斗争。在近代建筑历史上，一方面有所谓"建筑形式之战"，努力寻找各种旧形式，各抒己见，各行其是，除继文艺复兴之复罗马之古外，大复埃及、希腊、高直等之古，努力把新要求纳入旧形式；一方面有反对这种做法，提倡"形式跟随功能"，根据新要求、新技术，努力创作新形式；这就是对内容和形式的关系的不同看法。

在我国解放初期，也有把《工程做法》《营造法式》上的一套，看作是约定俗成、不可逾越的规范，形成了一个时期的复古之风，造成了一定的浪费；而接着又有忽视实用、兼顾美观的所谓"单纯经济"观点的出现；这又是对矛盾的主次的不同看法。

至于对建筑艺术，对实用和艺术的关系的看法，有主张几何形体最美、黄金分割最美的看法，而艺术创造就是求得几何形体的统一；黄金分割的统一；有主张自然界的有机物是有机统一的看法，艺术创造就是求得"有机秩序"、"有机统一"；也有主张建筑艺术问题就是"构图"，就是"形式美"问题的。总之，或多或少都把建筑艺术问题归结为仅仅是形式问题。又有些持"功能主义"主张的，认为功能合理，也就是只要解决了实用问题，也就同时解决了建筑艺术问题；功能合理产生美，美就是艺术。不管持有这种主张的人说过没有，他们显然又是把使用问题和艺术问题的关系，看成是原因和结果的关系，实用是因，艺术是果。于是他们就用"唯理主义"的态度来对待建筑设计，艺术问题也就不了了之了。

所以，要正确对待建筑设计，除了要了解建筑里矛盾的各个方面，也就是说，建筑工作者除了要有生产、生活、工程、技术、艺术、经济等各方面的知识和密切联系实际，充分了解各方面的要求外，还要了解它们互相依存又互相矛盾的关系。也就是要认清建筑里的各种问题，究竟是什么性质；它们相互之间究竟构成怎样的辩证关系；从而对建筑整体得出一个全面的看法，树立起一个正确对待建筑设计的"设计思想"和"建筑观"。

有了必要的知识，有了正确的设计思想，是不是就可以创作出完美的建筑设计来呢？建筑方面有关的知识和思想，是做好设计的决定性条件，脑子空空是无从下手的。但是，有一个距离，物质要通过实践才能变为精神，精神也要通过实践才能变为物质，"实践"和"变"的能力，人皆有之，但是这个能力是有高、低、大、小之别的。所以，要做好设计还要依赖提高创造性的设计构思能力和熟练的设计技巧。一个优秀的理论家或批评家，有时不一定是一个创作能手，满口"辩证统一"、"有机联系"，一动手可能既不"统一"，也不"有机"。这也是有些做实际设计工作的人，在一定程度上轻视谈理论的缘故。当然，一般地轻视理论是没有道理的，科学的理论，对创作是有指导作用的；其实，每一个设计工作者，都有他自己的"建筑观"和自己的设计指导思想的。

设计工作者要有创造性的设计构思能力和熟练的设计技巧，要想得到、做得到，要想得好，做得好，这是建筑设计实践能力。设计实践能力的培养与提高，只有通过直接的和间接的设计实践。间接的建筑设计实践是多看人家的好的作品，人家的好的实践，直接的实践就是自己就多做设计。设计实践能力的提高，要靠多看、多做，自己体会，熟能生巧。用鲁迅先生《答〈北星〉杂志读者问》里的精神来说，建筑设计也是没有什么刻板的"设计法"的。

综上所述，总结如下："生活空间，建筑本质。要求杂沓，矛盾统一。公输巧思，源于格物。得心应手，有术无术。"

建筑理论问题，特别是关于建筑的艺术问题，存在着很多分歧意见，而其中最根本的问题，在我看来主要是在建筑功能与建筑艺术的关系问题上。在这个问题上，中外古今众说纷纭，非但各个流派之间在这个问题上有不同的理解、不同的说法，就是在一个人身上，一篇文章里谈起这个问题来，也常常容易前后矛盾。在3月1日《光明日报》上读了梁思成教授谈建筑艺术文中有关的一段，就有些扑朔迷离之感。梁先生说："建筑学是一门技术科学，但是这种技术科学本身又包含着艺术。"我想梁先生既然认为技术科学本身就包含着艺术，那么一定是主张建筑功能合理、结构合理就包含着美，就是艺术了。但是再读下去梁先生又说："这些资产阶级建筑师，认为功能结构合理，美在其中矣。实质上是否定了建筑的艺术和建筑师在艺术方面的一切作用。"这里很明显梁先生又是不同意功能结构合理就美、就是艺术这种资产阶级建筑师的说法的。接着又说："在建筑艺术处理方面，都受到一套美的法则的指导。美的法则是根据什么？美的法则虽然脱离不了人们对于建筑在使用上的要求，以及人们对于他所熟悉的材料的力学和结构的认识，但主要是根据人们的社会阶级的审美观。"这里"美的法则"究竟指的什么，我还不大懂得，但不管怎样，似乎是说审美观是美的法则的根据，符合审美观就美，是主要的。而人们对于建筑在使用上的要求，对力学和结构的认识，也是美的法则的根据，不过是次要的，符合了它们也能美。那么功能结构合理又多多少少有些美了。

就这样，使我先觉得功能结构合理有美，是艺术。后来又觉得功能结构合理没有美，不是艺术。最后又觉得功能结构合理多少又有些美了。

在梁先生上面这段谈话里，对"功能"这一术语的概念，也有些混淆不清。因为在谈到功能结构合理就美实质上否定了建筑艺术的时候，指出了因为仅仅功能结构合理不能满足人们精神要求。这明明是说功能这一术语是不包括精神要求在内的。但是，在谈到建筑的内容时，指出了建筑的内容应该包括物质和精神两方面的要求，而又说："适用就是建筑的内容，或者干干脆脆说，建筑物的内容就是功能。"这里明明又包括精神要求了。一会儿"功能"不包括精神要求，一会儿"功能"又干脆包括了精神要求，究竟"功能"是指什么呢？又说，"建筑的艺术……要从属于适用"。梁先生是把适用和功能作为同义词用的，是包括物质和精神两方面的建筑内容。建筑的艺术要从属于建筑的物质和精神两方面的内容，那么，建筑的艺术是不是纯粹属于形式的范畴了呢？艺术和精神要求又怎样成为从属关系呢？

以上谈的，很可能有许多地方是对梁先生的意见的误解和曲解。现在，谈谈我对建筑功能与建筑艺术的关系问题的看法，错误的地方请批评。

在谈问题之前，为了避免在名词概念上引起不必要的争论，有必要把本文所用"功能"和"艺术"这两个名词的概念确定一下。我这里用的"功能"是专指物质功能而言，如果说"功能"也应该包括精神上的功能在内的话，那么把我所提到功能的地方一律改为"物质功能"就行了。"艺术"这一概念，我是用来专指作为社会意识形态之一的艺术而言，如果说生产斗争和阶级斗争也要看作是一种艺术，那么把我提到艺术的地方，一律改为"作为社会意识形态的艺术"就行了。

建筑这一社会现象，本身有许多矛盾存在。有建筑功能方面的矛盾，也就是建筑功能要求和工程技术空间结构之间的矛盾。有建筑艺术方面的矛盾，也就是建筑艺术的思想内容和建筑艺术的空间形式之间的矛盾。在建筑总体里，一般来讲建筑功能方面的矛盾是建筑中的主要矛盾，它的存在和发展，规定或影响着建筑艺术方面的矛盾的存在和发展。要研究建筑，既要研究各个矛盾相互联结上的关系，了解其特殊性，也要从矛盾的各个方面着手研究，才能有可能了解其总体。过去我们讨论建筑理论问题时，也谈建筑的双重性，但是一般都没有把建筑的双重性看作一个事物中的两个矛盾，而仅仅把它们看作建筑中一个矛盾的两个方面，因此问题常常不容易搞清。这里，想从两方面来阐明：一方面从建筑功能方面来考察一下它的矛盾的特性，着重讨论一下功能合理有没有美，是不是艺术的问题。一方面从建筑艺术方面来考察一下它的矛盾的特性，着重讨论一下它和建筑功能方面的关系。

建筑必须用建筑材料、运用工程技术组织空间才能达到建筑功能上的要求。功能要求是建筑的目的，而空间结构是达到这个目的的手段，所以建筑功能要求和空间结构之间的矛盾关系，必然呈现着内容和形式之间的辩证关系。这个矛盾的斗争统一，变化发展的特殊规律，必然要符合和服从内容和形式矛盾统一的一般规律。内容决定形式，所以功能要求不同，就形成了各种不同的建筑类型、建筑形式。新的功能要求，就出现了新的建筑类型和建筑形式。同时也推动新材料、新结构、新技术的革新和发展。但是形式也反作用于内容，所以新材料、新结构、新技术的发展又作用于功能，使能容几万人的室内运动场变为可能。这些都不难理解，而问题在于建筑功能方面的矛盾是如何规定或影响着建筑艺术的，建筑功能和建筑艺术究竟有些什么关系，功能合理有没有美，是不是艺术？

功能合理是否产生美，是不是艺术？关于这个问题的意见，其说不一。一种说法是功能合理就美，就是艺术。一种说法与此相反，认为功能合理就是功能合理，不美也不是艺术。还有一种说法是介乎这两者之间的，认为功能合理可以美可以不美，是艺术但不是艺术的全部。而我的论点是功能合理能产生美，但不是艺术。

我认为功能合理能产生美的理论根据，是从车尔尼雪夫斯基"美是生活"这一定义而来的。美就是美好的社会生活，现实中一切事物之美，在于它和社会生活的关系，凡是能促进、象征和有利于美好生活的事物都是美的。建筑在功能上是和人们的社会生活密切联系着的，美就在于功能和生活的联系上，功能合理就有利于美好生活，所以是美的。

我这样的说法是遭到一些反对的。反对的理由之一，是功能合理就美的说法是资产阶级功利主义的表现。资产阶级建筑师诚然有此一说，也确实是资产阶级功利主义的表现。但是美难道是超功利的吗？普列哈诺夫说："人，一般地都是先从功利的观点来观察对象和现象，然后才在自己对它们的关系上，立脚于美的观点。"当然，功利的观点不等于美的观点，但是人们一般地都是先从功利的观点和对象站在一定的关系上，然后再在这个关系上，立脚于美的观点。譬如，英雄人物为什么美？首先英雄人物作为一个对象，他们的业绩是有利于革命事业的，是和社会生活血肉相关的。在这个关系上，我们才能立足于美的观点来观察英雄人物的勇敢、坚强、热情、机智等。又如，自然景物怎样才美？自然景物是多种多样的，山、川、草、木、花、鸟、虫、鱼，和人们的关系也是多方面的，但是也必须首先观察这些景物"宜人"不"宜人"，也就是说和生活的利害关系如何，然后才能立足于美的观点上来观察自然，观察山川之雄伟、秀丽，草木之欣欣向荣，虫鱼之生趣盎然。

建筑作为一种物质生产，它首先在功能上和人们的生活联系发生一定的功利关系。然后能不能站在美的观点上来观察呢？能不能观察出美来呢？我看是可以的。解放以来我们为广大劳动人民建造了数以千万平方米计的居住建筑，对这一现象能不有动于衷吗？这里体现了劳动创造的伟大，体现了党和毛主席对人民的关怀。在人们的思想感情上肯定能引起一定的喜悦的冲动的。假如这些居住建筑在居住条件上和广大劳动人民在旧社会的居住条件差不多，甚至差些的话，又会引起怎样的感受呢？我认为这就是功能在起作用。

美之客观存在，存在于事物与社会生活的关系上，这个关系是必然的关系，人们在审美时有主观能动性，但无主观任意性。单纯站在功利观点上固然是审不出美来，但是美的观点不建立在这样那样的功利关系上，美也是无从审起的。毛主席在《在延安文艺座谈会上的讲话》里说："唯物主义者并不一般地反对功利主义。"在阶级社会里，功利主义是有阶级性的。所以和功利联系着的美，也是有阶级性的。我们说功能合理就美和西方资产阶级说的"功能合理就美"有本质上的区别。我们是要合广大劳动人民之理，我们在建筑功能要求上必须以广大劳动人民目前利益和将来利益的统一为出发点，做到对劳动人民最大的关怀。在功能上体现了对劳动人民的关怀，为什么不美呢？

又有一种反对意见说：功能合理就美，那么机器是最美的了。机器在外部形式上不一定美，而且能发出嘈杂的声音更不美，但是它的功能作用是和美好的生活联系着的，我看是美的。一个事物是多方面的，可以某方面美某方面不美。城北徐公固然美，但以貌取人又会失之子羽，审美也要分析，不能一美百美，一丑百丑。评价建筑也是如此，肯定一切，否定一切，都是不正确的。一个建筑既要功能美也要艺术美，既要形式美也要内容美，只承认外表的形式美的美学观点我看未必是正确的。

还有一种反对意见说：既然功能合理就是美，那么我们可以不要建筑艺术了，也不要注意美观了。这就是说承认了功能合理的美，担心就会排斥建筑中其他方面的美。我看这是没有根据的。毛主席在《在延安文艺座谈会上的讲话》里说："人类的社会生活虽是文学艺术的唯一源泉，虽是较之后者不可比拟的生动丰富的内容，但是人民还是不满足于前者而要求后者。"这就是说，有现实中的美，有艺术中的美，二者都是美，而人民既要前者也要后者。建筑功能合理产生的美是现实中的美。有了现实中的美，有什么理由来排斥人民对建筑艺术中的美的要求呢？功能合理的美，是现实中的美。现实和反映现实，有同一性而不能等同。艺术是一种意识状态，是对现实的反映。在具体建筑里，功能不是意识形态，虽然能产生美，但不能认为就是作为意识形态的艺术。

论证建筑中功能合理美不美，是不是艺术的问题，一方面可以揭发功能主义者的资产阶级功利主义的本质和驳斥他们从而否定建筑艺术的谬论。另一方面，由于建筑在功能方面既满足人们物质生活，也能给人们以一定的感受，这个建筑功能上的感受和建筑艺术上的感受交织在一起，同时对人们精神上起作用。估计到这一点，有利于正确地对待建筑中的功能和艺术问题。不至于认为单纯功能合理就是艺术，也不至于认为建筑给人们的感受都来自建筑艺术，而过高地估计了艺术在建筑中的作用。

在建筑总体里，艺术方面的矛盾是属于意识形态范畴的，它表现为艺术思想内容和艺术形式之间的矛盾。要是没有建筑功能方面的矛盾的存在，建筑就根本不存在，房子就根本不存在，但是建筑里要是没有建筑艺术方面的矛盾存在，建筑依然不失其为房子。而且功能合理是能产生美的，那么，建筑里是不是可以不要艺术呢？我看是可以的，譬如仓库，盖在人迹不大去的地方，就可以怎样实用就怎样盖，怎样经济就怎样盖。建筑艺术之所以需要，是为了人们除了建筑功能上的要求外，还有艺术上的要求。虽然功能合理会引起人们一定的美感，但是这还不能满足人们审美上的要求。人们既要现实美，也要艺术美，在艺术美里又要讲求形式美。所以即使是仓库，如果盖在和人们生活接触频繁的地方，或者考虑到使用仓库的人的感受，也不是一点艺术上的要求都没有的。

建筑艺术在建筑总体里，除掉纪念性特别强，艺术要求特别高的建筑外，一般讲来是非主要矛盾，因为在绝大多数的情况下，满足功能上的要求是首要任务。既然是非主要矛盾，建筑中的主要矛盾，也就是功能方面的矛盾对它就要起着规定和影响的作用。

这样问题就来了，共存于建筑里的两个矛盾性质不同，一个属于物质生产，一个属于意识形态，前者又要规定或者影响后者。那么，功能矛盾对艺术矛盾的内容和形式起着怎样的规定或影响的作用呢？功能是不是艺术的内容，艺术是不是表现功能？

举例来说，人民大会堂的礼堂要是能容得下一万人，要音响、视线、照明等都好，这些是功能上的要求。与此同时，还要设计得朴素、大方、庄重、雄伟等，这些是艺术上的要求。在设计的时候，我们对能容得下一万人的要求，要做到确实能容得下一万人，而不是要求做到能容万人之感，对音响视线确实要做到看得好、听得好，而不是要求做到有视听俱佳之感。因此礼堂的大小形状，就要首先根据这些功能上的要求来考虑、来确定，但是我们又想到它的功能性质，虽然也是供开会之用，但与一般开会不同，这里是开全国人民代表大会，它是代表着全国六亿五千万人民的，是全国最重要而隆重的会议，因此就要求设计得庄重些、雄伟些。这个要求是和功能性质联系起来的，但又并不就是功能。因为庄重并不是物质功能，庄重了也不会使座位更舒适些，使视线音响更好些，而且也不能为了庄重忽视视线音响等方面要求的满足。当时做了好多尝试，目的是要既满足功能要求又要达到庄重的感觉。最后形成了现在的形式。关于雄伟呢，这是万人礼堂，肯定很高大，就凭这个高大，人们就会感受到这是旷世未有的，非常雄伟。但是又想到这个礼堂如此之大，如果天花平顶处理得高低形状不适当，可能产生压抑沉重之感，又可能产生大而无当之感。现在利用礼堂的大体积，使墙和平顶混然一体，水天一色，做到高而不旷，大而不重。形成了礼堂的雄伟之感。可以看到，雄伟这一目的，是利用了功能要求所产生的感人的空间，加以水天一色、混然一体和其他处理而达到的，艺术在这里仅仅是利用了功能要求所产生的空间结构，而并没有表现功能，功能也用不着艺术来表现，它是千真万确存在于建筑物里的。

从上面说的来看，建筑艺术也和其他艺术一样，要通过一定的手段（或者叫实体），用形象来表现一定的思想感情或者一种感受。而它的特性呢，就其内容方面来说，建筑艺术的思想内容，不是任意反映现实，而是要和建筑功能的性质密切结合，要和功能的性质相适应。就是说我们想通过建筑形象给人们一种什么感受，想造成怎样一种气氛，是受着功能性质的规定和影响的。人民大会堂的艺术意图要和开人民大会这一功能的性质联系起来。居住建筑，正因为它是供人们休息居住之用，就要求表现宁静轻快的气氛而不是庄严伟大。一个宴会厅和一个室内篮球场，功能性质不同，就要求有不同的艺术气氛。但是思想内容要和功能联系，绝不是建筑艺术要表现建筑功能，更不是艺术内容就是功能。建筑艺术内容要受建筑功能性质的规定，这是建筑艺术内容上的特性。就其形式来说，建筑艺术的特性在于它运用的主要手段是具有巨大功能意义和巨大经济意义的物质财产。人民大会堂的艺术手段，就运用了功能方面所必需的空间结构。建筑的空间结构既是达到功能要求的手段，又是达到艺术要求的手段，它对建筑艺术形式起着规定的作用。所以建筑材料建筑结构的变化发展，直接规定或影响着建筑的表现形式、表现方法的变化发展。

对建筑艺术的特性也有一些不同的看法，一种看法认为建筑艺术的特性在于建筑艺术必须通过实体来表现。其实通过实体来表现是一切艺术的共性，没有一种艺术是不要通过实体来表现的，只要不把实体理解为固体，空气也是实体，音乐必须通过空气这一实体来表现，没有实体意识形态是无法表现的。所以建筑艺术的特性，不在于通过不通过实体，而在于它通过的实体的特性，在于它所运用的手段的特性。

还有一种看法是建筑艺术的特性在于它表现能力有局限性，不能自由表现。其实任何艺术都有一定的局限性，都不能随心所欲自由表现，诗歌不能代替绘画，雕塑不能代替戏剧，有局限性也是一切艺术的共性。建筑艺术的特性不在于它有没有局限性，而在于它的局限性的特性，这种特性又来自建筑艺术的表现手段和思想内容，必须受到建筑功能的制约这一特性。

正确理解建筑艺术的特殊性，可以使建筑艺术在内容上既不和功能混淆，又不脱离功能的性质，在形象创造上要正确运用而不是歪曲建筑艺术的手段，从而能理解就是在艺术创作的观点上来讲，也必须首先保证建筑功能和工程技术的合理性。

总结起来说：（1）建筑功能方面的矛盾和建筑艺术方面的矛盾，是存在于建筑总体里的两个矛盾，而不仅仅是一个矛盾的两个方面。分析矛盾不能认为是割裂事物，而是为了了解其内在的联系，从而了解其总体。(2)建筑功能方面的矛盾，一般讲来，是建筑中的主要矛盾。功能合理就有美的性质，是现实中的美而不是艺术。在具体建筑中，现实中的美和艺术中的美交织在一起，对人们起美感作用。（3）建筑艺术方面的矛盾，一般讲来是建筑中的非主要矛盾。建筑艺术的内容是思想内容，是社会意识，但这个思想内容要和建筑功能的性质相适应，而不是表现功能。建筑艺术的主要表现手段，是具有建筑功能意义的空间结构。从建筑总体来看，是用一个共同的手段，体现两种不同的内容，构成两种不同性质的矛盾。

○ 徐中

发挥主观能动性，创造建筑新风格

TO TAKE THE INITIATIVE TO CREATE THE ARCHITECTURE OF A NEW STYLE

"我们反对主观地看问题，说的是一个人的思想，不根据和不符合客观事实，是空想，是假道理，如果照了做去，就是失败，故须反对它。但是一切事情是要人做的，持久战和最后胜利没有人做就不会出现。做就必须先有人根据客观事实，引出思想、道理、意见，提出计划、方针、政策、战略、战术，方能做得好。思想等等是主观的东西，做或行动是主观见之于客观的东西，都是人类特殊的能动性。这种能动性，我们名之曰'自觉的能动性'，是人之所以区别于动物的特点。"

"战争指挥员活动的舞台，必须建筑在客观条件的许可之上，然而他们凭借这个舞台，却可以导演出很多有声有色、威武雄壮的戏剧来。"

"客观因素具备着这种变化的可能性，但实现这种可能性，就需要正确的方针和主观的努力。这时候，主观作用是决定的了。"

毛泽东：《论持久战》

一、建筑风格及其决定因素

（一）

建筑活动，总是在一定的社会条件和自然条件下，在一定的文化水平和认识水平上进行的。在历史上，古埃及和波斯，古希腊和罗马，各个在其一定的历史条件下，在建筑创作上走着它们自己的路子。它们解决建筑问题的手法不尽相同，形成了它们自己建筑形式上的特点。欧洲在中世纪和文艺复兴时期，又各在其一定的历史条件下，有它们自己的路子和手法，形成了它们自己的特点。中国古建筑，也一样走着自己的路子，而在各个时期，各个地区，譬如唐、宋、元、明、清、南方、北方，又各有其不同的路子和手法，形成了中国古建筑的特点和不同时期不同地区的特点。这些解决建筑问题的不同路子和不同手法，形成的建筑形式上的不同特点，就是各个时期、各个地区建筑的不同风格。

近代建筑，在近代的社会生活、政治经济、科学技术的具体条件下，走什么路子来解决建筑问题呢？近一个世纪以来，世界各国的建筑，从复古守旧到标新立异，走的路子是五花八门的。前几年美国费城建筑界讨论过这个问题，得出的结论是美国现在没有找到建筑的"公约数"，建筑的风格就是"混乱"。也就是说，美国现在的建筑是各行其是，各走各的路子，这就成为它们建筑的特点，它们的风格。

历史上的各种风格，是人们在那个特定的历史条件下，长时期逐渐形成的，有它的初创、形成、发展和衰亡的过程，是人们反复实践摸索出来的路子，不是一下子就能形成的。那么，今天我们是不是也只能听其自然，让时间来决定我们的风格呢？或者说历史上的风格一经形成，它就将建筑的发展引向停滞和僵化，所以我们今天就不需要形成什么风格，更不需要讨论什么风格的问题了。但是，问题摆在我们面前，路总是要走的。现代资本主义国家，在建筑上走着它们形形色色的"新"路子。东欧社会主义国家，近几年来，路子有很大变化。一定的路子，总要产生一定的风格的，风格有新旧高低之分，它们的风格怎样，路子走得对不对呢？我们今天建筑创作的路子，哪些是对的，还存在什么问题，怎样创造我们的新风格，是彷徨踌躇呢，还是东抄西就、乱冲乱撞呢？今天我们讨论建筑风格问题的目的，就是要讨论在我们今天社会主义条件下，我们的建筑应该走怎样的路子，如何自觉地沿着正确的路子前进来创造我们的新风格。

（二）

关于建筑风格问题的讨论，近年来全国各地的建筑工作者们，发表了许多意见，大部分的讨论，都集中在探讨"建筑风格的决定因素"这个问题上。我认为对这个问题的提出和讨论，是有它的现实意义的，因为讨论建筑风格的决定因素，也就是讨论产生建筑风格的原因，因果联系的认识，是我们实践活动的基础。首先弄清了产生建筑风格的原因，才能更自觉地加速创造和发展我们社会主义的新风格，防止风格的停滞和僵化，促进建筑事业在它的发展道路上不断前进。在过去一段时间里，在建筑风格问题的讨论中，大家的意见是有很大分歧的，但是，归纳起来，可以分为两大类主张：

一类主张材料结构决定风格，建筑功能决定风格，地理环境、气候条件决定风格，经济基础决定风格等等。这一类主张，论点各有不同，分歧很大，但是有一个共同之点就是都认为风格是客观条件决定的。在主张客观条件决定的同时，一般也都不否认思想意识、主观能动性的作用，但是认为存在决定意识，基础决定上层建筑，内容决定形式，这些辩证唯物主义的基本原理，只有承认客观条件决定风格才是唯物的，这样才坚持了唯物主义，避免了唯心主义。

又一类主张思想意识决定风格，创作方法决定风格，主观能动性决定风格等等。这一类的论点，也各有不同，共同之点在于都主张主观条件决定风格。这一类也不否定客观条件对风格的制约作用，但是认为存在决定意识，意识在一定条件下，又反作用于存在，只有成人主观条件的反作用决定风格，才是既唯物又辩证的，这样才坚持了辩证唯物主义，避免了机械唯物主义。

我是基本上同意后一类主张的。我认为风格属于形式范畴，建筑风格是建筑的一种形式特征，而这种形式特征是在具备了建筑的客观因素的条件下，由人们的主观能动性的特点决定的。这里包括了思想意识和创作方法上的特点，也包括了人们实践能力的特点，主观能动性的特点是原因，风格是主观能动性的特点作用于客观事物的结果。

所谓主观能动性是指人们认识、分析和估量客观规律、客观条件的能力，和根据客观规律客观条件自觉地、能动地改造世界的实践活动。在讨论过程中，有人有意无意地把主观能动性理解为"主观主义"、"主观盲动性"、"主观任意性"。或者硬说提主观能动性就是提倡在建筑创作中"单凭主观"、"闭门造车"等，这是没有根据的。其实，人之具有主观能动性、能动性之必然这样那样反作用于客观事物，也是一种不以人们意志为转移的客观规律。形式这一概念，应该理解为包括表现内容的一切方式方法。因此，在建筑上不能把它狭隘地仅仅理解为几何形体，一切处理和解决建筑的功能问题、材料结构问题、艺术造型问题的方式方法，都是形式。譬如，为了解决功能问题，我们就要注意平面布局，适当地处理各种空间的相互关系，这就是功能的一种形式。形式是和内容密切联系的，所以也不能认为一提形式问题就必然是脱离内容的。风格问题虽然是一个形式范畴的问题，实质上是包涵着如何正确对待和处理建筑内容问题的。

（三）

建筑是人们在一定的历史条件下，依据客观条件、客观规律、客观要求，主观能动地变革事物而创造出来的生活空间。巧妇难为无米之炊，必要的客观条件是建筑创造的物质基础，客观规律、客观要求是建筑创造的客观依据。但是，有了这些基础和依据，不等于就有了建筑，更不必说建筑风格了，还必须加上主观的努力。所以建筑和其他生产实践、艺术实践一样，是客观规律性与主观能动性，是客观条件与主观条件共同作用的产物。那么，在建筑创作实践的过程中，主客观条件哪一方面在起决定性的作用呢？是不是在建筑的任何问题上，在任何情况下，都是由固定的一方，譬如说总是客观条件在起决定性的作用呢？我认为这里要具体问题具体分析，不能一概而论。

譬如，在谈到建筑功能和形式的关系问题时，我们说功能决定形式，一般讲来，这是没有错的。但是，从而认为功能也决定风格，并且从罗马建筑和今天的建筑在功能要求上不同了，风格也不同了这一现象，就得出功能决定风格的论断来，我看就未必正确。因为既然认为不同功能就有不同风格，那么，罗马建筑，从神庙、法院、浴室到斗兽场，功能各不相同，那就不可能有我们所统称的一种罗马风格了。再说，在后于罗马十几个世纪的年代里，在功能上与罗马时代截然不同的建筑，譬如银行、图书馆等，居然大兴罗马建筑之风，这又应该作怎样的解释呢？能说由于建筑功能上的变化，从而产生了欧洲文艺复兴的建筑风格吗？功能决定风格的说法，在这些问题上就讲不通了。

我们可以说，建筑材料的性能、力学的规律等，在一定程度上决定建筑结构的形式，决定建筑的坚固性、耐久性等。但是，由于出现了新材料、新结构，同时也出现了形形色色各种不同风格，从而就说材料结构决定风格，这个理由也站不住脚。因为用钢和钢筋混凝土结构，既可以复希腊、罗马之古，又可以复宋、元、明、清之古，既可以盖朗香教堂、纽约环球航空公司的航空站，又可以盖北京火车站和工人体育馆。同样用混合结构盖居住建筑，既可以盖上海闵行一条街，又可以盖长春第一汽车厂宿舍。这些建筑用同样材料结构，而风格显然不尽相同，这又是为什么呢？

再说广州用骑楼，天津很少，这是因为广州地理气候条件不同，在建筑功能上对遮阳避雨有特殊需要而产生的，所以主张地理气候条件决定风格（其实，从这一点讲，也可以归在功能决定说里）。但是，骑楼作为一种风格，也就是说，用骑楼的办法，来解决特定的功能要求，是不是地理气候条件决定的呢？是不是世界上与广州气候条件相似的地方都用骑楼呢？广州这样的气候条件，是不是非用广州那样的骑楼不可，只此一法，别无分出呢？而且建筑风格的变化，比地理气候的变化快得多，后者是以"若千万年为单位而显现其变化的"，为何能把它作为对风格的决定因素呢？

现在谈谈经济基础决定风格的问题。这一说法，是在讨论过程中主张的人最多的。的确，社会的经济基础和建筑有密切的关系。可以说有关建筑的各个方面，都和经济基础有密切的联系，因为不同的社会、不同的阶级，有不同的功能需求，有不同的艺术观和建筑观。经济基础对建筑的功能要求起作用，对建筑的设计思想、美学观点起作用，也可以通过促进生产力的发展，对建筑的材料、结构、工程技术等的发展起作用。所以主张经济基础决定风格的说法，实质上就必须同时同意功能决定风格、材料结构决定风格和思想意识决定风格这三种说法，要不然，所谓经济基础和建筑的联系就变成空洞的了。但是在讨论过程中，他们对上面三种说法都不同意，而要"归根到底"，"归根到底"究竟有什么好处呢？是不是能更全面而确切地说明问题呢？我看不见得，其实他们是承认思想意识决定风格的，不过是硬要把问题扯开去，讨论起"社会的存在决定社会的意识"这个问题来了。这个问题不是不能讨论，譬如说美国的建筑怎样创造社会主义的新风格呢？我们可以回答，首先应该改变社会制度，进行社会主义革命，要不然，建筑风格注定只能是"混乱"，混乱是资本主义发展到极端"自由化"的必然表现。没有社会主义的存在，而要在建筑上有一个社会主义的"公约数"是不可能的。但是社会主义制度的存在，也仅能给社会主义建筑风格的产生提供前提条件。今天我们在社会主义制度条件下讨论风格问题，归结到经济基础之后，叫我们建筑工作者怎样努力呢？是让经济基础自动来决定风格呢，还是应该努力提高我们的政治思想觉悟，认真贯彻党的方针政策，不断提高我们的设计思想水平、认识水平和技术水平呢？

总之，我们不能因为两个现象的先后同时出现，就理解为因果联系。功能不同了，材料结构不同了，风格也不同了。这里就没有必然的因果联系。正如生产力发展了，生活富裕了，现代修正主义也产生了，因而得出 "富则修"的结论来，这是显然错误的。同时，一个对象的原因，当然还会有产生这个原因的原因。我们研究一个对象的因果联系，只有把这一特定对象，从普遍联系中抽引出来，才能具体确定。"归根到底"的办法，不是研究一个特定对象的因果联系的办法，因此也就不能确切地说明问题。

（四）

那么，建筑风格难道和功能、材料结构等没有关系？它们难道对建筑风格没有影响？这是在讨论问题时，常常会提出来的反诘。其实这里已经有些偷换概念的嫌疑，你说"决定"，他就替你换上"关系"、"联系"等概念，而且认为如果说不是决定因素，那就等于说没有关系，没有影响，这样问题就不容易讨论清楚了。我看关系和影响是肯定有的，但是，对一个事物有关系、有影响的东西，不一定就是决定性的东西，不一定就有直接的因果联系。

我们说建筑功能对建筑风格有关系、有影响，这是因为在解决建筑功能问题的过程中，就产生风格。功能是建筑的风格，内容决定形式，各种不同的功能，就要求有不同的形式。工厂、剧场、医院、住宅的功能性质各不相同，决定了它们在平面布局、空间体型等建筑形式上各有其特点，但是这种形式上的特点，不能认为就是建筑风格，要不然风格就等于工业建筑、公共建筑、居住建筑等建筑类型了。同样是工厂，又有各种不同功能，也决定了它们建筑形式上的特点，这也不能认为就是风格，要不然风格又等同于工业建筑的单层、多层、单跨、多跨等厂房类型了。功能性质相同的建筑，譬如居住建筑，造价可以有高低，面积定额可以有大小，居室数目可以有差别，这也产生不同形式，但也不能简单地认为这就是风格，要不然风格又等同于建筑的质量标准、户型分类了。

功能问题上风格的产生，是在它矛盾性质的规定性下，由于人们阶级性和认识水平的不同，建筑观和艺术观的不同，技巧修养和实践能力的不同等，在对功能的实用、经济、舒适、方便等的看法上，就有不同的态度和理解。在建筑创作的看法上，就有"古典主义"、"功能主义"、"现实主义"等不同的观点；在矛盾如何统一问题上，就有不同的构思和不同的能力。这样在具体解决建筑功能问题时，就有不同的方式方法，这就产生建筑形式上不同的特点，这就是不同的风格。

因此，不能简单地认为不同功能就产生不同风格。也不能认为任何形式上的异同，都叫做风格。而风格的产生，对建筑功能问题来说，取决于人们对建筑功能，以及功能和建筑里其他方面的矛盾关系的认识如何、态度如何、观点如何、解决矛盾的方式方法如何，用一定的原则、方法来对待、处理和解决，就产生一定的风格。如果见仁见智，用各种不同的原则和方法来解决，就产生不同流派、不同风格。

同样的道理，材料结构问题、艺术造型问题、建筑经济问题等，都和建筑风格有关，而风格则决定于对这些问题的认识如何、观点如何。在这些矛盾性质的规定下，采取什么具体的途径和手法才能解决这些问题。

所以，建筑风格就是人们在一定的历史条件下，在建筑创作过程里，由于对建筑、建筑里的诸多矛盾，和矛盾诸多方面的认识和观点的异同，建筑创作的技巧和修养的异同，解决建筑问题时所采取的方式方法的异同，从而在建筑上表现出来的形式特征。这里说的认识、观点、修养、技巧和方式方法等的异同，概括起来，我就把它们称之为人的主观能动性的特点，而作为风格的形式特征，而是在一定条件下，由人的主观能动性的特点所决定的形式特征。

我们可以清楚地看到，建筑历史上，高直风格之所以让位于文艺复兴风格，是在资本主义萌芽时期这个历史条件下，首先在文学艺术方面，然后在建筑观方面，形成了一种复兴古罗马文化的文艺思潮。在这种思潮指导下的建筑创作实践，就形成了文艺复兴的建筑风格，它是时代的产物，但是它要通过人形成思潮，思潮反作用于建筑创作，才能形成风格。近现代资本主义国家建筑上形形色色的流派和风格，苏联建筑1954年前后风格的大逆转，也都可以到创作思想上去找到原因，这里有复古折衷和反复古反折衷主义的斗争、现实和反现实主义的斗争、一种形式主义和另一种形式主义的斗争。这些也都是在一定的历史条件下，这样那样的世界观、建筑观、艺术观在建筑创作上的反应。新中国的建筑，也刮过一次复古风，它也是一种不正确的建筑创作思潮在作祟，而纠正这个风气的是党的建筑方针。这里更可以明确地看到，建筑理论、党的方针政策等这些意识形态的东西，对建筑风格为何起着决定性的作用。我对建筑历史是门外汉，但是觉得过去研究建筑历史，在论述北京历史和建筑活动之间，总缺乏一个创作思想作为联系，所以想建议研究中外建筑历史的同志们，能不能贯彻薄古厚今、古为今用的精神，系统地研究编写一些"建筑创作思想史"一类的东西，这对我们今天的建筑创作是会有一定帮助的。

欧洲文艺复兴的建筑思潮和风格，首先产生于意大利，然后传播到欧洲各国，这种思潮和风格，又结合了不同的国家，不同地区的传统习惯和爱好、手法，又形成了各国不同的文艺复兴风格。这里的传统习惯和爱好，是人们在一定条件下逐渐形成的主观的东西，而传统手法，已经是一种风格了，外来手法的影响，传统手法的运用，这是风格的借鉴与继承的问题，而借鉴与继承也是人的能动性。

文艺复兴时期的建筑大师，现代同一流派的建筑师们，现在我们各个设计院，设计院里各个设计室乃至个人，尽管有基本相同的主张，而具体的建筑创作风格，又有所不同。这里又和个人的性格、修养和技巧等相联系，从而又形成了因人而异的风格。

风格是要手脑并用，最后体现在建造起来的建筑作品上的。建筑创作过程，应该包括设计过程和施工过程，在设计过程中，设计思想固然起着主导的作用，但是，设计、施工的实践能力，如：设计、施工的基本功，技巧的熟练程度等，也对建筑的风格面貌起着决定性的作用。正如没有盖叫天的一举手一投足的基本功，要想象盖叫天那样，独创出生动有力的舞台形象的风格来，也是不可能的。物质变精神，精神变物质，这两个变都是人的主观能动性，都包含着实践的能力，正是变的特点形成了风格。所以，我认为风格不能单说是思想意识决定的，而是人的主观能动性的特点决定的。

一个时代的思潮，到个人的性格和实践能力，都关系到创作风格，所以风格就有时代的风格、民族和地方的风格、集体和个人的风格等。创作风格总是人的风格，所以风格是用阶级性的，时代的风格是人的创作风格在一个时代里的共性，与其他时代相比较，又是不同时代人的创作风格的时代特征。同时，民族风格、地方风格、集体和个人风格，都是人的创作风格的民族共性、地方共性、集体和个人创作上的共性，也是不同民族、不同地区的不同集体和个人在创作上的特征。风格的共同性寓于风格的特殊性，一个时代的风格的共性，就寓于这个时代的民族的、地方的、集体和个人的风格的特殊性之中，我们是主张风格多样的，多样不是"混乱"，而是风格的一致性和多样性的统一。建筑的社会主义的新风格，就是新的时代风格，新的民族和地方风格，新的集体和个人风格的结合，是新的社会主义时代人创作风格的一致性和多样性的统一。

二、创造建筑的社会主义新风格

（一）

建筑风格的创造，既然是人主观能动性的特点，作用于建筑创作实践的结果，要创造建筑的社会主义新风格，就得发挥人的具有社会主义特点的能动作用。什么是社会主义建筑风格的特点呢，什么是人的具有社会主义特点的能动性呢？毛主席在《新民主主义论》里教导我们，无产阶级领导的新民主主义的革命文化，应该是民族的、科学的、大众的。这是用无产阶级革命的立场、观点和方法，指出了在新民主主义革命时期的文化所必须遵循的共同路子，是新民主主义文化的特征。把这些精神具体体现到各种文化领域的创作实践中去，就会创造出新民主主义时期革命文化的新风格来。

社会主义的革命文化，仍然应该是民族的、科学的、大众的，但是，社会主义的文化，不仅是反帝、反封建的文化，而且是反资本主义的文化，是兴无灭资的文化。因此，必须把无产阶级革命的精神，辩证唯物主义的立场、观点和方法，社会主义革命时期的党的方针政策，贯彻到我们今天的文化领域中去。社会主义文化是为社会主义革命事业服务的、民族的、科学的、大众的文化，这是我们今天应该共同遵循的路子，是社会主义文化的特征。我们今天的文化，能切实做到为社会主义革命事业服务，或者叫革命化，为了为社会主义革命事业服务，能切实做到民族化、科学化、大众化。那么，就能具有社会主义的新风格。

建筑作为一种文化的产物，如果要具有社会主义的新风格，也必须切实做到建筑的革命化、民族化、科学化、大众化，而革命的、民族的、科学的、大众的建筑风格，也就是社会主义建筑风格的特点。"化"是要人去化的，人化了，建筑才能化，要"化"，就要发挥人的主观能动性，而具有"四化"精神的能动性，就是人的具有社会主义特点的能动性。

（二）

建筑的革命化，也就是建筑必须切实做到为社会主义革命事业服务，也就是为社会主义建设事业，为广大的劳动人民服务。建筑的革命化，首先要求建筑工作者的思想革命化，要求树立为社会主义服务的革命热情和革命干劲，为了社会主革命的利益，敢于创造、敢于革新，创造性地把民族化、科学化、大众化，切实贯彻到建筑创作中去。

近年来，建筑工作者们，解放思想、打破框框，大兴调查研究之风，在建筑创作方面，表现了一定的革命精神。在城市规划方面，为了多快好省地建设城市，跳出了一些清规戒律的束缚，提出了规划设计"双改"的问题；在建筑设计方面，总结经验，改进设计质量，做了一些更符合社会主义建设和人民需要的革新方案；在工程技术方面，研究运用了新材料、新结构和先进的施工方法，在城市和农村，推行了各种预制装配建筑；而在家具、小五金和其他一些建筑设备方面，也做了许多创造革新的工作；这些都对进一步走上革新的道路，起了促进的作用。

但是另一方面，在建筑创作过程中，下笔踌躇、莫衷一是的现象，抱残守缺、不敢创新的现象，盲目抄袭的现象也普遍存在，这些就和革命干劲与科学态度相结合的社会主义革命精神相违背。推其原因，这里既有政治觉悟问题，也有思想认识问题。譬如，因循守旧、患得患失的思想，个人突出、成名成家的思想等，都或多或少在建筑创作过程中表现出来，这就妨碍我们用革命的精神、科学的精神、批判的精神来对待建筑创作。但是，"没有革命的理论，就不会有革命的运动"，建筑创作中不敢创新、盲目抄袭的现象，在一定程度上是由于缺乏创作理论的知识，因此也就很难自觉地、大胆地革新。譬如建筑创作中的民族风格问题，结构、功能、艺术的辩证关系问题，科学的美学观点问题，人民"喜闻乐见"问题等。如果没有一个比较明确的看法，那么下笔如何能不踌躇呢，又如何能不乱街乱撞呢？所以建筑革命化，既要提高建筑工作者的政治思想觉悟，又要提高建筑创作的理论认识。前者有赖于我们不断加强学习，兴无灭资，确立无产阶级的革命思想。而后者则有赖于我们把马列主义理论、毛泽东思想为指导，联系实际，贯彻党的"百花齐放，百家争鸣"的方针，从事一系列建筑创作理论的建设。

（三）

关于民族化问题，这是解放后在建筑界里最先提出来的一个老问题。最初提"民族化形式"，后来提"民族风格"，现在提"民族化"，提法虽不同，我看问题的实质是一样的。风格不等于形式，风格是形式的特征，但是，民族形式指的就是形式上的民族特征，应该就是民族风格，而民族化是形成民族风格的过程，民族风格是民族化的必然结果。所以民族化问题，也是取得民族风格的问题，所以也还是民族形式这个老问题。

谈民族化问题，首先要解决的是要不要民族化，为什么要民族化的问题，然后再解决怎样民族化的问题——要不要民族化，为什么要民族化？我们不是为民族化而民族化，应该和狭隘的民族主义划清界限，我们之所以要讲民族化，在极大程度上是为了我们要吸取外来的东西，如果今天还可以全部照搬《工程做法》、《营造法式》来盖房子，那么也就没有民族化的问题了。正因为要吸取外来的东西，我们就要和民族虚无主义作斗争，我们必须明确民族化的目的性。

民族化的目的之一，是为了树立民族的自尊心和自信心，反对"全盘西化"，反对"外国月亮比中国好"的盲目崇外思想。在民族文化上，有我们的优良传统，我们的建筑也不例外。譬如，我们的城市规划的严正，总体布局的紧凑，空间处理的空灵剔透，我们木构架的模数制预制装配的精神，油漆、砖工、细部纹样的制作精巧、处理手法等，有很多东西值得我们学习继承。我们应该认真批判接受、发扬光大它们，当然我们也不能为了民族自尊心和自信心而抱残守缺、固步自封，无批判地把传统的东西，即使是好的而我们此时此地用不上的东西，一定要生搬硬套地用上去，或者不敢吸取外来的东西，加以消化改造，这恰恰又失去了独立自主地创造我们的新文化、中外古今皆为我用的民族自尊心和自信心。所以，民族化的目的，除了树立民族自尊心和自信心外，更重要的是民族化了才能对我们社会主义建设更有利，更有用。外国的东西和我们的民族特点结合起来，才能更适合广大劳动人民的要求。所以，不从广大劳动人民的利益出发来讲民族化，不在适用、经济的条件下来讲民族化，不用科学分析的态度，不讲求实效、不在革新的前提下来讲民族化，都不符合所要讲民族化的目的。

怎样民族化呢？我们对这个问题，探索十多年了，走过一些弯路，也取得了一定的经验和成绩。最初我们是以"旧瓶子装新酒"的思想来理解"民族的形式，社会主义的内容"的，因此我们用了资本主义萌芽时期、欧洲文艺复兴的精神，大搞中国古典建筑的复兴。似乎在太和殿里装上暖气、日光灯，布置上沙发、办公桌，就是"民族的形式，社会主义的内容"了。瓶与酒没有内在的形式与内容的关系，旧瓶装了新酒，对旧瓶来说，依旧是旧瓶，并没有赋予旧瓶什么新的内容。建筑上民族的形式，要是没有很好地适应今天的工程技术和社会条件，不符合或者没有很好地适应今天的功能上和艺术上的要求，那是没有赋予什么社会主义内容的。因此五脊六兽、俄方斗拱、天花藻井，都是民族形式，但是用起来不能切实有效地符合和适应我们今天的要求的话，那是不符合民族化的目的的。因此我们反过一次"大屋顶"，反过之后，我们的建筑仍旧有用"大屋顶"的，但是对用"大屋顶"的目的性比较明确，考虑了具体条件，分析了具体情况，对民族化的理解有了一定的提高。

近几年来，在民族形式的运用上，大体表现为居住建筑用漏窗，公共建筑镶琉璃檐口，屋顶上盖亭子，这里那里加上些民族形式的细部纹样。这些一方面是努力探索和尝试民族化的好现象，但是另一方面又把漏窗、琉璃、亭子、纹样等，作为民族形式的标签，为了要民族化，就想办法把它们贴上这样一个普通现象。我看这样来理解民族形式、民族风格，用贴标签的办法来民族化，还是比较表面的、肤浅的。推其原因，可能是对形式这一概念，理解上还不够全面，常常把建筑的形式这一概念，局限在仅仅是建筑的几何形体上。一个事物的形式也是多方面的，譬如，窗的形状、大小是窗的一种形式，而窗的开关方法也是窗的一种形式，就是窗的本身。是建筑采光通风的方式之一。这里形状大小固然是形式。开关的方式方法，就不是指的形状大小，但是也是一种形式；而采光通风，既可以采取人工照明，机械通风的形式，也可以采取天窗、高窗、侧窗的形式，还可以采取几种方式方法并用的形式。这里说的形式，更不是仅指形状大小而已，一切方式方法都是形式；因此，在处理建筑功能要求的方式方法上，可以体现民族形式，在表达艺术气氛的方式方法上，可以体现民族形式；而在运用材料结构的方式方法上，也可以体现民族形式。所以，民族化问题，不能仅仅满足于细部纹样上的民族化。也不能满足于把几种形式作为标签，把它们贴到建筑上去的手法。

要建筑民族化，人的思想首先要民族化。如果不理解广大劳动人民生活的民族特点，而在某种程度上依恋于不符合人民生活要求的洋生活方式；不熟悉民族文化的优良传统，而在某种程度上依恋于不符合人民要求的洋文化；不体会人民传统健康的思想感情和爱好，而在某种程度上依恋于不符合人民爱好的洋口味，那么，要想建筑民族化也是有困难的。要使民族化不是表面的、肤浅的，甚至是形式主义的，我们建筑工作者必须体验人民生活，加强民族文化修养，避免食古不化，并培养健康的民族审美趣味。

我们今天要的民族化，是革命的、科学的、大众的民族化，是一个要发挥创造性的工作，因此不能期望有什么"精华糟粕一览表"，或者什么"民族化法式"这一类东西，要我们自己通过实践来分析批判、继承革新。

根据上面谈的，归纳成下面三条，作为我对贯彻民族化的建议：

1.正确理解民族的目的性：继承、借鉴、批判、革新，都要从人民的利益出发，讲求实效。

2.全面理解形式的确切概念，避免把某种民族形式当"标签"。

3.体验人民生活特点，培养健康的民族审美趣味，加强民族文化修养，树立批判精神。

（四）

建筑的科学化，现在有不提科学化而提现代化的，其实二者的含义，基本上是一致的。古典的东西，当然也有它的科学性。譬如中国古典建筑的桥梁，是简支梁的层层重叠，在当时的认识水平上，不能说它一点没有科学性，而在今天的力学水平上来看，这种桥架，既费用料，结构的稳定性也很差，是不够科学的。今天我们在结构上还用简支梁，那是在现代科学技术水平上，更经济有效地来用简支梁了。科学是不断发展的，今天我们说的科学化，是在现代科学技术发展水平上的科学化，是现代的科学化，也是科学的现代化。

建筑里既有自然科学，也有社会科学，而自然科学也是要通过人去运用的，所以建筑是有阶级性的，建筑的科学化也有阶级性。资本主义国家的建筑，是受资产阶级的主场、观点和经济规律的制约的，他们科学化的道路，总是有利于资本家的。我们的科学化，既要学习和赶上世界的先进水平，又要符合我们社会主义革命，社会主义建设的利益，符合广大劳动人民目前和长远的利益。它是和革命化、民族化、大众化相联系的。

建筑的科学化。不仅仅是工程技术、实用功能上的科学化，还应该包括建筑观、艺术观的科学化，也就是说具有马克思列宁主义的建筑观和艺术观，也应该包括科学的思想方法和科学的创作态度，也就是说要具有唯物辩证的思想方法，实事求是的创作态度，建筑要科学化，思想认识首先要科学化。

近年来，我们在建筑材料、结构方面、施工技术方面，进行了许多科学工作，研究和运用了一些经济有效的新材料、新结构和先进的施工方法，使我们的建筑逐步走上技术现代化、工业化的道路。在实用功能上，建筑设备、建筑物理的研究，大兴调查研究之风，为建筑创作提供了科学依据，使我们的建筑更切合生产和生活的要求。而在建筑本质问题、艺术问题、建筑风格和传统革新等一系列创作理论问题上，在党的方针政策和毛主席思想指导下，也展开了热烈的讨论，为竖立科学的创作思想建立了良好的开端。

上面谈的建筑工程技术的科学化，实用功能的科学化问题，固然还是我们走向现代化的开端，还有待于不断的努力提高。但是，在近代建筑发展的道路上，历史证明建筑的艺术问题常常是建筑走向科学化的大障碍，外国如此，从我国的情况看来也不例外。国外在运用钢铁和钢筋混凝土之初，是把新的工程技术、新的功能要求，纳入砖石结构的古典建筑的艺术形式里的。因此，要把比较轻巧的框架结构穿上沉重的外衣，功能上不宜对称的东西强求对称；艺术处理，墨守古典柱式带来的一些比例和三段分割手法。这是一个发展过程，而这个过程已经被历史证明，它没有能够充分发挥新工程技术的潜在能力，没有能够充分适应实用功能发展的要求，因而是不够经济有效的，是不够科学的。这种外国的经验教训，是值得我们借鉴的。而我们今天有些建筑，不少吸取这些经验教训，而是正在步他们后尘，正在把 20 世纪初期欧美流行的建筑风格吸取过来，再加以细部纹样的民族化。这样加大了不必要的结构面积，加重了不必要的结构负担；个别的还加多了柱廊、亭子等似有实用意义，实际上是可望而不可及的"使用"面积；或者为了一条檐口，交流一个暗层，然后再付之以无此必要的"功能"。凡此种种，无非是为了某种艺术效果，我们主张工程技术与艺术的统一，功能与艺术的统一，统一当然不少绝对的，但是上面讲的现象，不能说已经很好地取得了统一。

建筑的艺术效果是要讲的，我们要贯彻"适用、经济,在可能条件下注意美观"，"多、快、好、省地建设社会主义"的党的方针政策来讲艺术效果，既要经济有效地来处理实用功能和工程技术问题，也要经济有效地来处理建筑的艺术问题。近代的工业生产，近代的科学技术，也促使我们处处要讲效率，讲效率是一种科学精神。物为人用，人就要做到尽可能地高效能地来用物，要物尽其用。取得某种效果的艺术手法，要和工程技术、实用功能相适应。建筑创作，要提倡在物尽其用、讲求效率的基础上，求得功能、工程技术和艺术的统一。这个问题，实质上是一个我们的建筑观和艺术观是否科学的问题。

建筑的"新"和对国外现代建筑批判吸取问题，也是一个建筑观和艺术观问题，也有待进一步明确解决，否则也会妨碍建筑的科学化。怎样科学地来理解"新"的问题呢？心思新生事物，向前发展的东西，是比旧东西更好的东西。建筑的材料、结构、功能、艺术等各方面的新产品、新方法、新要求，都是新东西，对建筑里诸矛盾的新认识，解决矛盾的新途径也是新东西。如果我们创造性地革新了材料、结构，更充分地发挥了材料／结构的性能，创造性地运用了新的处理方法和途径，经济有效地解决了建筑的诸多矛盾，那么，我们就可以创造出新建筑、新风格来。新是推动建筑各方面向前发展的新的创造性，如果我们为新形式而新形式，为用新材料、新结构而用新材料、新结构，没有能更经济有效地去解读建筑里的问题，那么，这样创造出来的建筑和风格，只能是形式主义的"新"，而不是我们所需要的新。因为它没有标社会主义之新，是为"新"而"新"。

现在在我们的建筑创作中，主要表现在一些同学的习作里，有这样一种情况，似乎所谓"新"就是向西方现代建筑看齐。于是不适当地运用新结构的形式，千方百计把柱子藏到大玻璃窗后面去，平面布置不问功能如何，故意歪歪斜斜，环境绿化更是弯弯曲曲得毫无道理，其目的在于要求形似西方建筑的"新"。当然反过来也有为了地形关系、功能关系，平面布置歪一些、斜一些、弯一些就认为是形式主义，为了朝向关系，高层医院病房不平行而设计垂直干道，就认为是功能主义，这也是不对的。

西方现代建筑，不是不可以学习，但是必须用社会主义的观点，分清是、非、利、弊，学习有利于我们的东西。批判接受，说起来容易，具体做起来就不那么简单。不过我想我们可以坚持一条，就是从社会主义建设的利益出发，未懂不学，懂了再学，学以致用。我想这不是因噎废食的消极态度，而是实事求是的科学精神。

（五）

革命化、民族化、科学化的目的，都是为了使我们的建筑能更好地为社会主义建设事业，为广大劳动人民服务，所以上面谈的三个"化"里，已经体现了大众化的问题。大众化的建筑，对居住建筑来讲，是符合广大劳动人民生活要求、生活水平的适用、经济和美观的建筑，对不同种类、不同性质、不同质量的建筑，总的来讲，也都要从六亿人民出发，符合劳动人民的目前利益和长远利益，而为劳动人民所"喜闻乐见"的。

建筑工作者着急认为好的建筑，不一定是符合人民需要而为人民所喜爱的，但是，也不能设想，违背了自己的意愿，就能设计出符合人民需要和喜爱的建筑来。这就要求建筑工作者的思想感情和劳动人民的思想感情一致起来，思想认识和劳动人民的实际生活一致起来，要达到主客观的一致，就要树立群众观点，走群众路线。

我们在创造符合人民要求的和喜爱的建筑上，做了很多努力，注意了调查研究和走群众路线。当然，我们做得还是很不够的。但是现在已经听到有一种呼声，就是"建筑创作不要做群众尾巴"，做群众的尾巴，诚然是要不得的，但是今天我们在大众化问题上存在的问题，是不是在于做群众的尾巴呢？我看不是，问题还在于我们不熟悉群众，不了解群众。而现在所以提出这个问题，我看有两方面的原因：一方面建筑工作者和群众的关系可能还没有摆对头，总认为群众不懂建筑，尤其是不懂建筑的艺术；一方面又有人把"群众喜爱"作为挡箭牌，来抵挡建筑界里的相互批判，并以此为借口而固步自封。其实这里缺乏善于把集中起来的意见，结合自己的专业知识和技巧，吸取到自己的建筑创作中去，通过建筑创作又回到群众中去，再听取群众意见，如此往复，不断提高。对群众的意见，满足于道听途说，一知半解，而且把一些有利于自己想法的意见，作为固执己见的本钱，而不去分析不同的意见，这当然是不对的。而认为群众的意见不可信，专听群众的意见办事，建筑工作者还能发挥什么创造性的作用，这就不是怕做群众的尾巴，而是不愿向群众学习，轻视群众的问题了。

毛主席在《在延安文艺座谈会上的讲话》里说："我们应该尊重专家，专家对于我们的事业是很宝贵的。但是我们应该告诉他们说，一切革命的文学家艺术家只有联系群众，表现群众，把自己当作群众的忠实的代言人，他们的工作才有意义。只有代表群众才能教育群众，只有做群众的学生才能做群众的先生。如果把自己看作群众的主人，看作高踞于'下等人'头上的贵族，那么，不管他们有多大的才能，也是群众所不需要的，他们的工作是没有前途的。"建筑和文学艺术是有区别的，但是这一段话是值得我们还没有很好地走群众路线就怕做群众尾巴的人深思的。

革命化、民族化、科学化、大众化的主要目的不为了风格，但是"四化"的逐渐深入和发展的过程，也就是建筑的社会主义新风格逐渐形成和发展的过程。彻头彻尾，彻里彻外谓之"化"，"四化"不可能是一蹴而就的，有待于我们建筑工作者不断提高思想、专研业务、联系实际，在建筑创作中积极发挥社会主义的主观能动性，创造出既统一又多样，丰富多彩的建筑新风格来。

综上所述，歌之如下：
方性导区，风格存焉。主观能动，人定胜天。科学精神，群众观点。推陈出新，百花争艳。

○ 徐中

论建筑风格的决定因素*

ON DETERMINATIVE FACTORS TO ARCHITECTURAL STYLE

一

建筑活动，总是在一定的社会条件和自然条件下，在一定的生产水平、文化水平和认识水平上进行的。在历史上，古埃及和波斯，古希腊和罗马，各在其一定的历史条件下，在建筑创作上走着它们自己的路子。欧洲，在中世纪和文艺复兴时期，又各在其一定的历史条件下，有它们自己的路子和手法，形成了它们自己的特点。中国古建筑，也一样走着自己的路子，而在各个时期、各个地区，譬如，唐、宋、元、明、清，南方、北方，又各有其不同的路子和手法，形成了中国古建筑的特点和不同时期不同地区的特点。这些解决建筑问题的不同路子和不同手法，从而形成的建筑上的不同特点，就是在各个历史时期、各个地区建筑的不同风格。

近现代建筑，在近现代的社会生产、政治、经济、科学技术的具体条件下，走什么路子来解决建筑问题呢？近一世纪来，世界各国的建筑，从复古守旧到标新立异，走的路子五花八门。现代资本主义国家，在建筑创作上流派林立，走着它们形形色色的"新"路子，产生了一定的"新"风格。风格有新旧高低之分，有文野粗细之别，它们的风格究竟怎样？当此欧风美雨阵阵袭来的时刻，为了我们能做到有批判地学习外国经验，而不是盲目的抄袭模仿。能做到既不是"全盘西化"，又不是抱残守缺、固步自封，而要在我们今天社会主义的条件下，走出一条创新的路子来，所以，在建筑界进一步深入讨论建筑风格问题，是非常必要的。

二

关于建筑风格的讨论，20 世纪 50 年代末和 60 年代初，全国各地的建筑工作者们，发表了许多意见，大部分的讨论，都集中在探讨"建筑风格的决定因素"这个问题上。我认为对这个问题的提出和探讨，是有它的现实意义的，因为讨论建筑风格的决定因素，也就是讨论产生建筑风格的原因。因果联系的认识，是我们实践活动的基础，首先弄清了产生建筑风格的原因，才能更自觉地加

---

*早在 20 世纪 60 年代，徐中教授就写成《发挥主观能动性，创造建筑新风格》一文，对这些问题发表过明确的观点。但在林彪、"四人帮"横行的年月里，徐中教授的《发挥主观能动性，创造建筑新风格》一文与他的著作均被打成反党、反社会主义的大毒草，遭到所谓的批判。正值天津大学八十五周年校庆期间，同时由于当时建筑界又一次开展了关于创造建筑新风格学术讨论的热潮，徐中教授又将该文中的一部分内容，略加修改印出。

速创造和发展我们社会主义的建筑新风格，促进我国建筑事业在它的发展道路上不断前进。

在过去一段时间里，对建筑风格问题的探讨，大家的意见是有很大分歧的，但是，归纳起来，可以分为两大类主张：

一类主张材料、结构决定风格，建筑功能决定风格，地理环境、气候条件决定风格，经济基础决定风格等。这一类主张，虽然论点各有不同，分歧很大，但是有一个共同点，就是认为风格是客观条件决定的。在主张客观条件决定的同时，一般也都不否认思想意识、主观能动性的作用，但是认为存在决定意识，基础决定上层建筑，内容决定形式，这些是辩证唯物主义的基本原理。只有承认客观条件决定风格，才是唯物的，才是坚持了唯物主义，避免了唯心主义。

又一类主张思想意识决定风格，创作方法决定风格，主观能动性决定风格等。这一类的论点也各有不同，其共同点在于都主张主观条件决定风格。这一类主张也不否定客观条件对风格的制约作用，但是认为存在决定意识，意识在一定的条件下，又反作用于存在，只有承认主观条件的反作用决定风格，才是既唯物又辩证，这样才坚持了辩证唯物主义。

我认为，对建筑风格起决定作用的，是人们的主观能动性，这里包括了思想意识和创作方法上的特点，也包括了人们的实践能力。主观能动性的特点是原因，风格是主观能动性作用于客观事物的结果。

所谓主观能动性，是人们认识、分析和估量客观规律、客观条件的能力，以及根据客观规律、客观条件，自觉地、能动地改造世界的实践活动。有的人，有意无意地把主观能动性理解为"主观主义"、"主观盲动性"、"主观任意性"，或者硬说提主观能动性就是提倡在建筑创作中"单凭主观"、"闭门造车"等看法，这是没有根据的。其实，人之具有主观能动性，能动性之必然这样或那样反作用于客观事物，也是一种不以人们意志为转移的客观规律。

三

建筑是人们在一定的历史条件下，依据客观条件、客观规律、客观要求，主观能动地变革事物而创造出来的生活空间。巧妇难为无米之炊，必要的客观条件是建筑创造的物质基础，客观规律、客观要求是建筑创造的客观依据。但是，有了这些基础和依据，不等于就有了建筑，更不必说建筑风格了，还必须加上主观的努力。所以和其他生产实践、艺术实践一样，是客观规律性与主观能动性，客观条件与

1965 年，徐中参加法国巴黎第八届世界建协大会（三排右三为梁思成、三排右五为徐中）

主观条件共同作用的产物。那么，在建筑创作实践的过程中，主客观条件哪一方面起决定作用呢？是不是在建筑的任何问题上，在任何情况下，都是由固定的一方，譬如说，总是客观条件在起决定性的作用呢？我认为这里要具体问题具体分析，不能一概而论。

譬如，在谈到建筑功能和形式的关系问题时，我们说功能决定形式，一般讲来，这是没有错的。但是从而认为功能也决定风格，并且认为从罗马建筑到今天的建筑，在功能要求上不同了，风格也不同了这一现象，就得出功能决定风格的论断来，我看就未必正确。因为，既然认为不同功能就有不同风格，那么，罗马建筑从神庙、法庭、浴室到斗兽场，功能各个不同，那就不可能有我们所统称的一种罗马风格了。再说，在后于罗马十几个世纪的年代里，在功能上与罗马时代截然不同的建筑，譬如说银行、图书馆等，居然又大兴罗马建筑之风，这又应该作怎样的解释呢？功能决定风格的说法，在这些问题上就讲不通了。

我们可以说建筑材料的性能、力学的规律等，在一定程度上决定建筑结构的形式，决定建筑的坚固性、耐久性等。但是，由于出现了新材料、新结构，同时也出现了形形色色各种不同的建筑风格，从而就说材料结构决定风格，这个理由也站不住脚。因为用钢和钢筋混凝土结构，既可以复希腊、罗马之古，又可以复宋、元、明、清之古，既可以盖朗香教堂、纽约环球航空公司的航空站，又可以盖北京车站和工人体育馆。同样用混合结构盖居住建筑，既可以盖上海闵行一条街，又可以盖长春第一汽车厂宿舍，这些建筑用同样的材料结构，而风格显然不尽相同，这是为什么呢？

再说广州用骑楼，天津很少，这是因为广州地理气候条件不同，在建筑功能上对遮阳避雨有特殊需要而产生的，所以有人主张地理气候条件决定风格。（其实，从这一点讲，也可以归在"功能决定说"里。）但是，骑楼作为一种风格，也就是说，用骑楼的办法来解决特定的功能要求，是不是地理条件决定的呢？是不是世界上与广州气候条件相似的地方都用骑楼呢？广州这样的气候条件，是不是非用骑楼不可呢？而且建筑风格的变化，比地理气候的变化快得多，后者是以若干万年为单位而显现其变化的，如何能把它作为对风格的决定因素呢？！

现在谈谈经济基础决定风格的问题，这一说法，主张的人最多。的确，社会的经济基础和建筑有密切的关系，可以说有关建筑的各个方面，都和经济基础有密切的联系。因为不同的社会、不同的阶级，有不同的功能要求，有不同的艺术观和建筑观，经济基础直接对建筑的功能要求起作用，直接对建筑的设计思想、美学观点起作用，也可以通过促进生产力的发展，对建筑的材料、结构、工程技术等的发展起作用。所以主张经济基础决定风格的说法，实质上就必须同时同意功能决定风格、材料结构决定风格和思想意识决定风格这三种说法，要不然，所谓经济基础和建筑的联系就变成空洞的了。但是，在讨论过程中，持这种主张的人对上面三种说法都不同意，而要"归根到底"，"归根到底"究竟有什么好处呢？是不是能更全面而确切地说明问题呢？我看不见得。今天我们在社会主义制度条件下讨论风格问题，归结到经济基础之后，叫我们建筑工作者怎样努力呢？是让经济基础自动来决定风格呢，还是应该努力提高我们的社会主义觉悟，提高我们的设计思想水平和技术水平呢？

总之，我们不能把两个现象的先后同时出现，就理解为因果联系。功能不同了，材料结构不同了，风格也不同了，这里就没有必然的因果联系。同时，一个对象的原因，当然还会有产生这个原因的原因，我们研究一个对象的因果联系，只有把这一特定对象，从普遍联系中抽引出来，才能具体确定，研究建筑风格的决定因素，也只能这样。"归根到底"的办法，不是研究特定对象的因果联系的办法，因此也就不能确切地说明问题。

四

那么，建筑风格难道和功能、材料结构等没有关系了？它们难道对建筑风格没有影响了？我看，关系和影响肯定是有的，但是，对一个事物有关系、有影响的东西，不一定就是决定性的东西，不一定就有直接的因果联系，所以我们讨论问题，决不能满足于停留在事物的"普遍联系"、"相互制约"这些最一般的概念上，还没有弄清它们是怎样联系的，怎样制约的，就算解决了问题。

我们说建筑功能对建筑风格有关系、有影响，这是因为在解决建筑功能问题的过程中，就产生风格。功能问题的解决，一方面固然取决于这个矛盾的性质，譬如，建筑功能矛盾的性质，决定它必须用建筑空间的方法去解决。但是，矛盾的具体解决，在必须用建筑空间的方法的规定性下，又可以有各种不同的方案。也就是说，解决同一矛盾又可以有不同的路子，这个不同路子，就不决定于功能问题本身了。而决定于人们怎样理解以及用什么手法来处理和解决功能问题；人们怎样理解、处理和解决功能和建筑里其他方面矛盾的关系等。用一定的原则、方法来对待、处理和解决，就产生一定的风格，如果见仁见智，用各种不同的原则和方法来解决，就产生不同流派，不同风格。

同样的道理，材料结构问题、艺术造型问题、建筑经济问题等，都和建筑风格有关，而风格则决定于对这些问题的认识如何，观点如何，在这些矛盾性质的规定下，采取什么具体的途径和手法，来解决这些问题。

所以，建筑风格就是人们在一定的历史条件下，在建筑创作过程里，由于对建筑里的诸矛盾和矛盾诸方面的认识和观点的不同，对建筑创作的技巧和修养的差别。从而在解决建筑问题时，人们采取了在一定程度上不同的方式方法，从而在建筑上表现出来的形式特征。简单地讲，建筑风格就是由于人的主观能动性的特点，体现在建筑形式上的特征。这里，人的主观能动性的特点是风格的决定因素。

我们可以清楚地看到，建筑历史上，高直风格之所以让位于文艺复兴风格，是在资本主义萌芽时期这个历史条件下。首先在文学艺术方面，然后在建筑观方面，形成了一种复兴古罗马文化的文艺思潮，在这种思潮指导下的建筑创作实践，就形成了文艺复兴的建筑风格。它是时代的产物，但是它主要通过人形成思潮，思潮反作用于建筑创作，才能形成风格。近现代资本主义国家建筑上形形色色的流派和风格，苏联建筑1954年前后风格的大转变，也都可以到创作思想上去找原因。这里有复古折衷和反复古反折衷主义的斗争，现实和反现实主义的斗争，一种形式主义和另一种形式主义的斗争。这些也都是在一定的历史条件下，这样那样的世界观、艺术观在建筑创作上的反映。新中国的建筑，也刮过一次复古风，它是由一种不正确的建筑创作思想作祟，而纠正这种风气的，是党的建筑方针，这里更可以明确地看到，建筑理论、党的方针政策等这些意识形态的东西，对建筑风格如何起着决定性的作用。我对建筑历史是门外汉，想建议研究中外建筑史的同志们，能不能系统地编写一些"建筑创作思想史"一类的东西，贯彻薄古厚今，古为今用的精神，这对我们今天的建筑创作是会有一定帮助的。

欧洲文艺复兴的建筑思潮和风格，首先产生于意大利，然后传播到欧洲各国，这种思潮和风格，又结合了不同的国家、不同地区的传统习惯和爱好，又形成了各国不同的文艺复兴风格。这里，传统习惯和爱好的继承，也是人的能动性。

文艺复兴时期的建筑大师，现代同一流派的建筑师们，现在我们的各个设计院，设计院里的各个设计室乃至个人，尽管有基本相同的主张，而具体的建筑创作风格，又有所不同，这里又和个人的性格、修养和技巧等相联系，从而形成了因人而异的风格。

风格主要是手脑并用，最后体现在建造起来的建筑作品上的。建筑创作过程，应该包括设计过程和施工过程，在设计过程中，设计思想固然起着主导作用，但是设计施工的实践能力，如设计施工的基本功、技巧的熟练程度等，也对建筑的风格面貌，起着决定性的作用。正如没有盖叫天的一举手、一投足的基本功，要想像盖叫天那样，独创出生动有力的舞台形象的风格来，也是不可能的。物质变精神，精神变物质，这两个"变"，都是人的主观能动性，都包含着实践的能力，正是"变"的特点形成风格。所以，我认为风格不能单说是思想意识决定的，而是人的主观能动性的特点决定的。

从一个时代的思潮，到个人的性格和实践能力，都关系到创作风格。所以风格里有时代风格、民族和地方风格、集体和个人风格等。创作风格总是人的风格，时代风格是人的时代共性，与其他时代相比较，又是不同时代人的创作风格的时代特性，同样，民族风格、地方风格、集体和个人风格，都是人的创作风格的民族共性、地方共性、集体和个人在创作上的共性，也是不同民族、不同地区和不同集体与个人在创作上的特性。风格的共同性寓于风格的特殊性，建筑的社会主义新风格，就是新的时代风格、新的民族和地区风格、新的集体和个人风格的结合，是新的社会主义时代人的创作风格，是社会主义风格的一致性和多样性的统一。

五

建筑风格的创造，既然是人的主观能动性，作用于建筑创作实践的结果，那么，要创造社会主义现代建筑新风格，就得充分发挥人的具有社会主义特点的主观能动作用。我认为应该提倡：一要解放思想、敢于创新；二要重视理论研究；三要加强文化修养和建筑设计的基本功。

解放思想，就是要在我们的思想认识上和创作方法上，克服片面性，避免盲目性。要高屋建瓴，继往开来。目前，在建筑创作中，下笔踌躇、莫衷一是的现象，抱残守缺、固步自封的现象；照搬照套、盲目抄袭的现象，都是一种片面性和盲目性的表现。有了片面性和盲目性，我们的思想就无法解放，人的主观能动性就无从发挥，更谈不上创新。解放思想是前提，敢于创新是目的，人的主观能动性的可贵，也就在于创新这个目的上。

但是，思想的解放不是自发的，人的主观能动性也不是任意的、盲目的，而是要有正确的理论指导。所以还要重视理论的研究工作。我们建筑界过去害怕谈理论，甚至认为理论无用，把理论和创作割裂开来，这已经造成了我们创作思想上的僵化和盲目。我们国家那么大，情况那么复杂，文化遗产又那么丰富，理应有众多的学术流派，在理论上各抒己见，百家争鸣。关于建筑理论中的一些基本问题，诸如建筑与美的问题，建筑形式美的问题，建筑中功能与艺术的关系问题，建筑的艺术性问题，结构在建筑中的地位和作用问题等，我都曾提出过一些看法，但也都未能展开深入的研究和探讨。我国传统的古典建筑、园林艺术中也蕴有丰富的理论遗传，有待我们去发掘、总结和提高。

掌握了一定的理论，是不是就能在建筑创作中，充分发挥我们的主观能动性了呢？我看不行，这仅仅是一个方面，虽然是主导的一个方面。如果我们仅仅知道了怎么干，而没有行之有效的具体办法和手段，也一样办不成事情。建筑创作人员没有深厚的文化修养和建筑设计的基本功，是断然创造不出什么新风格的。在现代社会中，建筑常常是作为一个民族、一个国家的文化标识，是一种文化产场，不能设想缺乏文化修养的创作者，能为我们祖国文化增添宝贵遗产。我是主张兼蓄并包，广采博录，古为今用，洋为中用的，修养的深浅常常是我们发挥主观能动性的基础和出发点。过去有句俗话，所谓"眼高手低"，我们建筑设计人员绝不能做那种眼高手低的理论家，我们应该切实加强基本功的训练，做到言之有理，得心应手！

总之，只要我们钻研理论，加强修养，刻苦训练基本功，我们就能做到解放思想，敢于创新，我们的主观能动性，也就应运而生，势如破竹，创造我们社会主义现代化建筑新风格，指日可待！

徐中先生与建筑学教育

XU ZHONG AND ARCHITECTURAL EDUCATION

徐中先生从1952年全国院系调整后担任天津大学土建系建筑设计教研室主任，1954年，土建两系分开，徐中先生被重新任命为建筑系主任，从此担任建筑系主任31年，为建筑系的发展倾注了满腔热情，贡献了毕生精力。徐中先生在组建教师队伍时期，对教师队伍进行合理的编排重组等，使教学质量有了很大的提高，他关心年轻教师在生活中的疾苦，在业务上亲自精心指导，帮助他们练好建筑初步与建筑设计基本功，以及在设计教学中提高设计方案水平和改图能力。徐中尤其重视青年教师参加生产设计实践的机会，要求青年教师真刀实枪地磨练自己以提升设计水平。这些举动，无一不体现出徐中先生对建筑教育的全身心投入。在此基础上，在国家加强基础理论和基本功训练的教育方针的指引下，天津大学建筑系在课程设置、师资力量方面等逐渐完备，逐渐形成了天大建筑系的特色。在此时期，徐中先生始终坚守在教学第一线，带领全系教师团结一致，至1965年，天大建筑系基本完成了统一教学计划。虽然由于时代背景，建筑系的整体课程不得不参照苏联体系，但是在建筑教学中，徐中仍主张采用现代建筑的设计思想。他要求青年教师阅读西方建筑理论著作，同时利用设计指导课与学生面对面进行交流，向学生教授从功能出发、灵活布置平面的设计方法，要求学生联系实际、结合实际，教导学生从实际出发，提出问题、解决问题的方法。因此，天大建筑系的学生均在基本功扎实的同时，受到了他很好的熏陶，在此后的建筑实践中对中国的建筑事业发展起了很大的作用。

After the adjustment of the National College in 1952, Xu Zhong had taken the position of the Director of Architectural Design Research Office of Department of Civil Engineering and Architecture, Tianjin University. While the department was divided into two departments respectively of civil engineering and architecture in 1954, Xu Zhong was nominated as the Director of the Department of Architecture again and served it for thirty-one years, putting all his heart and life into the development of the Department of Architecture. In setting up the body of the faculty, he deployed the age group reasonably, rewarded in great improvement in the performance of teaching. In the meantime, difficulties of young teachers in daily life never escaped his care either, which is multiplied again with instruction in profession, so as to enhance design level and drawing mending based upon qualified training. As for the young teachers, Xu Zhong paid extraordinary attention to the opportunities in participating in real practices, demanding them to polish and push forward their design abilities. Such deeds are perfect proof of his full-hearted devotion to architectural education. On this foundation and under the nationwide guideline emphasized upon basic theories and training, the Department of Architecture, Tianjin University had gradually fledged itself both in curriculum and faculty, producing distinct features. During this period Xu Zhong never stopped working in the forefront of his teaching cause, leading the whole faculty in stability and finally completed the unified teaching plan in 1956. Despite the time's background, which restricted the courses within the foregone tracks of Soviet system, Xu Zhong still held on to modern architecture in designing. Young teachers were called on to read theoretical works of western architecture and communicate with students face to face during design instruction classes. Designing methods deriving from functions into flexible layout are taught with the students highlighted upon connection and combination with the reality and raising and solving of problems. Well cultivated in this way along with basic training, architectural students of Tianjin University have exerted tremendous impact upon the development of the cause of Chinese architecture.

怀念启蒙老师徐中教授 / 吴良镛
RECALLING PROF. XU ZHONG, MY FIRST TEACHER IN ARCHITECTURE /WU LIANG-YONG

怀念徐中老师 / 齐康
RECALLING PROF. XU ZHONG /QI KANG

传统的继承者与叛逆者——忆徐中教授的创新精神 / 彭一刚　黄为隽
TRADITIONAL INHERITOR AND REBELS — RECALLING PROF. XU ZHONG'S INNOVATIVE SPIRIT /PENG YI-GANG AND HUANG WEI-JUN

徐中先生与天大建筑系 / 聂兰生　章又新
XU ZHONG AND THE DEPARTMENT OF ARCHITECTURE, TIANJIN UNIVERSITY /NIE LAN-SHENG AND ZHANG YOU-XIN

忆敬爱的徐中先生 / 魏挹澧
MY MEMORY OF BELOVED PROF. XU ZHONG /WEI YI-LI

理论思考的严谨性与设计思维的敏锐性——在徐中导师言传身教中感悟的素质教育 / 布正伟
EARNEST IN THEORETICAL THINKING AND ACUTENESS IN DESIGN CONCEPTION—THE EDUCATION GAINED FROM XU ZHONG'S THOUGHTS AND BEHAVIORS /BU ZHENG-WEI

追忆与恩师徐中的二三事 / 徐显棠
MY RECOLLECTIONS OF BELOVED MENTOR, XU ZHONG /XU XIAN-TANG

不弃愚钝，点化成形——领受徐中老师给我改图 / 邹德侬
KEEPING THE LESS ADVANCED IN MIND, KNOCKING THEM INTO MORE ADVANTAGED SHAPE—GAIN A LOT FROM THE IMAGE PROCESSING UNDER THE INSTRUCTIONS OF XU ZHONG /ZOU DE-NONG

怀念徐中先生 / 张文忠
RECALLING PROF. XU ZHONG /ZHANG WEN-ZHONG

徐中先生是天大建筑学院的创业者和领路人，我们永远怀念他！ / 沈玉麟
XU ZHONG,THE ENTREPRENEURS AND PACEMAKER OF THE SCHOOL OF ARCHITECTURE, WE MISS HIM FOREVER! /SHEN YU-LIN

徐中先生的生平——论他的教学思想、科研态度、学术观点与为人 / 周祖奭
THE LIFE OF XU ZHONG — ON HIS TEACHING IDEAS, RESEARCH ATTITUDE, ACADEMIC VIEWPOINT AND HUMANNESS /ZHOU ZU-SHI

徐中先生的建筑教育思想与实践 / 周祖奭
XU ZHONG'S ARCHITECTURAL EDUCATION THOUGHT AND PRACTICE /ZHOU ZU-SHI

天津大学建筑系办学特色与徐中先生 / 胡德君
THE BOND BETWEEN THE SCHOOL-RUNNING FEATURES AND XU ZHONG /HU DE-JUN

走独辟蹊径的创作道路——忆徐中先生与人民大会堂的建筑创作 / 张敕
A NEW WAY OF CREATION — RECALLING XU ZHONG AND THE ARCHITECTURAL CREATION OF THE GREAT HALL OF THE PEOPLE /ZHANG CHI

《透视建筑教育》——献给徐中老师的书 / 荆其敏
'THE PERSPECTIVE ARCHITECTURAL EDUCATION' — THE BOOK DEDICATED TO XU ZHONG /JING QI-MIN

追忆与徐中先生共事的那些岁月 / 陈式桐
REMBRANCE OF THOSE WORKING DAYS WITH XU ZHONG /CHEN SHI-TONG

记忆中的祖父 / 徐石
GRANDFATHER IN MY MEMORY /XU SHI

怀念启蒙老师徐中教授*

RECALLING PROF. XU ZHONG, MY FIRST TEACHER IN ARCHITECTURE

○ 吴良镛 ○ 中国科学院院士、中国工程院院士、清华大学教授

我怀着崇敬的心情来天津大学建筑学院参加徐老师九十周年诞辰的纪念活动和铜像揭幕典礼，许多往事又映入脑际。我是在1940年战火纷飞的年代考入时在重庆的中央大学建筑系，大一班在距重庆沙坪坝校本部几十里外的柏溪分校，第一位授课老师就是徐中教授。当时他从美国留学归来不久，风华正茂，建筑的入门课阴影、透视与建筑设计初步全由他教授。他每周来一次，我们班是空前的大班（其实不过十几人），他从校本部来往坐"滑杆"长途跋涉，归去时已疲惫不堪。到了二年级以后设计课的教授增多，谭垣、杨廷宝教授和徐先生轮换教我们直到毕业。教授们各自的教学风格是不一样的，但徐先生严谨认真细致，花在我们每个学生身上的时间最多。还和我们一起讨论，参加班里的一些活动，至今仍留下不少回忆。作为教育家的徐先生对中央大学建筑系的贡献还需从当时的历史条件来谈。抗日战争初期，南京中央大学（即今天东南大学前身）仓促内迁重庆，校舍全部临时修建，条件很差，师生生活很艰苦，这时有的教授家眷尚在沦陷区，以及其他种种原因建筑系一度风雨飘摇。幸好后来由鲍鼎教授主持系务，徐中教授回国，谭垣教授留下，并增聘杨廷宝、李剑晨等教授来校任教。不仅稳定下来，而且阵容增强，后刘敦桢先生相继来校。在这大转折的过程中，徐先生除了担负繁重的教学工作量外，辅佐鲍先生为建筑系的中兴贡献极大，这是我们一些年龄较大的学生铭记在心的。

徐中教授对建筑教育的另一贡献是在建国以后，此前先在唐山交通大学建筑系任教，1952年院系调整后创建天津大学建筑系。因为同在京津，我与徐先生有过较多次会晤，包括同出席一些会议及出国活动等。我理解天大的创建固然有唐山及天津北洋大学建筑系的基础，但徐先生对系的建构、师资的选聘、天大的建校、设计的教学均竭尽全力。基础筑就，直到今天天大能作为全国名列前茅的少数建筑院校之一，它在基础教学、教师队伍建设、设计基本功的训练、建筑设计的全面发展等方面有它的特色。几十年来天大毕业生中院士、教授、大师等高水平的设计人才相继的出现，饮水思源，这些和徐先生奠定的基础是分不开的。可惜的是在他的晚年徐师母和徐先生相继生病加上其他原因也影响了他的才能和学术思想的进一步发挥，作为徐先生的学生每为此深感惋惜。尽管如此，在他的铜像前回顾往事，重温这位虔诚的建筑教育家的业绩更增怀念之情。愿徐先生所开创的天津大学建筑学院与时俱进，为中国建筑的文艺复兴，做出更大的贡献。

*此文是徐中先生诞辰九十周年之际所作。

怀念徐中老师 *

RECALLING PROF. XU ZHONG

○ 齐康 ○ 中国科学院院士、东南大学建筑系教授

徐中老师是我学习建筑时的启蒙老师，他是一位杰出的建筑教育家和建筑师。他 1949—1951 年在南京工学院建筑系任教，同杨廷宝、童寯、刘光华老师共同教授建筑设计初步和设计课程。我们一批青年学子有那么多的优秀老师指导我们，真可谓三生有幸。

徐中老师平时和蔼可亲，课余时间我们总能听见他幽默、风趣的谈笑，他大大咧咧地谈笑，爽朗的笑声里夹杂着常州方音。我记忆最深的是一次他给我改图的情景，那是我上二年级时做一个茶室设计，他和黄兰谷老师辅导我，我很想用钢笔画，但用它来画大张的淡彩，却非易事，他不断耐心细致地指导我如何用笔、用色，使我成功地完成了这个作业。他的笑里总带有点让人琢磨的东西，是表扬或是需要改进，使你难以捉摸，他的笑常让人思索，促使你更深入地思考自己的设计。

1951 年下半年，接到上级领导的通知要我们这一届提前毕业，即四年压缩至三年，所有老师为了我们能完成必须的学业都为之做出了努力，那时徐中老师教我们投影课，采用切断面教学法，他的教学深入浅出、循序渐进，他的方法简便、易懂、可操作性强，注重培养人哲理的判断，学时不过十个小时，但大家很快掌握了。最后一个练习大家做得都很满意，当我们把感受反映给他时，他也会心地笑了。

我们和徐老师在一起的时间不长，到了二年级下学期，他决心到唐山去办建筑系。对于他的决定同学们都很惋惜，可是他的决心已定，我们只能和他依依惜别。

记得他刚离开的几天，同学们静下来了，教室里静下来了，好像缺少了什么，失去了什么，大家的心里好像缺少些什么，两三天内是那么的安静，同学们都在静静地思念他。

徐老师的志向是在唐山办一个建筑系，他的决心终得以实现，一个在中国知名学府——天津大学的建筑系（唐山交大建筑系是它的前身）就是他一手创办的。十年来的艰苦奋斗、辛勤耕耘，历经了各种政治活动，也经历了许多坎坷与艰难，现在这个中国知名的建筑系正在北方崛起。

* 此文选自《纪念徐中先生诞辰九十年暨建筑教育研讨会文集》。

往后的日子里，我见到徐中老师的时间更少了，在一次北京开会期间，我遇见他，向他请教建筑美学的问题，他还是那么的健谈，带着笑声的话语使我一步步入胜，可以看出他是多么注重探索中国现代建筑自身的美学。从徐中先生解放初期在北京长安街的对外贸易部建筑群可以看出他的设计注重因时、因地、因材、求实的作风，同时在形式上他也刻意追求"转化"，他的建筑风格仍留存在人间。

徐中老师离开我们已经17年了，他所培养的建筑教育人才、设计骨干人才已遍布全国各地，为祖国建设事业贡献了自己的一生。教育是传人育人的一种智慧，他求实、严谨、艺术、科学的风范，通过他培养的人和他的设计作品，告诉了整个建筑学界和世人。

徐中老师在您九十诞辰的今天，作为您的学生，我怀念您。

如今的天津大学建筑系有一批相当有水平的教师，他们都是在徐中先生培养下成长起来的，老教师精力充沛，中年教师年富力强，青年教师也初露头角，形成了强有力的教学梯队。老师最大的期盼是我们勤奋上进、力求创新，但愿与兄弟院校的合作，天长地久，以感恩师长的培育之恩。

敬悉徐中老师百年诞辰

致以深切感激之情

学生 齐康

二〇一三、七、

齐康院士为纪念徐中先生百年诞辰题字

传统的继承者与叛逆者——
忆徐中教授的创新精神 *

TRADITIONAL INHERITOR AND REBELS — RECALLING
PROF. XU ZHONG'S INNOVATIVE SPIRIT

○ 彭一刚 黄为隽 ○ 天津大学建筑学院教授

徐中教授离开我们已经整整一年了，他永远不能再创作，再为创新而呼喊了，留下的只能是我们对他一生渴求创新精神的追思。

徐中先生年轻时就才思过人，20 世纪 30 年代初他还在中央大学求学时，就投入了建筑创作的实践活动。现在青岛八大关路的某英格兰式小住宅（《建筑师》11 期 118 页）就是他在学生时代的作品，那精巧俊逸的设计手法，使之在今天看来仍不失为一个成功之作。1936 年他赴美去伊利诺伊大学攻读硕士，回国以后就一直在教育战线上默默地耕耘着，为培养我国在建的学者和建筑师，鞠躬尽瘁，奉献出自己的一生。

徐先生四十余年来从事于教书育人，留下的建筑作品不是很多，但从其可数的作品结合当时的潮流剖析，却可以看到他执着地探索继承、大胆地追求创新的革新精神。新中国成立初期，一批由半封建半殖民地旧中国走过来的老一辈建筑师们，出于对社会主义新中国的热爱，有着强烈的民族自豪感，纷纷不约而同地争相探索中国本民族形式的建筑创作道路。当时盛行的主导潮流是在新的建筑上严格按照传统《法式》"穿鞋戴帽"，这种延续着二三十年代屡屡出现的作法，虽然也不乏有成功之作，但客观上却酿成了一个时期"大屋顶"成风的创作思潮。徐先生当时正兼任着外贸部总建筑师，并接受了外贸部办公楼的群体设计任务。他逆"潮流"而动，反对《法式》陈陈相因的作法，反对用传统的部件拼装成新的建筑形式；而主张因时、因地因材、因用地吸收传统精华为我所用。在这个设计中，他一不用传统的琉璃瓦顶，二不搞复杂的飞檐举折，三不做斗拱飞椽，四不去雕梁画栋，五不配须弥台座和望柱栏板。……对于当时盛行运用的传统原形部件，他碰都不碰，却根据当时所处的经济条件，用最简洁的手法、最朴素的建筑材料，在群体组合、单体设计和细部处理上去体现中国建筑的韵味，达到了有所突破、有所前进的目的。

例如在办公楼的群体组合上，他突破了一正两厢的"品"字形传统布局模式，又继承了中国建筑单位简洁而组合丰富的特征，用一主两厢互相平行又不完全对称的组合方式，毫不矫揉造作地满足了办公建筑的朝向需要。入口处又巧借传达、收发两个小悬山建筑的安排，充分体现了中国"味儿"和亲切感。

* 此文选自《纪念徐中先生诞辰九十年暨建筑教育研讨会文集》。

又如，徐先生一直反对把办公大楼建成衙门，他认为人民政府是为人民服务的，是要少显示权威的地方，对外贸易部门更不应该装腔作势。所以他一反常规，不求雄伟气魄，大量吸取的是中国建筑中"小式"做法的精神，只用朴实无华的材料。外形不仿当时横三段和竖三段的时髦做法，却注意体现东方建筑的神韵，强调水平方向的安定感。立面上均匀列窗的节奏安排和楼梯间大片实墙上点状漏窗的间歇处理，与水平裙带、遮阳板形成对比，既不落俗，又富新意，如实地反映着功能要求和结构特征，造型活泼而舒展。

再如，徐先生苦心经营、凝聚心血于建筑细部的处理，处处考虑要有创造精神。他设计的许多手法源自传统，却不再现传统，而是传统原型的抽象和变革，是传统精神的概括和提取。从当时来看，办公楼从整体到局部都令人感到新鲜，但定睛去看又能联想到它的原型和出处，这正是它成功的地方，与那种简单的搬用、模仿相比可以说是创作方法上质的飞跃。当时的"大屋顶风"主要表现在屋顶和檐下的仿古做法。但凡用大屋顶者，毕覆以琉璃瓦或青筒瓦，勾头、滴水、正、垂、戗脊、仙人吻兽一应俱全。徐先生则首先在屋顶上"叛逆"，他开风气之先，用当时最经济、最一般的板瓦来处理中式屋顶，废弃深远的初檐和复杂的举折，只在歇山卷棚的部位处理成小小的曲折即保持了中国建筑独具的韵味，外檐更是装修从简，只在铁皮落水槽的端部略加回纹装饰，顿生翼角起翘之感。檐下处理也只是用封檐天花上的深色木条象征性地取代了传统的飞檐；用"霸王拳"做外落水的承接，删繁去冗、干净利索。外墙面的设计亦别开生面，利用窗上遮阳板的巧妙处理体现了中国建筑从严的特色，把遮阳板做成小坡，并与窗下砍墙的假石裙带连成一体，在窗台线与裙带之间略饰回纹意如"花瓶撑"，整体上看形如栏板，一直随窗转至山墙，使人感觉如层层重檐上的檐廊。这种意在形中，似与不似之间的创作手法，使建筑造型推陈而出新。徐先生的创作态度十分严肃认真，设计由巨到细无不深思熟虑、反复推敲，即便是一个小小的装修线脚，也绝不会轻易放过，直到完全满意为止，真是于细微之处见精神！所以他出手之作，总是别出机杼，非同一般。

然而，徐先生主张在发展中去继承传统精神的创作态度，在当时却受到了权威人士的非难，斥之为"法式不精"。对此徐先生毫不动摇地坚持自己的见解。实质上在对待传统这个问题上继承与叛逆是对立的统一体，没有叛逆精神，就谈不到科学的、发展的继承。他认为所谓斥责"法式不精"实质上就是只能复古面不许创新，而那样做虽然省力，却断无出路，所以后来他在天津的一些创作依然坚持着自己认定的道路。直到苏联和波兰的建筑专家访问中国之后，外贸部办公楼和当时被斥之为"结构主义"的儿童医院等才得到了充分的肯定。专家们在参观了北京当时的一些新建筑后说："还是外贸部办公楼较好，具有一些思想性。"

事隔三十多年，这幢灰砖青瓦、貌不惊人的建筑的风波早已被人淡忘。今天人们的注意力可能已被五光十色的铝合金和闪闪发光的镜面玻璃弄得眼花目眩。但是建筑创作的价值究竟在哪里？似乎颇值得人们反思。先进的技术、华贵的材料诚然可以使建筑创作锦上添花，但也容易掩盖创作思想和意趣的平庸。有些乍看起来很时髦的建筑，但不经看；可也有些初看似很平淡的建筑，细加咀嚼，却意味深长，徐先生的作品就属于后一类。如同郁达夫形容朱自清的散文那样："……一切处理的那么公允、妥当、恰到好处。他文如其人，风华从朴素出来。"他20世纪50年代初的这些创新之作，今天看了也许还是有着时代的局限性。但是，他主张从整体的感觉，而不是用机械地"移花接木"的方式去继承传统精华的思想和实践，对于启迪我们今天探索继承传统文化的途径，还是有所裨益的。

徐先生在建筑理论上的主张，也如同他的创作观，重在提倡"创新"的思想。20世纪60年代初，他在《发挥主观能动性，创造建筑新风格》及以后的《论建筑风格的决定因素》等文中，多次提出要充分发挥人的主观能动作用。他提出：一要解放思想，敢于创新；二要重视理论研究；三要加强文化修养和建筑设计的基本功。他主张对待传统要高屋建瓴、继往开来，对待外来文化要力戒照搬照套。他说抱残守缺、固步自封以及盲目抄袭的现象，都是片面性与盲目性的表现。有了片面性和盲目性，思想就无法解放，主观能动性就无从发挥，更谈不上创新。人的主观能动性的可贵，也就在于创新这个目的上。他还主张兼蓄并包、广采博录、古为今用、洋为中用。他认为建筑师没有深厚的文化修养和设计基本功，也是断然创作不出新风格的。建筑设计人员绝不能做眼高手低的空头理论家，而应言之有理，得心应手。徐先生在他几十年的教育实践中，也从不放过对学生设计基本功的培养和严格要求，使得天津大学建筑系的学生自入学之始就重视基本功的锻炼成为传统的风气。

徐先生的上述主张，今天看来依然是十分正确的。可惜十年浩劫却把他当成大毒草来批判、肃清。他本人也因这场浩劫的残酷斗争一病不起，从此失去了从事创作活动和社会活动的能力，直至离开人世。

然而，今天可以使徐先生笑慰九泉之下的是：他所渴望的那个繁华建筑创作的时代，现已展现在中国建筑师的面前了，中青年一代正从老一辈建筑家所走过的风风雨雨的坎坷道路中取得了经验和教训，在创新的征途上迈出了新的步伐。

○ 聂兰生 章又新 ○ 天津大学建筑学院教授

徐中先生与天大建筑系

XU ZHONG AND THE DEPARTMENT OF ARCHITECTURE, TIANJIN UNIVERSITY

初识徐先生 1954年我们从外校（清华大学、东北大学）来到天津大学建筑系，这里的一切令我们不感陌生，似乎是从一个班级转到另一个班级。一大帮青年教师和指导我们工作的年长的学者，他们待人宽厚，才学不凡，令人感到他们既是学者又是长者，和当时的共和国一样，处处都显现出蓬勃向上的气势。以年轻人为主体单位，盛年的教师们便视为"长者"和老先生了，系主任徐中先生的年岁也只有四十有二。

天大建筑系是1952年院系调整后成立的，算来不过两年多的时间，但令我们感觉是个历史颇深、师资优秀、管理有序、十分成熟的专业。已故周祖奭教授长期当徐先生的助手，他曾说过："徐先生是个天才，他思维敏捷，处事得体，在纷乱的事物中总能指挥若定，举重若轻又不事张扬，这样的素质和品格并非一般人所具备的。"此外，徐先生做事无一不细致入微，力求完美，而治学严谨，用人精到，这又是徐先生特有的办系风范。对我们这些刚毕业的年轻人总是关爱有加，他没有门户之见，一视同仁地对待每个人。无论是在工作上还是生活上我们都得到过他的关心。记得毕业后第一个元旦大家便是在徐先生家过的，他的学识和人格魅力深深地影响着我们这一代人。

建筑设计教学 徐先生十分重视建筑设计基本功的掌握，重点放在一、二年级的教学上，因为那是把学生"领进门"的阶段，从几十年的教学经验中可以看出学生们的建筑设计能力，形成于二年级，巩固于三年级，到毕业设计阶段接近于成熟。当时主管一、二年级设计课的教师，总是派资历深、能力强的老师来担任，留给我们印象很深的两位教师，一位是前中央大学建筑系毕业的童鹤龄先生，另一位是毕业于前之江大学建筑系的郑谦先生，两位都是解放初期杰出名校的优秀人才，无论是在素质和品位上都属上乘。他们的才识和勤奋治学的精神感染了我们这一群后学一代。当时教一年级的教师人人都画示范作业图，每个w阶段教师的示范图都要在教室张贴出来，几十年如一日直到"文化大革命"时。给我们的感觉是，一年级教师真不容易，因为作业太难，要求也太高，也难为一年级学生们了，不少学生一张作业要重画几次才能完成。有的学生反映，"上一年级像高考时那样紧张"，想来天大建筑系一年级的"关"并不好过。

童先生管二年级教学，一年级是认识建筑，迈进建筑学门槛，二年级便要深入这个专业了。徐先生非常重视建筑师的动手能力，他常用"出手高低"以此来评价建筑师的能力和素养。正如在纪念徐先生90周年诞辰文集中，前系主任胡德君教授写到："徐先生常对我说，他反对上设计课的教师光动嘴不动手，特别是低年级教学离不开示范性改图，离不开师徒式教学。"上设计课必须给学生示范性改图，这成为设计课教师必须坚守的原则，"改草图"成为当时青年教师的日常工作。

强调徒手画图的目的在于培养建筑师有能力把自己的构思快速、准确地表达出来，即所谓的"得心应手"，能做到这一点，绝非一日之功。记得童鹤龄先生常用HB铅笔改图，清秀、细致，他非常重视学生审美能力的培养，无论是草图或正式图他都要求得很严格。教学过程中他对学生时时地"耳提面命"，当然他自己也能做到"率先垂范"，难怪徐先生到晚年在病榻上还念叨童、郑二位先生"他们俩是不错的，优秀的"。

国内的同行们几乎异口同声地评价天大建筑系学生作业表现优秀，这绝不是在做表面文章，是学生审美能力的培养。事实证明，当年在学校美术素养较高、图面表达强的学生，日后的成才率也较高。建筑学与美学密不可分，而徐先生的研究课题就是"建筑美学"，培养学生重视建筑美，表现建筑美，是设计课的重要内容之一，强调培养学生的美学素养，贯穿于各年级的教学中。

图面表达也是设计课不可忽视的环节，学生花在这门课程上的几个月心血，表现在最后交出的图纸上，教师应该帮助学生提高图面的表达能力和技法以及审美素养，让学生们能认识到完成一件建筑作业并完美地表达，应该拥有哪些手段。徐先生对设计课程最后阶段的教学十分重视，他自己常常亲自指导学生画图，并做示范性表演，青年教师总是在整个设计周内从早到晚不离教室。学生们很想把图画好，时时求助于教师，那时我们这群助教戏称自己为"救火队"，学生把图画坏了，教师要立刻指导补救，并做示范性的改正。

建筑物存在于环境之中，因此一份完美的建筑作品也要完整地表达环境，在这方面以徐先生为首的老教师们堪称是我们学习的榜样，其中尤以冯建逵先生和童鹤龄先生画的建筑配景，令人欣羡不已，我们常称这两位先生为"植树能手"。当好一、二年级的设计课教师并不容易，他们在设计、构图、空间组织和图面表达能力上，要满足教学要求，徐先生强调"师父领进门，修行在个人"，把一个高中毕业生领进建筑这方天地，正是一、二年级教师的工作。

20世纪60年代国内有一次学生作业评估，徐先生会后曾向我们传达"天津大学的工业建筑设计作业得到好评"。其实这都是低年级教师的功劳，因为到了四年级学生在基本技能掌握上趋于成熟，这里凸显出基础教学的重要性，在同一时期国内各大设计院普遍实行成员的基本功测试，天大毕业生在这次活动中名列前茅，天津大学办学特色在这里得到体现。

测绘实习　测绘实习是天津大学建筑系长期以来持之以恒的教学科目，直到今天仍是学生的必修课业，这点在国内建筑学科中也是少见的。这归功于徐先生的远见卓识，在学生的培养中既重视创造性思维，又坚持坚实的基本功训练，为了夯实低年级的基础课程，加强课程之间联系与综合运用的能力，形成合理的智能结构。1954年徐先生会同卢绳先生及全系的中青年教师，安排了以承德避暑山庄以及外八庙为对象的中国古建筑测绘实习，作为综合性教学实践的尝试。此后通过数十年的实践不断完善，这一环节成为天津大学建筑教育的显著特色。

1. 强化学生对中国优秀建筑遗产的感性认识，强化学生空间概念，巩固并深化学生所学的专业课程，远胜于一般性的参观或图片观摩。特别是对建筑与环境的关联，建筑群体的空间布局的处理，建筑尺度的把握，古建筑中结构与建筑美感的表达，建筑构件细部的处理及尺度的把握等，有了较为深入的理解与体验，对日后建筑设计课程大有裨益，也提高了学生们的审美水平。

2. 所学课程的综合运用：测绘实现涉及到建筑初步、测量学、画法几何和已学过的各种知识的综合运用，才能形成必备的专业基础，用已学的测量学知识将实物数据准确无误地记录下来，并以投影的概念表达从实物到图面的相互转换，提高了学生的空间想象力。特别是大型古建筑测绘的最后阶段的图面表达，徐先生强调运用中国画白描的传统画法，建筑物用墨线图，做到线条匀称，一丝不苟，树木山石与建筑物匹配，图纸质量达到出版水平。测绘实习多安排在暑期，野外作业条件艰苦，从而培养学生吃苦耐劳勇于克服困难的严谨学风。

3. 教师的率先垂范作用和学生们的团结协作精神，在古建筑测绘实现中体现得最为深刻。因为每一届测绘实习都由教师主导，实测过程诸多困难和危险都由教师亲自解决，并做示范性操作、严格要求才保证了测绘质量形成传统。在这里教师们的主导性极为重要，测绘实习是一项集体作业，不比课堂作业可以各自独立完成。一座古建筑被完整地测绘下来，每个同学都需认真配合、一丝不苟才能完成，从而使学生认识到合作和协同作业的重要性。

天大建筑系的测绘成果在全国建筑院校学生作业交流会上得到兄弟院校的一致好评，并为文物保护做出了重大贡献。其中承德的测绘成果分别由中国建筑工业出版社和日本"朝日新闻株式会社"以《承德古建筑》书名出版，荣获 1982 年度中国优秀科技图书一等奖，1989 年天津大学中国古建筑测绘实习又荣获"国家教学成果特等奖"的殊荣。

自 20 世纪 50 年代以来，天大完成国内知名古建筑群测绘不下几十座，今后还要继续，之所以能坚持下来有下述三点：

1．以徐中先生为首，协同卢绳先生和全系中青年教学骨干，制定出一整套完善的教学纲领、教学环节、教学要求乃至测绘实习的验收标准。由于实习目的明确，要求严格，使天津大学保持了古建筑测绘实习的优良传统。

2．院系领导的重视，打破课程和专业的界限，统一调配实习教师和各类资源，保证测绘实习得以顺利进行。

3．测绘成果得到社会各界认可，并与文物保护单位的需求相衔接。

综上，天大建筑系的办学特点也充分体现了徐中先生的办学宗旨，重视学生基本素质的培养，良好的基本功、创造力、想象力与表达能力的一致性和务实求真的精神，为社会提供优秀的建筑人才。

忆敬爱的徐中先生

MY MEMORY OF BELOVED PROF. XU ZHONG

○ 魏挹澧 ○ 天津大学建筑学院教授

徐中先生离开我们已经二十多年了，但是，他的音容笑貌，至今仍历历在目。今年是他的诞辰一百周年，我不由萌生对这位著名的建筑学家、建筑教育家、天津大学建筑系的创始人和缔造者，我深深敬爱的老师——徐中先生的缅怀之情。

我们选择了建筑学专业并来到天津大学，回想起这段求学历程是很幸运的。从 1954 年入学至 1959 年完成学业，留校成为一名青年教师。这段时间，也是先生自创办天津大学建筑系至 1985 年去世，事业的巅峰时期。他所倡导的注重扎实基本功训练，走出学校参加实际建筑工程设计，学术思想则是自由开放，秉承探索创新、实事求是精神，我们就是在这样优良的建筑系传统学风之下，一路走来。我们班自低年级到高年级都有课程由先生亲授或参与指导，在我们对建筑的认识还处于朦胧状态时，我们聆听了先生教授的《建筑构图原理》和卢绳先生的《中国建筑史》，这是当时同学们最爱听的两门课程，课堂上大家都聚精会神、鸦雀无声，在讲得精彩之处，才会不约而同地发出感叹和笑声。徐先生讲课带着浓重的江苏常州口音，条理清楚、轻重有度、诙谐幽默。他善于生动地运用辩证分析、对比联想、触类旁通的方法，具有很强的说服力，使同学们轻松地理解了建筑构图的一些概念。记得在讲到比例尺度概念时，他借用了第一代建筑师密斯·凡·德·罗的一句名言"少就是多"，问同学们少怎么反而多了呢？哪一个能够回答？在大家面面相觑无以应答时，先生首先说明了密斯所处的时代和所属建筑流派，接着精辟地阐述了建筑美主要靠处理好建筑自身的比例尺度，并适当地加以装饰，还表明了他个人不赞成设计中过度装饰的观点。先生还参与了我们班二年级第一学期小住宅设计课辅导，作为系主任系务工作繁重，外面又有很多的社会工作和学术活动。尽管如此，他仍和其他教师一样带一个设计小组，上课准时到达教室，还常常推迟下课。先生思路宽广敏捷，针对同学的设计图纸，提出问题启发思路，动手改图，不像有的老师改得很细很具体，而是寥寥几笔，笔峰挺秀简练且具说服力，留给学生充足的发挥自己想象力的空间。

徐先生深入第一线狠抓两头，以上所述是抓低年级的基础理论和设计基本功训练。另一方面，他还主张高年级学生要走出学校，做实际建筑设计，在实践中进行锻炼。为此，先生也是身先士卒的，我们班的毕业设计，有一组做天津市中心区详细规划，他经常深入现场进行指导。另一组毕业设计，去河北省安国县做县域总体规划，先生也亲莅安国县。当时正值"大跃进"浮夸风盛行的困难时期，粮食匮乏，一天只吃两顿饭，顿顿都是山芋。徐先生和老师、同学同吃同住，每当开饭时，只有一大盆熟山芋放在桌子上，先生和同学们一样，围着桌子一起吃，还不时乐观地说笑话，使大家感觉到虽苦犹乐。

徐先生还很爱护学生和关心青年教师的成长，1957年"反右后"，上边又发动了一个"拔白旗"运动。所谓"白旗"就是只专不红的人，这次运动虽是人民内部矛盾，但来势凶猛，建筑系抓出两个典型——老徐和小徐，老徐就是徐中先生，小徐是我们班的徐某某同学。徐某某学习优秀，人很内向，和同学之间关系都很好，对他进行批判难以组织，后来在小礼堂搞了一个批判资产阶级设计的展览，其中就有他的设计作品。尽管如此，徐某某还是极其紧张，平时他总是在专业教室，推敲深入建筑设计或学习其他功课，自此，他很少去专业教室以避风头。徐先生不顾自己正在挨批判，私下和王宗源（教师兼党总支委员）说"大家批判我，最好不要牵涉青年学生了"，后来对徐某某的批判也就不了了之了。对于青年教师，先生一方面严格要求，设计课一定要做示范作业，即由青年教师按照学生的设计题目要求，提前做出设计，在专业教室展示，以启迪同学的设计思路。为此，先生常去教研室对青年教师示范设计的构思立意、表现手法提出意见、进行指导。后来在他的影响之下，建筑系又形成一条不成文的传统规定：不论是否是建筑历史教研室的青年教师，都必须参与带领同学做古建筑测绘实习。平时先生没有架子，善于和大家打成一片。每当北京有建筑方面的展览或学术活动，他会尽量抽时间带大家一起去，每每有这样的机会，我们都很高兴，先生知识渊博又健谈，跟他能学到很多东西。他还经常谆谆教导我们，要处处留意学习，不断扩展知识面。一次在系办公室外走廊，先生叫住了我，问我喜不喜欢京剧，我说虽然喜欢但不是很懂，先生是民主党派人士，市里送的京剧票，他没有时间而把票给了我，并对我说，京剧是国粹，广义上也是建筑的姐妹艺术，可以提高自己的艺术修养。这件事令我久久难忘，这场在南开区第三文化宫上演的剧目，竟是著名京剧大师梅兰芳的"穆桂英挂帅"，对我来说也是大师的绝唱。

徐先生超凡的人格魅力为他人所不及，50年代院系调整，他受命组建天大建筑系，分配来的教师、职员来自四面八方。他以海纳百川的胸襟，接纳他们并安排到恰当的位置，充分发挥每个人的作用和特长，在教学科研分配、职称晋级、提升工资、亦或解决各种矛盾等方面，他心明眼亮公允对待，大家都很团结愉快地接受他的领导。建筑系规模虽小，但五脏俱全，在几大院校的建筑系中教师较少，可谓少而精，也没有那么多的行政人员，没有那么多的会议，更没有那么多的矛盾，先生的领导艺术用游刃有余、运筹帷幄形容不为之过。更难能可贵的是，先生心胸坦荡不计前嫌，对于在"文革"期间整过他的人从不记恨，后来，甚至还实事求是地为某人说好话。凡与先生共过事的人都很喜欢他，记得 1969 年全校下放到宝坻县，先生和我们同在孙家庄接受改造，每天运动、劳动之余，我们都要去戏称为"孙家庄 0 号"（位置在村头）——先生所住的农家院去看他，一起聊天是下放期间大家最愉快的一件事。回首往事，有些细节的记忆已经模糊，但对徐中先生的怀念，将会持续到永远。

2012 年 7 月 20 日

○ 布正伟 ○ 中房集团建筑设计有限公司顾问总建筑师、布正伟创作室主持人

理论思考的严谨性与设计思维的敏锐性——在徐中导师言传身教中感悟的素质教育

EARNEST IN THEORETICAL THINKING AND ACUTENESS IN DESIGN CONCEPTION —THE EDUCATION GAINED FROM XU ZHONG'S THOUGHTS AND BEHAVIORS

1962 年 9 月，当我考上徐中先生的研究生之后，在 8 楼系主任办公室，他给我讲的第一课，就是建筑设计与建筑理论的关系。这是我第一次一个人近距离面对面地坐在那里听徐中先生讲课，感到有些拘束、紧张。他语气平和、淡定，却又衷肯、严肃。他说，建筑师做设计要能动手，这很重要，但也一定要有理论的头脑，不然，建筑师就成了"画图匠"。作为建筑师，脱离设计实践去研究理论也不行，这样就会成为"空头理论家"。所以，既要重视设计实践，勤于动手，又要重视理论思考，勤于动脑。没想到，这一课直接影响到了我所选择的在创作实践与创作理论双轨上行驶的成长之路。正如俗话所说："师傅领进门，修行在个人。"回想起来，徐中导师领我"入门"的重要途径，除了他直接授予我做建筑师的看家本领之外，更加深刻持久的影响，则是我从他言传身教中得到的素质教育。这种潜移默化的素质教育是多方面的，其中，就有来自徐中导师的两大职业品性：一是他在理论思考中表现出来的严谨性；二是他在设计思维中所具有的敏锐性。

徐中导师理论思考的严谨性对我的启示和影响

我读研的时候，根本不知道什么叫"建筑哲学"，但却听徐先生说，他要研究的建筑理论是"能管住一般理论的理论"。后来我才知道，这是属于建筑美学范畴的理论。在 20 世纪"以阶级斗争为纲"的思潮泛滥的年月里，要想真心实意地道出这个"理论的理论"又谈何容易！1956 年徐先生发表了一篇很有分量的学术论文《建筑与美》。他在论文中揭示了建筑中美的不同存在形态，及其在建筑中实现统一的客观规律，同时，对当时兴起的复古主义、形式主义的思想根源和严重危害进行了认真分析，对"实用、经济，在可能条件下注意美观"的建筑方针，作了积极的理论诠释和引导，因而在校内外得到了广泛好评。然而，在后来接二连三的政治运动中，这篇论文总是被视为"唯美主义的大毒草"而遭到批判。尽管如此，徐先生却始终坚持认为，建筑中确确实实存在着美学问题、艺术问题、形式和风格问题，不正视这些问题，不研究这些问题，而去赶政治浪潮，看风使舵，随波逐流，那就会误国误民，遗害万年！正是这种高度的社会责任感，让他忍辱负重，不计个人得失，一直坚守着建筑美学这个理论研究阵地。1961 年的政治气候并不见好，徐先生却给他带的第二位研究生确立了建筑形式

美与建筑构图理论的研究方向。这在当时是"谈虎变色"的理论课题，学校马列主义教研室主任就讲过："这个选题很虚，很玄，弄不好还会犯错误、受批判。"在这个节骨眼儿上，徐先生不但没有产生疑虑，反而更加冷静，他一针见血地说，只要用辩证唯物主义的观点和方法去研究，我们就没有什么好怕的，可怕的倒是不去认真研究，让谬误的东西放任自流。

从另外一件事，我也看到了徐先生实事求是、坚持真理而敢于直言的高尚品格。在20世纪60年代中期"文化大革命"风暴趋近来临之际，建筑理论界以批判朗香教堂为契机，大力宣传西方现代建筑的发展已进入"腐朽、没落的时期"。对此，我有幸亲耳听到了徐中导师的大胆见解："建筑毕竟不是纯粹的艺术，就是在西方，建筑也是要让人使用的，建造房子也要以经济、技术为基础。所以，不能因为个别现象就下结论，还不能说西方现代建筑的发展就已经到了腐朽没落的地步了……何况就教堂本身而言，它本来就是很特殊的建筑，把朗香教堂设计成什么样子才不是腐朽没落的呢？"这一"反问"，真是令人叫绝！

上面说的这几件事对我的教育很深，使我渐渐地明白了，徐先生在学术问题面前所具有的这种胆识和勇气，正是来自他理论思考和理论研究的严谨性。也正是这种"唯真理是从的，毫不含糊的精神特质"，铸成了他在学术探索中坚韧不拔、锲而不舍的宝贵性格。

徐先生既敢于坚持真理，又善于探索真理。他长期思考与研究的建筑美学问题不仅是从实践中来，具有很强的针对性和现实意义，而且对建筑美学理论范畴中的基本问题都做了悉心的梳理，使其研究具有一定的连续性和系统性，应当说，这同样是他理论思考严谨性的突出表现。去年夏天，我用了一个多月的时间，精读了他所有的研究成果之后惊奇地发现，徐先生在他不以数量见长而以质量取胜的建筑美学论文中，几乎全都回答了当时让我们感到困惑的那些建筑理论问题。读研时我还听说，为了完善对建筑美学理论的探索，徐先生曾有过对建筑与音乐进行对比性研究的打算，只是后来条件所限而未如愿。

面对许多复杂而又十分敏感的建筑理论中的热点问题，徐先生总是那么坦诚、率真、光明，从不人云亦云、随波逐流，患得患失、模棱两可。他的文风犹如他的人格，而做学问的"底气"则是来自他真心实意地学习和运用唯物主义和辩证法。为了表达自己的创见，他喜欢在说理中层层剥皮，条条揭示，十分注意语言的逻辑性和可信度，遣词造句总是悉心斟酌，从不马虎。徐中导师在我研究生毕业论文草稿中逐段逐句的修改，其中包括对文字的删减、归并以及对字句的推敲等，让我终生难忘，使我更加细微地体会和认识到，在理论思考和研究中，什么叫"言之有物、言之有理、言之可信"。

徐中导师设计思维的敏锐性给我的触动和激励

在徐中导师的亲自指导下，我曾完成研究生的三个课程设计：1.带客房楼的天津海员俱乐部；2.带陈列厅的天津外贸大楼；3.天津拖拉机厂居住小区规划设计（设计竞赛）。每一个课程设计他都让我尽可能多地提出方案草图，并要讲出每个方案的主导思路，从分析比较中找出较为完善的答案。每周要当面汇报两次，每次评图徐先生都讲在实处——从公共厅室柱距的大小到陈列展线的布置；从如何合理减少住宅间距而又必须满足日照要求，到怎样改善居住环境、组织院落空间；从建筑形象的性格与个性特征，到建筑细部的比例、尺度、色彩、肌理等，都结合各阶段设计中出现的问题或是要注意的问题一一讲解。在徐中导师每次设计指导之后，我都及时在专业日记中记下心得，附上草图，珍惜之至。通过这样的"吃小灶"评图，使我不仅长了许多见识和设计经验，而且还加深了对徐中导师传授的"设计经"的感性认识，我按照他的说法编成了顺口溜："做设计要眼高手高，眼到手到，处处留心，磨练思考，脚踏实地才可熟能生巧。"正是从那个时候起，我特别注意揣摩设计草图的画法，并一直琢磨着"设计直觉"的培养。

在读研期间，前一两年我常和教研室里的老师们到徐先生家里做客，时间多半是晚饭后。客厅不算大，有一张餐桌和一套沙发。每次都是坐得满满的，徐师母还忙着准备茶水。大家围绕着建筑理论或建筑创作中感兴趣的问题各抒己见。有时候会挑选一些议题，或者请读了国外建筑理论著作的老师先做专题发言，然后是轻松漫谈。每次

徐中导师给布正伟研究生毕业论文原稿作的批改片段——原载杨永生编《建筑百家回忆录》，中国建筑工业出版社，2000年。

这样的聚会都十分温馨、融洽，充满着民主而又相互尊重的学术气氛。徐先生在学术沙龙中亲切和蔼的言谈举止至今仍历历在目，他总是发自内心地欢迎大家的到来，而且总是饶有兴趣地聆听大家的讨论。当他发言到极有兴致时，常常把手中正在吸的纸烟放在烟缸上，不一会儿竟又抽出另一支新烟点燃……交流中，徐先生很善于从细微末节切入，说明建筑创作水平的提高永无止境，即使是建筑外表的形式美，也总有需要精益求精、反复推敲的时候。至今我还记得，他对50年代北京建成的两个优秀作品美中不足的意见。一个例子是由龚德顺先生主持设计的建工部办公大楼，徐中先生指出，在主体部分每个窗间墙上都做花纹装饰，重复太多，显得累赘，不如重点处理为好。另一个例子是谈论张镈先生的代表作——北京民族文化宫，他问我们注意到主体（中央塔楼）与两侧附体连接处分别增加了一个向前突出的体量没有，他觉得，取消这两侧的"突出部分"，反而会使文化宫的空间体量构图更加洗练，更加与总体的清新风格相协调。徐先生的意见虽然只是着眼于这两个作品的细部或局部，但却给我留下了极深刻的印象：一是由于他所指出的美中不足，要靠设计直觉的敏感性才能悟到，一般人是感觉不出来的；二是因为这两处点评，都是对形式美中"繁简分寸"拿捏的感悟，这种敏感性正是来自建筑审美体验的积累和判断。由此，更让我切身体会到，设计思维敏感性的培养，对我们在设计时要做到"眼高手高，眼到手到"是多么至关重要了。

徐先生不仅留意建筑作品本身的美，而且还特别关心建筑环境的美。坐落在天津大学湖岸一侧的图书馆（老馆），是他在20世纪60年代初主持设计的。东西两侧横向展开、南北纵向前低后高，该"工"字形空间体量组合功能合理、形象质朴，与周边环境及湖岸景色相融合。但在那个"政治挂帅"无处不在的年代，图书馆正立面中央经常拉起一条红布白字的政治标语，风吹日晒加雨淋，既不严肃也不雅观。为此，徐先生曾提出意见，希望取消图书馆上的这条红布标语，而在合适的场地上另建美观大方的固定标语牌。在我看来，徐先生的这番良苦用心，也是源于对建筑美与环境美特有的敏锐性，想不到，这种敏锐性也惹祸了，被"文化大革命"中贴出的大字报歪曲为"反动学术权威思想感情的露骨表现"。

研究生毕业后，我一直从事建筑设计与环境设计，近十余年来还主持城市设计。工作时间越长，对徐中导师留下来的20世纪50至60年代的建筑作品就越有感情，越加钦佩。在我的心目中，与同时代的许多"继承传统"的建筑作品相比，徐先生的建筑语言显得洗练，没有繁琐；显得质朴，没有浮华；显得开朗，没有沉闷；显得独具韵味，没有落入巢穴。在反复的琢磨中，我悟出了一个道理：徐先生在建筑创作方面的深厚修养和非凡潜质，既是和他在建筑理论思考中的严谨性分不开的，也是和他在建筑设计思维中具有的敏锐性紧密联系在一起的——徐中导师在这两方面兼得的独特优势，正是他一生努力建构"既做能动脑的建筑师，又做能动手的理论家"这座理想大厦的坚强基石啊！

回顾自己将近半个世纪的职业建筑师生涯，我最大的满足，就是很幸运地做了徐中先生的弟子，使我能有机会在他的言传身教中，收获了让自己终生受用的素质教育之果，并在迈进建筑圣殿的大门之后，一直在职业建筑师的道路上，尽自己的努力实践着导师的至理名言。在我们准备隆重纪念徐中先生诞辰100周年的这些日子里，他的音容笑貌和大家风度又清晰地浮现在我的脑海里。十年前，在纪念他诞辰90周年的时候，我就曾写过一篇回忆感念的文章，但因当时写得苍促，自己一直不太满意。这次重新加以整理和补充，是希望能表达得清晰明了一点，诚然，在这个不寻常的纪念日到来之际，我也想借此更好地寄托对徐中导师深怀的感恩之情、思念之情。

2012.6.26初稿，8.26定稿，于北京山水文园。

徐中致布正伟信

(1977 年 1 月 20 日)

正伟同志:

　　一月八日来信已收到。两次由欧阳植同志送来的桂元肉、白木耳及治疗肺气肿的药方,足见你对我的关怀,感激非常。由于我素性疏懒,未能及时致函道谢为歉。

　　我们一别已经快十年了,听说你在离校后工作尚顺利,不胜欣慰。希望你能在今天揪出"四人帮"的大好形势下,更加努力学习,努力工作,谦虚谨慎,一定能够在今后的工作中,做出更大的成绩。

　　近年来我的健康状况,大不如前,已经有一年多不上班了。我本来多年就有高血压和心绞痛病症,但不甚影响工作。最近肺气肿哮喘病非常突出,稍一走动,就喘不过气来,一年四季如此,而以冬季尤甚,所以只能在家静养,也不断服用各种药物治疗,但收效甚微,不过我始终抱着既来之则安之的态度,思想上没有负担,希望能通过内因来克服我的疾病。

　　关于批判姚文元的美学观点问题,系里也收到学报来信组稿。我想如果要写批判文章,主力也要依靠中青年了,当然我也可以提些意见,建筑学专业是否组织写稿,至今尚未决定。

　　余不一一,顺致
　　敬礼!

徐 中

1977.1.20

正伟同志:

　　一月八日来信已收到。两次由欧阳植同志送来桂元肉、白木耳,及治病肺气肿的药方,足见你对我的关怀,感激非常。由于我素性疏懒,未能及时致函道谢为歉。

　　我们一别已经快十年了,听说你在离校后工作尚顺利,不胜欣慰。希望你能在今天揪出"四人帮"的大好形势下,更加努力学习,努力工作,谦虚谨慎,一定能够在今后的工作中,做出更大的成绩。

　　近年来我的健康情况,大不如前,已经有一年多不上班了。我本来多年来就有高血压和心绞痛疾病,但不甚

徐中导师 1977 年 1 月 20 日给弟子布正伟的信——原载杨永生编《建筑百家书信集》,中国建筑工业出版社,2000 年。

1961 年冬布正伟画校园中心湖畔冰雪风景中的徐中作品——天津大学图书馆（从中心湖冰面上看主体建筑南侧）

UED 您作为徐中先生的得意门生，徐中先生和您被称为天大的"大小徐"，您能讲一下您在跟随徐中先生学习的期间发生的一些印象比较深刻的事情吗？

徐显棠 其实我的这点儿成就不足以和我的恩师相比，这只是大家的爱称。徐中先生对于我来说更多的是帮助。

我与徐中先生第一次深入的接触至今仍让我记忆犹新，是在我大学二年级的时候，课程要求设计一个公园里的图书馆，但是当时条件非常有限，只能去图书馆查阅一些老旧的资料，加之做的设计少思路也不开阔，我仅采用了一种对称的空间组合方式，设计的总体感觉比较死板，不灵活。自己虽然也知道这个设计不尽如人意，可是对于修改还是感到无从下手。那时候徐中先生已经担任了天津大学建筑系的主任，工作非常繁忙，但是他对于学生的辅导却一刻都不放松，还是亲力亲为。当时徐中先生来我们班看图，坐在我的位子上给我看图、改图，让我以一种轻松、灵活的方式来思考这个设计，并加入以人为本、持续发展、绿色环保的理念，而后我贯彻了这些理念，经过修改的草图呈现出了新的使用构架、新的造型。因此这幅作业图得到了满分并一直保留在院里。这一幅图的修改对我来讲，更重要的其实是一个设计思路上的提升。

UED 您在毕业之后被分配到了河北省建筑设计院，您能谈一下您是如何取得今天的成就的吗？徐中先生在其中对您起到了什么作用？

徐显棠 我刚刚毕业的时候并没有被分配到河北省建筑设计院，而是被分配到了河北干校任教，在那边主要的工作就是给工长培训，教授工长如何看图纸、如何施工等。其实这个工作与建筑设计就出现了一定的偏差，有点儿所学非所用，而我一直希望能够成为一名建筑师，在天大学习的五年间我也为了这个梦想而努力奋斗，这些徐中先生和老师们也都看在了眼里。可是偏偏这个工作偏离了我的专业和理想，让我十分苦恼，在万分无奈之际，我只得找到徐中先生与他倾诉。徐中先生也觉得我需要一个适合的平台实现我的抱负。当时徐中先生就找到自己合作过的好友——河北省建筑设计院的邬天柱主任，跟他们说明了情况，希望解决我的工作调动问题，幸运的是河北院正好也需要做设计的人，就这样我被调到了河北省建筑设计院。

当时河北省设计院跟随省会的搬迁到了石家庄，我也就随着一起离开了天津，加上设计院工作比较忙，又赶上"文化大革命"也是自顾不暇，与徐中先生的联系就减少了，这个也是我很遗憾的。现在想起我最后一次见徐中先生的时候仍然感动不已，他已经卧病在床，但是看起来还是那样的儒雅干练，重要的是他心里还是惦念着我，他嘱咐我："要认真工作，努力工作。"徐中先生对待工作一向都保持着高度的严肃性、认真性，对待设计也是秉承着精益求精的精神，这都是我从他身上所学到的。

其实徐中先生可以算得上是改变了我人生的伯乐，无论从工作调动这个问题上给我的帮助，还是他在专业上给我的一些指点，我都十分感激他，感谢能遇见这么好的一位老师。徐中先生是我永远铭记于心的恩师。

UED　徐中先生的设计理念推动了天大建筑系的发展，同时在一定程度上也推动了建筑界的发展，您能谈一谈徐中先生的设计理念以及他所推崇的一些概念吗？这些在徐中先生的作品中又是如何体现的？徐中先生的设计理念对您又有一个怎样的指导意义？在您的作品中是如何体现的？

徐显棠　的确，徐中先生所提出的一些思想在建筑界产生了一定的影响，比如他曾提出的建筑美学思想，这也是他一生中重大的研究成果之一。徐中先生的设计吸收了很多国外大师的思想，如柯布西耶、赖特、贝聿铭等。他的设计讲求韵律、均衡，同时很注重建筑设计的空间组合、空间变化、结合自然、天人合一，这都是他建筑美学思想的体现。

建国初期他设计的北京外贸部大楼，也是我很欣赏的作品之一。外贸部大楼位于东长安街，与北京的传统建筑相结合，他就结合我国的传统建筑形式，又吸取一些西方建筑风格的精华，用最简单、最朴素的建筑材料，将外贸大楼呈现出来，使建筑推陈出新。

在我后期的设计中，徐中先生中西交融、简单朴素、经济实用、美观的设计手法，注重空间组合的设计方式都一直影响着我。我设计的唐山陶瓷馆，虽然现有场地很小，但是我很充分地利用了场地，结合地形，因地制宜，重点考虑里面的空间组合与室外的自然环境结合，并且首次将室内装修的概念引入到建筑设计当中，内部装饰以陶瓷为主,门厅正面大型壁画《彩陶遐想》使建筑技术与艺术融为一体。这使我的作品一下子脱颖而出并获得了一等二级奖,同时在各大院校和设计院参观的人群中也获得了一致的好评。还有一个项目很值得一提,我在深圳设计的麒麟山庄别墅式宾馆,这是为了迎接1997年香港回归,为接待中央领导和来深圳办事的贵宾到深圳居住的宾馆。这个项目的设计场地非常大,地形环境主要是以山坡绿地为主,与湖塘交汇,景色秀丽,为迎合别墅式宾馆的建造目的,在设计时主要想表达一种既带有山林纯朴的特色却又不失高雅的风格,在构思的时候我主要是让建筑与环境之间产生共鸣,使建筑融入环境之中。这组别墅式宾馆建成与国内和国外的大别墅宾馆相比,基本没有重叠部分,给人的感觉是眼前一亮的新鲜感,其实这在很大程度上就是延续了徐中先生的建筑设计理念,并在他的基础上进行了一些新的改进而设计成功。

"徐家祠堂"东部外景

○ 邹德侬 ○ 天津大学建筑学院教授

不弃愚钝，点化成形——
领受徐中老师给我改图 *

KEEPING THE LESS ADVANCED IN MIND, KNOCKING THEM INTO MORE ADVANTAGED SHAPE — GAIN A LOT FROM THE IMAGE PROCESSING UNDER THE INSTRUCTIONS OF XU ZHONG

一个普通学生，与系主任徐中老师之间的接触一般不会很多，然而，从入学教育、家中求教、毕业道别以及返校看望，基本不断。有限的接触，终生的影响，这就不寻常了。

入学时，徐师亲自给我们这些懵懵懂懂的新生进行专业教育，我们只知道，这是全系的最高领导，全国有名的大教授。见他严肃中透着潇洒，带着浓重的南方口音，我们对他，敬畏重于亲切。

我们这届 1957 年入学的学生，进门就碰上了一连串的"国家级"政治运动：1957 年反右派，1958 年"大跃进"，1959 年反右倾，1960 年起三年度荒。在时局转向平静，觉得应当开始念书的时候，已经到了五年毕业的期限。对于当时的大学而言，许多政治运动是以转化成"教改"的形式进行的，运动的主要对象是年资更长的教师，首当其冲的就是这位留美归国的徐中教授。

当时的学生，作为班集体出现时，思想和行动都带有"极左"色彩。1958 年的"教改"，我们这班低年级学生的矛头，理所当然地直接指向徐师。由于我们不了解徐师的情况，专业知识更是少得可怜，批判徐师的材料只能取自八楼走廊楼梯上下琳琅满目的大字报，那是建筑系师生针对"教改"也针对徐师大鸣大放的场地。

呀！建筑学里面竟有这么多的趣事，对我们这些还没有正经上过专业课的学生来说，大字报字里行间透露出来的专业知识以及那些批判徐师的话，不但引不起"仇恨"，而且令人神往。"构图万能论"是揭发徐师的主要"问题"，其他如徐师所说的"师傅领进门，修行在个人"、"要复古就复古到底，要摩登就摩登像样"、"我是老摩登，老老实实的摩登"诸如此类的批判目标，无论如何也同资产阶级挂不上钩。私下里，我和同窗好友李哲之等人，秘密讨论大字报里的构图知识，把有用的资料抄在笔记本上，并在一天夜里，偷了两张被批判的示范图（现在看来这是学生的不良行为，应当受到处罚），我太喜欢这两张图了，一张是彭一刚先生设计的《自然博物馆》，是为课程设计试做的设计示范图。我无法形容它的精细和优美，针尖似的 6H 铅笔线条，满铺图纸的各个角落，把意图表现得淋漓尽致，我一直珍藏至今。另一张

* 此文选自《纪念徐中先生诞辰九十年暨建筑教育研讨会文集》。

是高班同学韩蕴琨的《幼儿园设计》，用纱窗铁网和牙刷制作的喷涂法表现图，批判词说，这图画了两个月，浪费了青春。

为运动宣传"造势"，是我们班的强项，我们曾把大字报里说徐师"宣扬资产阶级建筑"，给同学讲"落水庄"（赖特流水别墅）的故事，雕刻成"皮影戏"，在批判会上演出。雕刻的徐师影像极为传神，潇洒的细高挑儿，面部青瘦、器宇轩昂，丝毫没有丑化，学生内心尊敬徐师依然。我们班还抱着200张大字报纸，在系主任办公室门前交给徐师，请他也写大字报，"写出教改100条"，徐师乐呵呵地接受了我班的"赠礼"，那时，我已感到他的亲切重于敬畏，知道他的胸中有我们所需要的一切学问。

由于感到了徐师的可亲，我们已经敢去徐师家中求教，当然算不上经常。印象最深的一次，是毕业时我们几个人去探望他也是告别。我告诉他我被分配到青岛铁道部四方机车车辆工厂，不知道在工厂会干些什么？徐师肯定地告诉我："建筑师应当干什么都行，你知道吗？我的第一个设计是碉堡！"。这话一直激励着我，既不为工作脱离建筑学专业而不知所措，也不放弃对专业的热爱和追求，此已是后话。

运动总有间歇的时候，我们开始认真地上设计课。徐师经常到班上指导设计，他走到哪里，我们就一窝蜂围到哪里，都想多听听、多看看，徐师改图谈笑风生。徐师总是先问、再听，后改，尊重学生的原方案，哪怕我们都认为"没治了"的方案，他也能奇迹般地"救活"，绝不轻易"送给"一个方案，也不把拙劣的方案扔掉了事。

三生有幸，在做《天津火车站设计》题目时，徐师给我改过一次图，图桌旁围满了人，当时彭一刚先生指导我做这个题目。和现在的学生一样，我那时也追求自己的设计在班上"独特"，上课时我在教室遛来遛去，看人家的方案，避开我的方案同任何人的相似。可是"眼高手低"，转来转去之后，画了一个大方盒子横在面前，立面图的图案几乎与平面图一样，也是个方盒子。6米×6米的柱网，布满车站大厅，大厅没有任何分隔，我听说密斯就是这样搞设计的。方案倒是与众不同，可是引来同学们七嘴八舌毫不留情的批评："太简单"、"像工业厂房"、"噪音干扰太大"。徐师面对草图，略有沉吟，然后平和地说："简单不能算毛病，能简单处理为什么要复杂？""像工业厂房也没有什么不好，用工业建筑的手法处理民用建筑我看也可以！""至于噪音太大，究竟有多大？噪音分贝的大小，并不与房间面积成正比。"徐师的意见救了这个拙劣方案一命，他认真提出了改图的意见，随后由彭一刚先生一笔一笔落实。为这个拙劣方案改图的事儿，令我羞愧难当，却也教育和激励我更加认真地学习和研究设计，特别是如何才能得到真正的"独特"方案。交图之后的某天，我来到彭一刚先生的宿舍，进门之后回头看，在门的左侧挂着一幅和我上交一模一样的设计图。起初我以为就是我交上去的那张图，仔细看去，却是彭先生在宿舍为备课而试做的设计图。面对那图，我想着徐师的改图，想到彭先生一次次、一步步的悉心指导，再想到我上交那张图的缺失之处，简直无地自容。

由此，我联想到彭先生的那张《自然博物馆》，也是老师们为了教好设计课，在课下花费心血试做的设计，为了设计教学，教师投入的工作量无法计算。后来听童鹤龄先生讲，徐师要求上课的教师，都得试做已经布置的设计题和示范图，而且徐师亲自改老师的图，不合乎要求，推倒重来。徐师严谨的作风，造就了天津大学建筑教育中深厚的基本功基础；徐师对学生原创意图的尊重、鼓励和发展，造就了天津大学建筑设计教学中的创造力。徐师以自己的责任感和智慧，把建筑教育中最核心的东西"基本功"和"创造力"结合得天衣无缝，带出了一批传奇式的教师队伍。

是这批教师队伍，在进入20世纪80年代以后，以他们学生的高水准、高密度获奖，把天津大学的建筑教育水准，推向了一个新的高度，赢得了社会的崇高信誉。进入20世纪90年代，这一势头与日俱增，高水准、高密度的国际竞赛获奖，显示着我校建筑教育的活力。一代新人茁壮成长，徐中先生奠基的天津大学建筑教育，在新世纪发扬光大。

彭一刚，铅笔表现图，自然博物馆细部

怀念徐中先生

RECALLING PROF. XU ZHONG

○ 张文忠 ○ 天津大学建筑学院教授

1954年我从清华大学建筑系毕业后，分配到天津大学建筑系任助教工作，当时徐中先生任天津大学建筑系系主任，我有幸跟随徐中先生多年，耳濡目染了他在为人、教学、理论研究等各方面的风范与成就。

徐中先生是早期留美归来的建筑学识丰富专家级老教授，但他平易近人，不端架子。我到天津大学工作后，徐先生曾到我家做客，先聊生活后谈技术，真心诚意地欢迎我们来壮大天大建筑专业的教育力量。在一次工作中，徐先生突然问我"建筑是什么"，我一时语塞不知如何作答，徐先生想要在问题中引导青年教师，启发我们要好好琢磨透做建筑设计应该钻研哪些问题。徐先生总说的一句话是"我就是老百姓"，告诫我们建筑师不要高傲，设计中的学问一辈子也学不完，建筑师要盖房子，如何盖好房子是值得每个建筑师认真思索的问题。

在对待青年教师方面，徐先生给学生们介绍了很多国内外的著名建筑师，同时鼓励学生与建筑师做直接的接触和交流。徐先生主张建筑设计在课堂教学中学到的只是最基础的知识，而真正的知识则是要在实践中获取，其培养方式是灵活、多样和生动的。徐先生提倡理论与实践相结合的教育方法，重点在于灌输建筑设计知识、培养建筑设计实践经验、提高建筑设计分析能力。令我印象深刻的是，一次跟随徐先生到北京约见一位外国建筑师，他鼓励我接触并用英语会话，让我锻炼了胆识也开阔了眼界。

徐先生在繁忙的工作中，抽出时间研究建筑理论问题，并与青年教师一起成立理论小组。当时，土木系一直以建造建筑自居，对建筑设计的建筑系很不放在眼里。徐先生则不急不恼，与学生说无论什么年代对于建筑师都会有否定意见，"好的意见我们吸取；不好的意见我们不必放在心里"，这说明了他的心胸多么宽阔。

徐先生提倡适合中国特色的建筑理论。中国古代建筑有一个精神，即因地制宜，同样，现代的中国建筑不再是宫廷建筑，老百姓需要的是经济、实用，要求的建筑形式美与国外建筑是不同的。就这个问题，徐先生专门撰写了《建筑与美》的专题论文，其创作过程非常辛苦，同时还有不少批评的声音。徐先生强调古典建筑需要美，现代建筑也需要美，这种美要用现代的工艺、现代的技术、现代的材料来实现。中国建筑一向强调美，只不过我们并没有系统地挖掘和总结。现代建筑应该如何发展以适应时代的要求，建筑师是负有责任的，要吸收先进经验且使发展观不断创新，无论教学还是设计都应如此。

徐先生讲课的内容丰富多彩，讲话朴实、典雅又很幽默，极易吸取不同意见。我记得他曾用姑娘穿衣的美丑来形容建筑，用问题来启发学生多加思考，给人留下了深刻的印象。

值此徐先生诞辰百年之际，我谨以与先生接触的一些小小片段来回忆恩师，以表怀念之情。

○ 沈玉麟 ○ 天津大学建筑学院教授

徐中先生是天大建筑学院的创业者和领路人，我们永远怀念他！*

XU ZHONG, THE ENTREPRENEURS AND PACEMAKER OF THE SCHOOL OF ARCHITECTURE, WE MISS HIM FOREVER!

徐中先生离我们而去，已十七个年头，从他1950年到我系至1985年逝世时，经他长达三十多年的辛勤耕耘，已将一个开国初期力量比较单薄的教学组织，整合成一个办学力量日益雄厚、师资队伍不断壮大的重点学科单位。今天每当我们取得任何成绩的时候，总是怀念他。我们不忘历史，不忘过来人，不忘曾是我系创业者和领路人的徐中先生。

一、20世纪50年代，为办好新组建的建筑系，徐中先生运筹帷幄，为我系的成长、发展和壮大，指引了前进的道路。

徐中先生1950年来唐山北方交通大学任教，于1951年任建筑系主任。1951年唐山北方交通大学调整至北京北方交通大学。那时教师队伍比较涣散，有个别老师闹不团结，并有多位老师把过多精力放在个人搞建筑设计事务所等副业上，后在校系党组织和徐中主任领导下，进行了系教师队伍的治理整顿，稳定了教师队伍，也恢复了正常的教学秩序。

1952年10月院系调整，北京的北方交通大学建筑系与天津的津沽大学建筑系两系合并，徐中先生对合并后的两校老师一视同仁，把新组建的教师队伍，完善地进行了新的重组，使教学质量有了新的提高。徐中先生对两校青年教师的培养与成长十分关切，他生活在年轻老师中间，与他们打成一片，在生活上关心他们的疾苦，在业务上亲自精心指导，帮助他们练好建筑初步与建筑设计基本功，使他们在设计教学中提高设计方案水平和改图能力。他尤其重视青年老师的培养，通过参加生产设计实践任务进行真刀真枪的磨练以提升他们的设计水平。他亲自动手改图，对每一位青年教师进行了面对面的个别指导。经他改图，这些生产实践任务，都经历过多次认真的修改与提高，直到徐中先生满意为止。由于徐中先生思维敏捷，动手改图功力深厚，且为人坦诚、平易近人，全系青年教师都主动地集结在他周围，主动地向他请教，主动地抓住机遇求他修改设计方案。徐中先生则来者不拒，精心培养。那时徐中先生是青年教师的严师良友。他对青年教师，既热情接待，又严格要求，要求他们认真思考问题，刻苦磨练基本功。现在看来，我系青年教师成才较快，功力又较深厚，与徐中先生的身教言传与榜样力量是分不开的。

* 此文选自《纪念徐中先生诞辰九十年暨建筑教育研讨会文集》。

徐中先生对教学工作做出的贡献是十分突出的。他除亲自承担班里的建筑设计改图任务外，还对全系所有班级的建筑设计教学都进行了指导。各班设计老师，都邀请徐中先生来班级为同学们改图和评图，徐中先生都极其认真地了解同学们的设计方案意图，施展他的智慧、才华和设计功力，竭尽全力地或予以点评或予亲自动手改图，深得每位领导、老师和同学的赞许与尊敬。徐中先生对每个毕业班的毕业设计也都给予指导。虽然有的是工业建筑，有的是城市规划，但遇到各种难题，经他的指点，也都能迎刃而解。每班同学经他开导，都增强了对建筑设计的学习兴趣，都坚定了能做好建筑设计的信心。同学们都敬仰徐中先生锲而不舍的治学精神与工作毅力，这种精神成为同学们刻苦学习的一种榜样力量。后来历届校友来系访问，还都念念不忘徐中先生早年对他们的教导与启迪。

二、20 世纪 50 年代中期以后，徐中先生在党组织领导下，主持了系九三学社的学习活动，为党的统战工作做出了贡献。

1956 年在系总支领导下，由徐中先生担任九三主委，负责主持民主党派的学习活动。那时除一位中年老师已参加民盟外，其余十二三位从旧社会过来的中老年教师都参加了九三学社组织，这些中老年教师在当时基本上都是教研室正副主任或主要骨干老师，他们也是校系党组织极为关切的，需要进行世界观、人生观改造的旧知识分子，通过多届党总支书记和总支委员周祖奭老师的直接指导以及徐中先生带头贯彻党对民主党派成员的团结、教育、改造和参政议政、荣辱与共的统战方针，使全系九三成员思想上大有进步。从 1956 年至 1966 年，建筑系九三学社的政治思想工作是卓有成效的。它提高了我系中老年民主党派教师的爱国爱党政治热情。党的教育路线、方针、政策也是通过民主党派的渠道，直接贯彻到民主党派的每一位成员。

徐中先生在这期间为九三学社做了大量的实质性工作。他深入学习党的方针政策，主动找问题、找差距，并主动暴露思想、改造思想，积极跟上革命形势。他对自己世界观、人生观的改造也要求甚严。在民主党派工作中，他仍是我们的好榜样和领路人。

三、20 世纪 50 年代末，徐中先生积极响应刘秀峰部长发起的"创建建筑新风格"学术活动，在学术研究和培养研究生工作方面谱写了重要的篇章。

1958 年国家为庆祝新中国成立十周年，在全国开展了首都十大建筑方案设计征集工作。这是我国建筑界的一项创举，也是繁荣我国建筑创作事业的一个重要里程碑。徐中先生以专家身份应邀参加了人民大会堂的方案征集工作，当时徐中先生和我国各地专家所提出的十大建筑设计方案，创作思想比较开放，在建筑艺术处理上也比较自由、多样，有的方案以新结构为切入点在建筑形式处理上尝试了新的探索,使现代建筑的新思维、新理念有所体现,使1956年毛泽东主席曾号召的"双百方针"一度沉寂后,重新又在建筑界活跃起来。这对推动我国建筑设计创作活动,创建建筑新风格的思潮引发了新的萌芽。

1959年5月徐中先生应邀参加了刘秀峰部长在上海召开的建筑形式与风格座谈会。这次会议号召建筑设计工作者敞开胸怀,各抒己见,会议气氛十分宽松。会上对建筑设计理论和创作进行了各项专题讨论。徐中先生提出了对建筑设计理论的一些个人看法。大会闭幕前,刘秀峰部长作了长篇的理论性和政策性总结和指示,发表了有导向性意义的学术报告文件《创造中国的社会主义的建筑新风格》。报告对开国以来历次会议都没有很好解决的建筑艺术创作中最基本的问题,如有关中国建筑艺术的定位、关于继承和创新、关于建筑形式和建筑美及建筑创作方法等都做了全方位和深入的论述。

会议结束后,徐中先生迅速地把握大好时机,在天津大学建筑系开展了学习刘部长报告的学术活动并作为学术带头人带领全系教师进行了认真深入的学术研究和学术讨论,并在建筑系内组织进行了一个定期聚会的建筑理论学习活动。徐中先生称之曰"沙龙"活动。"沙龙"一词来自西方,所谓沙龙活动即是在住宅客厅内,本着双百方针的精神,自由参加,自由讨论。讨论内容不拘一格,但基本上是围绕着建筑形式、建筑艺术、建筑风格、建筑哲学、建筑美学等命题展开的。徐中先生所发起的沙龙活动,既活跃了全系的学术气氛,又以自由交流的方式,团结了方方面面的教师,既提升了参与者的思维能力和理论水平,又让大家从徐中先生思维敏捷、妙语连珠般天才式的精辟发言中获取了有启示、有卓识的新思维、新见解。徐中先生提出了众多热门话题,其理论在语意表达上洗练而不繁琐,其理论务实而不虚构,其含义深隽而不浅近,其思想开放而不拘泥于人云亦云。

徐中先生研究的课题,是建筑艺术创作中最基本的问题。在当时是艺术上迫切需要研究的,同时也是学术界最为敏感的问题。他确认他研究的理论是"能管住一般理论的理论"。这些"理论的理论"先后在他多篇的学术论文中有所表述。他于1956年完成论文《建筑与美》,于1960年完成论文《建筑和建筑设计》,于1962年在光明日报上发表《论建筑功能与建筑艺术的关系》,同年又完成论文《发挥主观能动性,创造建筑的新风格》。以上论文都是本着1956年"双百方针"的精神,以自己独立思考的求实精神和创新思维进行创作的。他先后曾提出过诸多学术界曾有意回避的敏感问题,如学习苏联建筑是否一边倒问题,如资本主义国家新建筑是否都是腐朽堕落的问题等。这些问题在当时有可能被认为是政治立场问题,没有一定的胆识是不敢冒这个政治风险的。

徐中先生的学术论文是本着尊重历史、立足当前、面向未来的求新精神进行创作的。他说："割断历史是不明智的，人的思想从哪里来，都脱不掉历史。历史有糟粕、有精华。我们要继承的是历史中的精华，中华民族优秀建筑文化中的历史精华必须继承和发扬。要立足于当前，不能脱离当前的实际，但也要面向未来，有所创新、有所作为。"他还经常引述毛主席《实践论》和《矛盾论》中的名句名段，他立足于实践，在实践中掌握主要矛盾和矛盾的主要方面。在撰写论文和构想设计方案时，注意处理好人的思想与客观实践的关系、事物的主要矛盾和矛盾的主要方面等关系。

徐中先生的论文在当时曾独树一帜，旗帜鲜明地表述赞成什么、反对什么，力图以辩证唯物的哲学思维深入剖析建筑自身的各种外在条件和内在矛盾。他每提出一个观点、一个想法，都是认认真真、反反复复地进行着无数次的推敲、无数次的修改、无数次的订正，以一种百折不挠、锲而不舍的求真、务实精神进行工作的。

徐中先生于1961年至1963年连续三年招收了三位硕士研究生，就是本着严谨的治学精神进行培养的，三位研究生的研究课题都是围绕着他曾多年探讨过的一些重要理论问题，也是当时建筑学术界探讨的热点问题，如关于建筑形式美、关于建筑结构与运用、关于建筑构图理论等。

在论文指导工作中，徐中先生不但传授了知识，还启发每位研究生如何思考问题、剖析问题，如何高起步、深层次地进行学术研究。他要求年轻人从群众中来到群众中去，向群众学习，向社会学习，处处留心皆学问。

徐中先生在研究生培养工作中，做出的成绩是非常突出的。他要求研究生坚持实事求是、说实话、做实事。要求在治学中多探索、多进取、多新意。在整个培养进程中，他一直为他们指引着前进的方向和成才的道路。

20世纪50年代和60年代前期短短的十六七年时间是徐中先生后半生中最辉煌的时期，也是徐中先生从事理论研究和建筑设计创作的高峰期。在这十多年间，他完成了多类建筑设计任务，如贸易部大楼、北京北方交通大学和天津大学的诸多校舍设计以及20世纪60年代完成的吉隆滩纪念碑方案等，这些设计创作在当时都是带有示范性的高水平设计。

四、徐中先生从"文革"后期到他1985年逝世前，仍为建筑系做出了大量无私的贡献。
正当徐中先生在学术环境比较宽松的时代背景下努力耕耘和积极奉献的时候，1966年6月起开始了长达十年的"文化大革命"。徐中先生在"文革"中虽被视为"革命"的主要对象，但他个人解放前无政治历史问题，解放后是爱国爱党的，在运动中自知无愧于党，比较坦然。和历次运动一样，他仍始终本着"相信群众相信党"的革命意志渡过了"文革"难关。到 1971 年 9 月天津大学建筑系与土木系工民建专业合并成房屋建筑专业，开始招生。1974 年 9 月连续八年没有招生的建筑学专业恢复招生。徐中先生重返教学岗位，嗣后他又重新担任建筑系的领导工作。

1973 年邓小平复职后，对全国的教育工作进行了各种拨乱反正和治理整顿的改革措施，徐中先生立即带头响应。他精神焕发，重又恢复了他昔日的雄风。在校、系党组织领导下，配合党组织，为系的工作做出了相应的治理整顿，对振兴教育和提高教学质量做了各种具体的筹划和安排。在群众的拥护和爱戴下，他身居教学第一线，恢复了天大建筑系昔日严谨治学、不断进取的教学风范和培养尖子人才的历史使命。

自 20 世纪 70 年代末开始，徐中先生因病势趋重，在家养病。在病中他仍担负着系里的领导工作。虽然具体工作由周祖奭副系主任处理，但系里所有大事，仍由徐中先生决策。他为系里想问题、出点子，处理各种重要问题、关键问题和疑难问题。由于他足智多谋、决策力强、威信高，在他最后的若干年月里，仍为系的繁荣和发展做出了最后努力，完成了他人生最后岁月的无私奉献。

早在 20 世纪 50 年代中后期，清华大学建筑系吴良镛先生曾来天大建筑系访问，他说他羡慕天津大学系主任有徐中先生。清华大学系主任虽有梁思成先生，但梁先生市里工作太忙，顾不了系里的工作。

20 世纪 80 年代，吴良镛先生又与清华大学建筑系的各单位负责同志共十人来天津大学建筑系访问，他们总结天大建筑系学生建筑设计成就跃升较快的主要原因是得力于在徐中先生领导下全系老师的团结和协调一致。

五、我们向徐中先生学习什么?

徐中先生作为我建筑学院的创业者和领路人，对院的成长和发展，起了关键性的作用。为传承他的事业，我们要向徐中先生学习。

一是要学习徐中先生献身教育、无私奉献的爱国敬业精神。

二是要学习徐中先生顶风冲浪、运筹帷幄的创业精神。

三是要学习徐中先生审时度势、与时俱进的创新精神。

四是要学习徐中先生锲而不舍、精益求精的治学精神。

五是要学习徐中先生爱护人、团结人、团结全系协调一致的革命团队精神。

徐中先生，我们永远怀念您!

○ 周祖奭 ○ 天津大学建筑学院教授

徐中先生的生平——论他的教学思想、科研态度、学术观点与为人 *

THE LIFE OF XU ZHONG — ON HIS TEACHING IDEAS, RESEARCH ATTITUDE, ACADEMIC VIEWPOINT AND HUMANNESS

1985 年 12 月 19 日，天津大学建筑系创办人徐中先生因病与世长辞了，至今离开我们已经十七年了。但他对天津大学建筑系的成长、发展献出了他毕生的精力，我们始终怀念着他。我作为徐中先生的学生把他的生平、他的教学思想、科研态度与学术观点和他的为人介绍给大家与我们年轻的一代。

1912 年 7 月 28 日，徐中先生生于江苏省常州市。1931 年毕业于省立常州中学。常州中学是我国非常著名的中学，很多科技人才都出自常州中学，如北洋广场上的雕像张太雷烈士也毕业于常州中学，我校前任校长、科学院院士史绍熙教授也毕业于常州中学。徐中先生中学毕业后考入了中央大学建筑系，在中央大学读书期间，他的建筑设计作业常刊登在当时在上海出版的《建筑月刊》上，当他在二年级学完后暑假期间曾由其大哥介绍在青岛为金城银行的正、副经理设计过一幢毗邻式的英国半木料式小住宅。徐中先生当时只是在学生作业中做过小住宅设计，上过"营造学"（现在的"建筑构造"）的课，但没有画过施工图，他却承担下来了。据他说，他一面找有关的小住宅的施工图作参考，一面请教有实际经验的技术人员，就这样完成了全部施工图纸。至今，这幢小住宅还保存得很好。在学校里，他不但学习努力，而且还关心国家大事。当时，日本帝国主义已经在华北制造事端，青年学生纷纷要求蒋介石抗日。徐中先生当时在同班女同学——地下党员的带领下，与中央大学的青年学生一起去国民政府请愿，当时蒋介石亲自出来给学生训话，并厉声质问是谁带头前来请愿的，女同学（地下党员）挺身而出，说"是我"。蒋介石一看是一位年轻女孩子，弄得手足无措，转身到大楼里去了。那天他们在政府大楼前静坐了一个晚上。

1935 年从中央大学毕业后，徐中先生当年 10 月在天津市工务局任技佐。1936 年 1 月又到上海中国银行建筑科当实习建筑师，也就是在当时著名建筑师陆谦受建筑师事务所工作，在建筑生产实践中得到了锻炼。1936 年夏他去美国伊利诺伊大学攻读建筑设计硕士学位，1937 年获硕士学位后，正值抗日战争开始，他回国后投笔从军，在国民党军政部城塞局任技士，主要设计一些沿着长江的军事要塞，他投身到抵抗日本帝国主义侵略的队伍中去。由于武汉沦陷，城塞局转移到重庆市。1939 年，他由中央大学建筑

* 此文选自《纪念徐中先生诞辰九十年暨建筑教育研讨会文集》。

系主任鲍鼎先生的聘请，任建筑系讲师。1940 年由于教学成绩突出，提升为正教授，当时徐中先生只有 28 岁。他还兼徐中建筑师事务所建筑设计工作。从此，他一面认真教学，一面搞建筑设计的实际工作。他在重庆设计过巴县县政府办公楼、礼堂、重庆的波兰使馆、外交部的饭厅兼礼堂。当时的中统特务头子戴笠慕名找他设计礼堂，谁都知道戴笠是杀人不眨眼的，他怎敢违抗，只得从命设计了。最后戴笠还请他吃过一次饭，他还为美军设计过营房。1952 年思想改造运动时，他就向党组织交待了。他认为这是历史上的污点，但是作为一个知识分子，又有什么办法呢？1946 年抗战胜利后，中央大学从重庆迁回南京，他曾为南京当时的中央音乐学院设计过校舍，还为南京龙潭山设计过纪念北伐战争的龙潭战役的纪念建筑"督师台"。1947 年他在交通部民航局兼任专门委员时，设计过上海龙华机场站房建筑，1948 年还设计过南京"馥园新村"住宅。

关于教学方面

徐中先生从 1939 年到 1950 年一直在中央大学（解放后改为南京大学）教学，同时搞建筑设计工作。他在教学中没有架子，能与学生相处得很好，他在教学中非常专心，我记得上四年级时，班上有两位好抽烟的同学，徐先生改图时，先点上一支烟，抽上几口，就搁在图板的一角后改图，同学就拿过去抽了。当徐先生再想抽烟时，一看烟已经没有了，以为已经抽完了，就又点上一支。这说明徐先生的教学认真极了，徐先生在教学中善于启发学生，在改图时能善于听取学生的设计意图，对他认为比较好的便加以肯定，对他认为不好的地方便分析原因，耐心说服学生，使学生容易接受。徐先生思想敏捷，说话风趣幽默，不少学生至今还保存着他改的草图。

在天津大学教学时，他提倡大评图，也就是发动教师、学生都来评学生的效果图。有一次二年级的小住宅设计，全班同学的建筑设计图纸都挂在教学楼的二、三层的走道里，到评大图时，学生、教师都来了，大家对每一张学生作业，七嘴八舌地评议，有说这个好的，有说那个不好，听到大家都说不好时，那个学生就很紧张，连改图的指导老师脸也红了，徐中先生只是专心听取大家的意见，最后由他总结。当时徐中先生拿出两张学生作品图纸，挂在黑板上，问大家"你们看这两份设计的方案，哪一份好？"大家看了两份设计方案后都木然了，大家感到两份方案是完全一样的，怎么能分出哪一份好，哪一份不好呢？大家都不知道怎么说了，最后徐中先生说："这张可以得 5 分，那张只能得 2 分。"（当时评分是"5 分"、"4 分"、"3 分"、"2 分"制，"2 分"就是不及格）。大家听了徐先生这么说，很纳闷，徐先生接着说："这份方案门宽 80 公分，床宽 90 公分，尺度是正确的。那张方案，门宽只有 50 公分，床宽也只有 50 公分，尺度不对。一个建筑师关键要能掌握比例和尺度，不能掌握比例与尺度的就不能当建筑师。"大家听了非常信服。另外，他有一次给一年级讲课时，讲到栏杆高度时，就在讲台上做出了扶栏杆的姿势。太高了，扶栏杆时很累；太低了，他弯下身去扶栏杆，大家哈哈笑了，学生们听了他的课印象非常深刻。

在清华大学建筑学院任教的吴良镛、汪坦、周卜颐、张守仪、张昌龄、朱畅中、吴允敬、辜其晦等教授，还有原建设部副部长、原中国建筑学会理事长、著名建筑师戴念慈都是他的学生。当我们交谈到徐先生的教学时，他们都对徐先生的教学表示难以忘怀。

徐中先生是1950年从南京来到北京，受聘于贸易部基建处及北京华泰建筑师事务所任顾问建筑师的。他为了不脱离教学，又受北方交通大学唐山工学院建筑系刘福泰教授（徐中先生上中大时的老师）聘请，到唐山兼任教授。他每周有两天时间到唐山专心上课，四天在北京搞设计，他为华泰建筑师事务所设计新华印刷厂，为贸易部涉及贸易部大楼。因贸易部大楼地处长安街上，为了与北京传统建筑相协调，他极力主张传统与革新相结合，要在首都北京创造出有中国传统特色的新建筑风格来，他主张要继承我国传统建筑形式，要用新结构、新材料、新施工方法来建造。1950年，当时用木屋架、木望板、油毡、青板瓦做建筑材料，他把贸易部大楼的屋顶设计成卷棚式。屋顶应该有举折，因为木屋架的上弦杆是直的，为了方便起见，他把屋架的顶端的脊檩适当提高，使屋顶只举一折，略有折线形，他把窗户的玻璃扩成中国隔扇式样，又把楼梯间窗户做成钢筋混凝土的花格。他在外墙窗户上过梁处做了一个钢丝网水泥薄壳的遮阳板，他认为如果用中国传统的多层建筑做法，较为浪费，他用钢丝网水泥薄壳做的遮阳板可以创造出既轻巧经济又有中国民族传统的新风格。这个设计受到当时兼任北京都市规划委员会主任梁思成先生的反对，因为梁先生当时还热衷于清式营造法式，徐先生立即找梁先生辩论，认为按照官式营造法式做是不符合时代的，最后梁先生认为徐先生的观点是正确的，梁先生后来提出了"既要现代的，又要传统的"。这时北方交通大学建筑系由唐山工学院迁到北京铁道学院，由徐先生任主任，我为系秘书。

1952年5月贸易部落成后，徐先生带我到贸易部大楼参观，并在贸易部大楼对过的茶室喝茶。我俩一边喝茶，一边欣赏贸易大楼的建筑形式，同时徐中先生讲解他对大楼的创作过程。贸易大楼建成后受到当时城市建设部苏联专家莫辛同志的赞扬，也得到建筑界人士的好评。

1952年全国院系调整，北方交通大学建筑系与天津原工商学院（解放后改名津沽大学）建筑系合并到天津大学土建系，当时土建系主任为张湘琳，副主任范思锟。徐中为建筑设计教研室主任，他在 1952 年开始设计了五楼、六楼、七楼教学楼。1953 年又设计了八楼、九楼。他还是用传统与革新相结合的手法，但是这次他把木屋架上弦杆上的檩条上下逐步提高，使屋面略成曲面，使其更似传统建筑屋面。有趣的是他把窗棂子与窗框漆成不同颜色，棂子漆成朱红色，窗框子漆成灰色，使人们感到窗子比较纤细而轻巧。1953 年 10 月，教育部为了加强天津大学的领导，派原教育部工业教育司司长老革命知识分子（北师大英文系毕业）的李曙森任天津大学党总支书记兼第一副校长。这位老革命知识分子到天津大学后下来调查研究，先找了我这个党员教师兼土建系秘书，当他了解到徐中教授的情况后，曾多次到徐中先生家访问，了解他的学术水平与成就，还访问了所有建筑学专业的教师。他了解到徐中先生学术上造诣很高，为人正直，所有年老的与年轻的教师都佩服他的为学与为人。于是在 1954 年初决定把土建两系分开，徐中先生被任命为建筑系主任，我为系教学秘书，胡德君为系行政秘书。又经教育部决定，1954年初在天津大学召开全国第一次统一教学计划修订会议，全国七个有建筑系的院校的学生建筑设计作品、美术作品在第八教学楼二、三层走道内展开。天津大学、清华大学、南京工学院（原中央大学）学生的作品受到好评，这使天津大学建筑系的声誉在全国有所提高。

1958 年他又设计了图书馆，由于图书馆位置处于六楼、七楼之间，地盘比较局促，于是他把图书馆平面设计成"T"字形，便于管理，他认为建筑设计的功能是很重要的。但是沿马路的立面太瘦长了，于是他设计了在入口两侧的报章、杂志阅览室的平房，侧面山墙做两个有关勤工俭学的雕像，以便增加图书馆的气氛。由于当时忙于搞运动，雕像没有做，至今只是雕像的钢筋混凝土座子留在山墙上。1958 年 9 月中央决定设计十大建筑以庆祝国庆十周年。他参加了全国人民大会堂的方案设计，徐先生的方案是民族形式的，当时有不少方案刊登在建筑学报上，有中国古典的，也有西洋古典的。徐先生的方案是其中的一个，最后的方案是综合各个方案形成的。采用西洋古典的形式，而用了不少中国传统的细部。

关于科学研究方面

从 1956 年周总理提出了向科学进军的口号，当时的党委书记兼第一副校长李曙森找徐先生，要求他在他们丰富的实践经验的基础上，能在建筑理论上有所建树，徐先生受到了很大的鼓舞。他认为以前做建筑设计时，常常会遇到建筑形式美与建筑功能、结构、材料、施工等一系列的矛盾，要使这一系列的矛盾与建筑形式美统一起来才行。于是他在研究《建筑与美》。课题时，首先学习了毛主席的《实践论》与《矛盾论》，准备用毛主席的辩证唯物主义的观点来分析建筑与美的理论，他还虚心听取了大家的意见。因此，到了晚上不少中青年教师是他家里的座上客，他常常先提出自己的看法，请大家提出各自的意见，再通过他自己的深入思考，甚至会废寝忘食地反复推敲，与大家一起商榷研究，最后才完成《建筑与美》的论文。

1956年夏，在全校科学报告大会上向全体教师做学术报告的只有徐先生一人，报告在全校引起了轰动与好评。徐先生在这篇论文中认为美是客观存在的。有形式美的客观规律，但是美的东西单具有形式美是不够的。他说如果一个美女在形式上是美的，可是她的灵魂是很丑恶的，也就不可能引起美感来。真正美的人不仅形式上是美的，而且在品质上也是高尚的，也就是主观美与客观美相结合才是真正美好的。论文中提到建筑作为有目的的物质生产，它本身就具有美的特征，它的目的性就在于它的实用与经济。他还批评了建筑中的铺张浪费。建筑如果铺张浪费，即使它的形式有多么美，空间有多么方便舒适，但在浪费这一点上，足以引起人们的痛恨，而不能引起美感。历史上的巴洛克风格为什么引起人们的痛恨，就是过分追求装饰。他还进一步指出："人们的生活有精神和物质两方面，合乎这两方面的事物都具有美的性质。"徐先生的论文在建筑系内受到很大的欢迎，引起了大家的兴趣，以后在他家里形成了一个沙龙，定期讨论有关建筑理论问题。由于1957年反右派，1958年"大跃进"的"左"的思潮的影响，本来徐中先生在1957年就向党支部提出要求入党的，却在1958年开展的"拔白旗"运动中，矛头直接指向教学中的资产阶级学术观点，徐先生一想他的学术观点讲的最多，矛头肯定指向他。于是他主动贴出大字报"大白旗在此，大家拔吧！"就这样，他的学术观点被当作白旗拔了，运动结束后，他对我说："我可没有服啊！"当时我也不赞成学术观点用大字报的方式来批判，所以我回答说："学术观点还是应该百花齐放，百家争鸣。"他反驳说："这叫百花齐放，百家争鸣吗？如果要争鸣，应该既可以批评，又可以反批评，不要扣帽子。"我认为他是正确的，可是运动是从上面来的，现在才知道上面也有黑手。当时康生来参观我校建筑设计学生作品展览，他看了二年级设计的小住宅，就说这是为谁服务的？是为资产阶级服务的，不是为无产阶级服务的。康生当时被认为是党内的理论家，经过"文化大革命"，我们才知道他是资产阶级在党内的黑手。虽然经过了"拔白旗"运动，但是徐先生对建筑理论的研究毫不气馁，仍然坚持他的学术观点。

1959年4月他在上海参加由中国建筑学会组织的建筑艺术座谈会上发表了题为《建筑艺术性究竟在哪里》的论文，受到了当时建筑工程部部长刘秀峰的赞扬。会上梁思成、吴良镛、汪坦教授也发表了意见，刘秀峰部长总结了大家的发言，并在1959年第9、10期建筑学报上发表了《建筑和建筑设计》一文。

文章认为"把建筑理解为房屋，一般来讲是不错的。因为中国建筑的宫殿是房屋，希腊建筑的神庙、高直建筑的教堂、文艺复兴建筑的官邸也是房屋，现在我们说的工业建筑、公共建筑和居住建筑，也无一不是房屋，但是把建筑仅仅理解为房屋，也未必确当。埃及的金字塔、罗马的凯旋门、中国的赵州桥、应州塔及至掇石为山、凿地为池的苏州园林，这些虽然不是房屋，也都被认为是建筑。所以建筑这一概念，又不能等同于房屋。不过从古今中外的建筑活动来看，房屋毕竟是建筑中的主流"。"不论在哲学里谈到意识形态之一的艺术的时候，还是在一般的艺术史和美学一类的书籍里，通常把建筑和文学、绘画、雕塑、音乐等等并列，而是作为一种艺术来看待的。在意大利文艺复兴时期，一些有名的建筑师，首先就是绘画、雕塑方面的大艺术家。""这是因为建筑又可以通过建筑形象，表达一定的思想感情，所以它又是一种艺术创造。""建筑是物质文化和精神文化的复杂的统一，是实用功能和艺术的统一。但是，尽管建筑里有实用功能问题，又有艺术问题，有二者统一的问题，把双重性作为建筑的本质。""那么没有双重性的当然就不是建筑。""在我看来'方匣子'肯定是建筑，有些没有什么艺术性的房子，有些没有什么实用功能的碑塔等等也是建筑。""建筑来自生活需要，为人们劳动生产、工作、居住和文化活动等生活需要服务。""建筑是在自然环境里用人工创造出来的生活环境。""又是运用各种工程技术等物质手段，通过建筑的内部空间、外部空间，或者说各种不同的三度空间组合而成的。""人们创造的生活空间是建筑的本质，生活有物质和精神两方面，所以说建筑有物质的功能要求和精神的艺术要求，有功能与艺术的统一要求。"

他在论到建筑设计时认为"建筑是人们创造的生活空间，有使用要求，有艺术要求。但要用大量人力物力才能建造起来，所以说在建筑里应有工程技术问题和经济要求问题，不论是理论问题，还是实际问题，归根到底是怎样创造生活空间，怎样为生活服务的问题；是怎样主观能动地解决矛盾，统一矛盾的问题"。"不同的认识就有不同的设计"。"所以，要正确对待建筑设计。要了解建筑里矛盾的各个方面，也就是说，建筑工作者除了要生产、生活、工程、技术、艺术、经济等方面的知识和密切联系实际，充分了解各方面的要求外，还要了解它们相互依存，又相互矛盾的关系"，"从而对建筑整体得出一个全面的看法，从而树立一个正确对待建筑设计的'设计思想'和'建筑观'。"

1962 年他在光明日报上又发表了《论建筑功能与建筑艺术的关系》一文，深刻地论述功能与艺术的矛盾统一问题。同年又写了《发挥主观能动性，创造建筑的新风格》，文章认为"要创造建筑新风格，是要人去创造，必须有人根据客观事实，引出思想、道理，提出计划方能做好。思想是主观的东西，做或者行动是主观见之客观的东西，都是人类特殊的能动性"。"历史上的各种风格是人们在那个特定的历史条件下，长时期探索而逐渐形成的，有它的初创、形成、发展和衰亡的过程，是人们反复实践、摸索出来的路子。今天我们是不是也只能听其自然，让时间来决定风格呢？""产生建筑风格的原因是什么，弄清了才能更自觉地加速创造和发展我们社会主义的新风格。但由建筑风格而引起的讨论中，归纳起来，可分为两类：一类是主张材料、结构决定风格，建筑功能决定风格，地理环境、气候条件决定风格，经济基础决定风格。这些都有一个共同点是客观条件决定风格，在主张客观条件决定的同时，也不否认思想意识的主观能动性的作用。一类是主张思想意识的创作方法，主观能动性决定风格，共同之处在于主张主观条件决定风格，同时也不否定客观条件对风格的制约作用。"

他认为"存在决定意识，意识在一定条件下反作用于存在，这是唯物辩证的"。他同意后类主张，他认为"风格属于形式范畴。建筑风格是建筑的一种形式特征。而这一种形式特征是由具备了建筑的客观因素条件下的人们的主观性的特点决定的。有了客观条件依据不等于有了建筑风格，还必须加上主观的努力"。他认为"建筑历史上论述了文艺复兴建筑风格的形式，首先在文学艺术方面，然后在建筑观方面形成一种古罗马文艺思潮，在这种思潮的指导下，建筑创作实践就形成文艺复兴的建筑风格。近代西方国家的建筑有形形色色的流派风格，苏联建筑从赫鲁晓夫召开全苏联工作会议批判复古思潮以后有很大的转变，也都可以从创作思想上找到原因。中国50年代的复古思潮形成比较简单的建筑，到1959年中国建筑学会号召创作社会主义新风格，十大建筑的设计又形成建筑新风格，所以发挥主观能动性是重要的"。以上的观点概述了徐中先生的设计思想理论和创意建筑观。

最后，我想介绍一下徐先生的为人，他思想开朗、为人正直、办事实事求是、认真负责、待人谦虚，虽然有时也表现出有些自大，但是他总能很快认识到并改正。对理论问题总是一丝不苟，逻辑性很强。1950年夏到北方交通大学唐山工学院教学后，由于教学成绩显著，校领导对他特别重视。由于他家在北京，1951年夏北方交通大学校领导决定把建筑系从唐山工学院迁往北京铁道学院，并任命他为建筑系主任。1951年底思想改造运动中他表现积极，并能认真交代历史中的问题，经过8个月的思想改造运动，彻底改变了他的人生观和世界观，他说："我已经抛弃了旧我，思想上得到了新生。"思想改造运动后的庆祝大会上，他自告奋勇带领全家表演合唱，由二儿子任指挥，他与爱人及另外两个儿子和一个女儿为合唱队员，歌唱《我们是新中国的儿童》。

1952年院系调整到天津大学后，校领导李曙森也特别重视他，他在担任系主任工作中，能紧密依靠党组织、能紧密结合党政工作，使建筑系的教学工作取得了很好的成绩。由于对社会工作也很积极，从1953年起他当选为中国建筑学会第二、五届理事，第四届常务理事，并代表中国建筑学会于1955年参加荷兰海牙召开的"第五届国际建筑师协会大会"及1965年参加在法国巴黎召开的"第十届国际建筑师协会大会"，他还当选为天津市建筑学会前四届副理事长，五届第一副理事长，1984年任天津市建筑学会名誉理事长，他还当选天津市政协委员、常委、九三学社中央委员、天津市分社副主任委员。

1957年党整风时，他表现积极而且态度诚恳并向党支部提出入党申请，当党支部经过研究可以发展入党时，受1958年"拔白旗"运动的冲击，发展工作只能拖延了。但徐先生还是与党组织在工作中紧密联系，工作认真负责，他几次带领教师学生到北京参加"四清"运动。当党支部又一次准备发展其入党时，1966年无产阶级"文化大革命"开始了，他又被戴上高帽游街，作为反动学术权威批斗，被剃头，坐牛棚，扫厕所。当时我作为土建系之统战委员、教师党政支部书记，被戴上"资产阶级的大红伞"，"修正主义分子"的帽子，坐牛棚，扫厕所，劳动改造，但徐中先生坚信一切都会弄清楚的。在运动中，由于化工系教授王文中经不起逼供承认自己是中统特务，他们又逼供王的爱人杨化光也被发展为中统特务的报务员，王文中还被逼认杨化光发展了徐中先生为中统特务。于是土建系专案组对徐中先生搞车轮战，逼迫徐中先生承认自己是中统特务。徐先生指着当时工宣队的指导员义正辞严地说："你是指导员，我不是中统特务，就是不是，如果你一定要逼我承认，你是要犯错误的。"由于徐中先生等都不承认是中统特务，最后只得否定了"中统特务"的案子。从这件事可以说明徐中先生"文化大革命"中尽管坐牛棚、扫厕所，但不怕威胁，坚持实事求是，对不实之词敢于批评。

1979年落实政策后，他恢复了建筑系主任的职务，我任建筑系总支书记，他在全系教职工大会上宣布："大家贴了我很多大字报，这是运动需要，大家不要有顾虑，我决不计较，也决不会给你们穿小鞋。"可见他的气度是很宽大的。他恢复了系主任工作后，工作非常认真，党政配合也很好。我们当时考虑到1958年初由于左倾路线的影响，两位优秀的年轻教师聂兰生、屈浩然被错划为右派并赶离学校，当时我们了解到聂老师已调离到天津市建筑设计学院，屈老师已调离到天津市房管局。我与徐先生找天津市房管局的总工张自清及天津市设计院的院长刘宇骧，还找了规划局裴平，要求落实政策将两位调回天津大学任教师，最后裴局长说："有您徐老先生亲自出面落实政策，我一定把聂老师调回天津大学。"徐中先生的落实政策，还考虑要落实优秀年轻教师的政策。但是到1980年，由于运动过于紧张，而徐先生也长期患高血压、高血脂，最终因患脑出血而病倒了。他一病就是五年，不能行走，但头脑还是很清楚。由于国外学校教授来访很多，我不得不监管外事工作。在病床上，他还召集大家一起研究系的工作，一直到1985年与世长辞。他为人民建筑教育事业献出了毕生的精力，为我院成为我国四强之一做出了重大贡献。他的崇高品质，忘我的工作作风，我们永远铭记在心中。

○ 周祖奭 ○ 天津大学建筑学院教授

徐中先生的建筑教育思想与实践 *

XU ZHONG'S ARCHITECTURAL EDUCATION THOUGHT AND PRACTICE

唐山交通大学建筑系是由英国皇家建筑学会会员、美国俄亥俄大学毕业后取得建筑工程师学位的林炳贤于1946年创办的，所以建筑系的课程设置偏重于工程技术课程的学习。应用力学、材料力学、结构力学、钢筋混凝土设计、钢木结构设计、基础工程都是与土木系学生合班上课的。1948年初刘福泰任建筑系主任后，才加强了建筑设计的基础训练。但古典建筑的基础训练还没有引起重视。

1951年5月北方交通大学把建筑系从唐山迁到北京铁道学院，并任命徐中先生为建筑系主任，他对建筑初步及建筑设计教学特别重视，专门安排一名绰号叫"老师资"的年轻教师郑谦编写"建筑初步"教材，郑谦着重于西洋古典建筑的柱式与细部，精细地绘制大量西洋古典柱式及细部的图片。他还要求建筑系二年级学生做一个西洋古典或中国古典建筑的大门设计，强化学习西洋古典及中国古典建筑的比例和尺度。他认为古典建筑的比例、尺度比较难掌握，因此把这个设计作为掌握比例、尺度的基本功训练。

1953年教育部要求各校向苏联学习，以苏联的莫斯科建筑学院建筑系专业教学计划为蓝本，苏联的教学计划特别强调建筑艺术的基本功训练，这与徐中先生的观点是完全一致的。1954年初教育部决定在天津大学召开"第一次修订建筑学专业全国统一教学计划"会议，并邀请苏联专家普列霍杰克参与指导。教学计划为五年制，明确培养目标为建筑师。徐中先生在讨论培养目标时首先强调建筑师应当通晓中外建筑史，对建筑史上各种风格都要有所了解。他说："如果要你设计一座西班牙式建筑，你就应该能设计出来，要你设计一座英国半木料式的住宅，你也应该能设计出来。你看多了，就要去分析哪些建筑是好的，哪些是不好的。建筑系的楼道里要经常挂些优秀建筑作品让大家去欣赏。"他常说："建筑系的学生是熏陶出来的，优秀的建筑作品是在潜移默化地影响着你，你什么优秀建筑也不看，看了也不去分析，拍着空空的脑袋是不可能创作出杰出的作品来的。"他还常说："你看多了，也能分析出哪些建筑是好的、美的。但要你画出来就画不像，画出来就不美，这就是眼高手低，建筑师应该是眼高手高的能手，这就是要有扎实的基本功。"他认为"在学校里建筑学专业学生

* 此文选自《纪念徐中先生诞辰九十年暨建筑教育研讨会文集》。

的培养，就是要学生掌握构图的基本功，要用中国画勾勒的手法，即用线条来勾出建筑的轮廓，不能含糊"。徐中先生的教学观点使我回想起我一年级时，教徒手画的教授，一位英籍丹麦人，叫约根森，他是唐山开滦矿务局的总建筑师。他在黑板上徒手画了很多新艺术运动时期的铁花曲线。使我惊叹的是他在黑板上用徒手画了一条一英尺长的直线，如果你用尺子去量时，圆上每一点都正好是一英尺直径，这说明约根森教授的基本功是非常扎实的，也说明他的尺度概念是非常强的，他是眼高手低的强手。1965 年在清华大学召开第一次教学计划修订，由苏联专家阿凡欣科指导，当时任城建部部长的万里也来了，万里非常重视建筑学专业教学计划的修订，他还接见了全体与会的教师。会议上大家讨论了对建筑设计教学如何与实际工程结合的问题。徐中先生认为建筑设计教学应先放后收，即低班应多考虑建筑构图，可以不考虑或少考虑工程技术的问题，到高班建筑设计除考虑建筑构图外，更多的要考虑工程技术的合理性，到毕业班就可以真刀真枪地做设计了。其实，徐中先生自己在上完二年级课后的暑假里，就曾在青岛设计过一幢毗邻式英国半木料式住宅。

1964 年在上海修订全国统一教学大纲的会议上，全国七个大学的建筑系主任及教师代表都参加了，全国各大建筑设计院的总建筑师也参加了。他们对学校培养出来的学生提出了很多意见，认为从学校出来的学生不会设计剧院，不会设计工厂车间，不会设计园林，等等。当时参加会议的党员干部成立了一个党组，各校系主任也列席了。徐中先生在会上表示，大学校里在增加一些课，学时哪里来，是否再延长学年。否则就会削弱建筑设计基本功的训练，建筑的知识是学不完的，建筑师要善于在实践中学。学会上大家都同意徐中先生的意见。并由党组向各老总们说："老总们要增加那么多课，时间哪里来？你们过去在大学四年内是否也都学会了这么多课？"听后，老总们也一致表示在学校里主要培养学生建造设计的基本功，不必考虑他们所提出来的意见了。

徐中先生不反对在做毕业设计时，做一个真刀真枪的建筑设计。如 1956 年毕业班学生就分成三个专门化，城市规划专门化的学生就做呼和浩特的城市规划，民用建筑专门化的学生就做天津红十字会医院设计，工业建筑专门化的学生就做了大同市的机车车辆厂的车间设计。这些设计都是真刀真枪的设计。其实，早在 1951 年 5 月我在建筑系四年级下学期就接受了铁道部的任务，在北京西直门外红果园设计北方交通大学北京铁道学院全部校舍，当时我班学生只有八个人，有的做教学楼，有的做教职工宿舍，有的做办公楼，有的做学工宿舍，有的做图书馆，有的做学生食堂，等等。教师也都参加到各个工程中去指导，包括建筑、结构、暖通的教师。总平面图当然是由徐中先生做的。从 1951 年 5 月开始，到 8 月完成全部施工图纸，我们边设计、边施工。到 1951 年 10 月全部工程竣工开学。徐中先生常说："建筑师的看家本领是什么？就是建筑设计构图的基本功。"他认为低班就是打好基本功，高班就应走出学校，真刀真枪地做建筑设计。早在 1958 年"大跃进"时，他曾亲自带领四年级学生去北京体育学院搞 30 万人大体育场方案设计，为国庆十周年献礼。当时清华大学搞国家大剧院方案设计。后来因为十大建筑已经花钱很多，30 万人大体育场及国家大剧院都没有实现。1958 年底，他又亲自率领毕业班学生去安国县搞成县市规划以及各种工厂、住宅、食堂设计。由于后来发现农村有"浮夸风"，实际上没有生产这么多粮食，在安国县搞了两个多月的规划及设计，又没有能实现。1964 年秋，毕业班的两个组学生接受了两个中学教学楼的设计任务：一个是汉阳道中学，一个是贵州路中学，徐中先生请胡德君作为指导教师负责这两个工程设计。要求学生从设计方案做起，最后综合成两个学校教学楼的方案，并由我系办的建筑设计院的其他专业人员参加指导结构、水、暖、电的设计，并在 5 月份完成全部施工图纸，并要求建筑施工公司配合，从基础到屋顶在两个月内盖完。两组学生也参加全部工程劳动，到七月初，施工完毕后，才答辩毕业。当时贵州路中学施工图纸完成后，建筑公司又要求改成全部装配式构件。所以两组学生都参加汉阳道中学的施工。这种从理论到实际的全过程的毕业设计，学生们感受很深。他们说本来在纸上谈兵的设计感觉不到什么问题，一旦亲自去盖，才出现这么多矛盾，使他们感受很深。因此，徐中先生认为五年内最后做一个真刀真枪的设计，而要让学生亲自去盖起来，是非常必要的。

徐中先生对青年教师的培养，也是有步骤的。我记得刚毕业时由于当时画法几何的女讲师，精神上有些不正常，知道我的画法几何学得很好，徐中先生就让我当她的助教，以弥补他在教学上的不足。1952 年院系调整后我到天津大学土建系，由于工民建专科的"阴影透视"没有教师教，就要我去教。我当时兼土建系的教学秘书工作，但我还是接受了"阴影透视"的教学任务，我一边在黑板画，还用纸铁板丝做成模型以便增加学生的空间概念，学生反映这样教就容易理解。以后让我当一年级的"建筑初步"的教师，要求与其他教师一样，在教课以前要画示范画，画一个多立克柱头的水墨渲染。徐中先生认为你要教古典柱式的水墨渲染，首先要教师能渲染好了，你教师自己都渲染不好，怎么能教好学生呢？

建筑初步教学使我对西洋古典柱式的掌握及渲染技巧打下了坚实的基础。以后又让我兼卢绳先生的助教，使我对中国建筑史及中国古典建筑的掌握更扎实了，以后又让我教二年级的古典建筑的公园亭子设计，这使我对中国古典建筑及西洋古典建筑构图、比例、尺度的掌握更熟练了。当时一个教师要带 15 个学生，而且每一个学生设计的柱式、形式都不一样，比例尺度也不一样。我当时兼建筑系的教学秘书及总支宣传委员、统战委员、教师党支部书记工作，白天除了上课就在办公室工作，既要了解支部每位党员的情况，又要了解各民主党派的组织活动情况，还要了解任课教师教学的学生反映、学生学习的情况，所以我的备课只能在晚上，有时给学生改图常常改到深夜。以后又让我教三年级、四年级的民用建筑设计。还让我参加承德古建筑测绘实习的指导，使我对中国古典建筑的构造更了解了。1954 年徐中先生带我一起去长春市第一汽车厂工地带工地认识实习，使我看到了我国工业建设在苏联的帮助下的伟大的场面。我们走遍了各个车间工地，对很多工业建筑构造的施工做法更清楚了。当时我记得清华大学建筑系的学生是由张守仪教授带领的，由于她也是第一次带工地认识实习，所以我们经常交流经验。

"文化大革命"1979 年后，恢复了我的工作，并要我兼建筑系党总支书记，徐中恢复任系主任，当时考虑到"文化大革命"后，担任中外建筑史教学的卢绳先生、林兆龙、王宗源都已去世，虽然沈玉麟先生还可以教外国建筑史，但是沈先生要把主要精力放在城市规划教学上，徐中先生认为我的外文基础比较好，让我教外国建筑史，我认为既然教学上需要我去讲外国建筑史，我就应该去教好它。通过外国建筑史的教学，使我对世界上所有杰出的建筑有了更深入的了解与掌握，使我对建筑设计好坏的判断力增强了，我自己深深觉到徐中先生对师资的培养颇费苦心。我记得改革开放后，曾请过一位法籍华人建筑师任四年级建筑设计课的教师，尽管他是法国巴黎美术学院毕业的，应该说他的动手能力一定很强。但是他在教学中只动嘴，不动手，学生们都反映他说得很有道理，但决不动手。我与徐中先生商量后，认为只动嘴、不动手的教师是不可能教出好学生的，于是第二学期就把他婉言辞退了。

徐中先生的教育思想及实践就是坚持培养学生扎实的建筑构图基本功，最后要能真刀真枪做生产设计且有理论联系实际能力的建筑师，他用毕生精力为培养出一批杰出的建筑师而努力。

○ 胡德君 ○ 天津大学建筑学院教授

天津大学建筑系办学特色与徐中先生*

THE BOND BETWEEN THE SCHOOL-RUNNING FEATURES AND XU ZHONG

1952年全国建筑院校调整后，原北方交通大学、津沽大学两校的建筑系合并入天津大学。从此徐中先生即担任建筑系主任直至病逝。正是在他的带领下，团结全系新老教师经多年的奋斗才使天津大学建筑系保持了较高的教学质量，有较突出的办学特色，能在全国兄弟院校中名列前茅。徐中先生治学严谨、善于改思，敢于坚持真理，平易近人，关心青年教师成长，深受大家的尊敬和爱戴。我能在系务和教学、科研工作上长期陪伴其左右，聆听到他的教诲实属荣幸。徐中先生对天津大学建筑系的贡献是多方面的，但我认为一直影响到今天的是他倡导的办学特色和经验值得我们认真继承和发扬。据个人粗略总结主要有以下四个方面：

其一，教学严谨表现在重视本科生专业基础教育和基本功训练上。徐中先生一向重视低班的基础教育，他把更多的实践和精力放在低班的建筑设计课程教学上，几乎是规定所有的新留校的青年教师都必须经过一两年建筑设计初步和二年级建筑设计课程教学的严格训练，示范性改图必须过关。他认为青年教师动手能力的强弱直接影响设计课程教学质量的好坏，基本功弱的教师是很难带出高水平的学生来的，要求学生早入门首先要求教师早过关。什么是建筑设计的基本功，他曾给我说过这不只是设计手段制图问题，更重要的是空间组合能力培养，建筑设计是逻辑思维和形象思维的统一，是环境、功能和技艺的统一。如何统一得靠勤劳苦练培养自己的空间想象力来解决，除此别无他法，所以说空间想象力的强弱是衡量一个人设计入门与否的主要标志。正因为如此，教学计划从一年级至毕业，建筑设计连续不断安排十几个课程设计作业，学生完成这些设计的目的主要不在于了解多种类型建筑的具体知识，而更重要的是掌握建筑空间组合的共性原则和方法。

其二，树立正确的建筑观指导教学和科研。徐中先生曾多次给我讲，学生在政治上要有马列主义指导其思想和行动才不会迷失方向，那么在业务上没有正确的建筑观也会同样迷失方向，建筑教育必然也会导致混乱。他说他反复学习《矛盾论》获得心得后写出几篇文章（指《建筑与美》、《建筑和建筑设计》、《发挥主观能动性创作建筑新风格》）的目的就在于要树立自己的建筑观，反对在建筑设计中风行的唯美主义、形式主义错误倾向，同样也反对盲目照抄照搬建筑历史传统和采取虚无主义态度对待传统的

*此文选自《纪念徐中先生诞辰九十年暨建筑教育研讨会文集》。

两个极端倾向。他非常重视建筑历史课程教学，他对我说："你们教历史要把建筑创作思想史放在首位，同时又不要忽视对各个时代不同的建筑式样的分析，分清精华和糟粕，借鉴前人的经验才能更好地创新。"他还多次风趣地说："不懂历史传统的学生设计是会把爱奥尼克柱子倒过来放的，在他看来这就是创新。"为了提倡正确地对待历史传统，1954年夏徐中先生协同卢绳先生、冯建奎先生等率领55届全体学生和一大批教师赴承德避暑山庄和外八庙进行测绘实习，奠定了我系深入研究中国古建筑传统的基础。从此往后除"文革"期间中断了数年外，至今已坚持了数十年的古建筑测绘实习，为国家积累了成千上万张珍贵的文物图纸资料，同时在建筑教育上创造了奇迹，培养了一批深入研究古建、园林的师生，并取得了相当可观的学术研究成果。天津大学建筑学院的古建筑测绘实习教学经国家教委批准授予优秀教学成果奖。

其三，坚持开门办学。徐中先生个人具有丰富的教学和生产设计经验，在系师生无不钦佩，他在办学上也力主理论和实际相结合。主要措施之一是高年级课程设计和毕业设计结合生产设计进行。他认为这样的好处是可以在校培养师生一定的实际工作能力，使未来建筑师在校期间初步熟悉生产设计知识，了解社会为他们步入社会打下一定的基础。徐中先生还一再强调选择任务时不在乎题目大小，关键是要有难度，使师生有施展才华的机会。如65届毕业设计我担任指导教师，当时的生产设计任务少，题目小，最后我们选择贵州路中学和汉阳道中学的教学楼作为设计题目，主要原因就在于该两校的地形环境条件相当苛刻，难度大。采用一般的空间组合是行不通的。那时我心中没底，去征求徐中先生的意见，他十分支持这项任务并鼓励我一定要在大量性的公共建筑中做出具体个性特色的建筑设计来。后来经过师生努力终于做成了两个适应地形、功能合理、外观新颖的五层教学楼方案。大家觉得题目虽小，但收获很大，一些毕业生至今还很留恋那次设计。多年的教学经验证明设计结合生产开门办学的确是办学的一条值得继承和发扬的好经验。

其四，与办学特色有关的另一至关重要的问题是徐中先生非常重视通过教学、生产、科研锻炼来培养青年教师队伍，并充分发挥他们在教学第一线上的作用。50年代按照国家的人事分配政策，来天津大学的青年教师中包括本校留下的教师和部分清华大学、东北工学院、南京工学院和同济大学的毕业生，系主任徐中先生一视同仁均要求严格，使大家都能在教学科研工作上融汇各校之长，充分发挥其特长。天津大学建筑系的教师数量在国内几所院校中人数要少得多，但招生规模并不小，教学质量和成材率也不低的重要原因与徐中先生善于团结新老教师发挥集体的优势关系十分密切。至今大家还在众口一声地称道徐中先生的明理、豁达、尊贤、礼下是不无理由的，大家对此都有许多体会，我的亲身经历也是如此。

1953 和 1957 年期间我在建筑历史教研室工作，协助沈玉麟先生担任西建史助教，和 1954 年夏到承德随即让我指导避暑山庄的古建筑测绘实习。我自己从来没有摸过古建筑，带领二十几名学生从业务到生活管理都得负责，压力真的很大。这时徐中先生和卢绳先生都一再鼓励我要大胆去做，他们的信任使我增添了信心，加上个人全身心的投入终于胜利地完成了任务。记得那次测绘实习避暑山庄内各景点的立面图纸上配树无一不是出自我的手笔，这恐怕也是徐、卢二位先生了解我有一定的中国山水画基础而因材施用特意安排的吧！这次锻炼不仅使我进一步增强了信心，热爱教学工作，从此也为我喜爱中国园林，更进而从事造园研究打下了基础。1958 年以后我改任建筑设计课教师，曾多次与徐中先生在一个班上课，我每次改完图后都得在上课前一天把改好的学生设计草图给他审视。徐中先生每次都会风趣地提出许多中肯宝贵的意见，有时还当面为我做示范性改图，对我改得有新意的图纸大加赞扬使我倍受鼓舞。徐先生常对我说他反对上设计课的教师光动嘴不动手，特别是低年级教学离不开示范性改图，离不开"师徒式"教学，他对此还语重心长地说："不改图岂不是误人子弟？"徐中先生的亲切教导激励了我一辈子，听从他的教诲养成了我上课认真改图的习惯。徐中先生不愧为当代杰出的建筑学教育家，他忠诚无私地把他毕生的精力用在培养下一代新人身上。作为他的弟子我感到责任十分重大，只能兢兢业业地做好工作。徐中先生晚年时期我接任系主任工作，我仍以弟子兼秘书身份经常到他家看望，问候，聆听他对办学的意见。使我终身难忘的一件事是当他病重卧床我去看他时，他除了听我汇报去北京参加设计的情况，点头表示高兴外，还语重心长地对我说了"最后"一句话："天津大学建筑系能有今天可是不容易啊！你和小周（指周祖奭）要好好的努力，把好关啊！"这是多么亲切又多么严肃深切的话语啊！我自信没有辜负徐中先生对我的期盼，让我们大家都来继承他的办学思想，把天津大学建筑学院的工作搞得更好吧！

○ 张敕 ○ 天津大学建筑学院教授

走独辟蹊径的创作道路
——忆徐中先生与人民大会堂的建筑创作*

A NEW WAY OF CREATION — RECALLING XU ZHONG AND THE ARCHITECTURAL CREATION OF THE GREAT HALL OF THE PEOPLE

北京天安门广场人民大会堂的建筑创作，可以算是新中国建筑史上的一件大事。

1958 年 9 月，中央为了建设人民大会堂，召集了全国各地区的专家级建筑师，会集北京进行现场方案设计竞赛，徐中先生被邀。我在当年是一个刚毕业不久的小助教，有幸作为徐中先生的助手，同去了北京盛大的方案设计现场竞赛。回想当年盛况，北京和平宾馆强手云集，群英荟萃，在现场我也初次认识了杨廷宝、陈植、张天济等老一辈建筑大师。记得当时把徐中先生和陈植先生编在一个设计组，河北省建筑设计院的邬天柱先生和我为他们画图。

徐中先生经常教导我们：做设计要独立思考，不要人云亦云。在这次方案设计中绝大部分方案都是采取绝对对称的方案，也就是天安门广场两侧的建筑，都是采取对称轴线直接对着人民英雄纪念碑的平面布局，徐中先生认为这不是唯一的出路，他指出，天安门广场两侧的建筑，为什么不可以不是中轴线（或主要轴线）直对纪念碑呢？因此我们做了对称方案以后，又出了不对称的建筑方案（建筑学报 1960 年第二期），这个方案采取了以联廊的庭院空间对着人民英雄纪念碑，这种方式的处理，在历史上也不乏其例。徐先生认为这是从整体上保持了天安门广场整体性的一种手法。

此次现场设计的绝大部分方案，都极力强调建筑尺度的巨大，认为这是取得庄严感的需要。徐中先生认为，建筑的庄严感要从天安门广场的整体性出发，尺度过大反而会破坏天安门广场尺度的协调性与整体感。他认为平易近人同样也可以获得庄严感，"平易近人"也可以算是社会主义的建筑风格。

20 世纪 50 年代末，我国建筑界处于学习前苏联的热潮之中，"社会主义内容民族的形式"成为我国建筑创作的主要潮流，但在如何实现民族的形式上，表现不一，看法众多。在此次现场设计中，徐中先生一再强调，要以积极发挥主观能动性的态度来对待"民族传统"，提倡大家要从不同角度去进行探索、创造。

20 世纪 50 年代我国建筑界曾批判过"复古主义"，我国建筑师对此记忆犹新，因此在这次设计中，运用大屋顶的方案不多，徐

* 此文选自《纪念徐中先生诞辰九十年暨建筑教育研讨会文集》。

中先生认为，复古和用不用大屋顶是两回事，主要还是要不拘一格地创造新的建筑风格。当时大家都曾认为徐中先生设计建成的北京长安街外贸部大楼，是一个创造性运用民族形式的成功作品，但徐中先生一再谦虚地表示，这只是一种尝试，设计当中要有所创造谈何容易。

面对如何创造人民大会堂新的建筑网络的难题，徐中先生从容不迫、独辟蹊径，一些想法和草图表现出了一种儒雅、秀逸、质朴的独特风格和美感，在这一"轰轰烈烈集体创作运动"中得到好评，为人民大会堂的综合方案的产生，做出了贡献。

在这次现场设计中，我所看到的徐中先生的实事求是的创作态度，灵活应变的创作思路，给了我极大启示和教育，我铭记一生，徐中先生在创作实践中铸就了天大建筑系建筑教育和建筑创作的思想基石。

'THE PERSPECTIVE ARCHITECTURAL EDUCATION' —— THE BOOK DEDICATED TO XU ZHONG

《透视建筑教育》——献给徐中老师的书*

○ 荆其敏 ○ 天津大学建筑学院教授

2001 年 4 月，《透视建筑教育》一书由北京水电出版社出版了，这可算是我在徐中老师授业下从教一生献给恩师的书。我于 1952 年考入天津大学建筑系，入学开始建筑设计初步的第一堂课是徐中率众步入教室的，跟在徐中后面的有童鹤龄、程作渭、郑谦、周祖奭、张左时等人。第一堂课他操着常州口音讲的是怎样使用丁字尺和三角板，这些至今是伴随着我们一生的基本工具。从小，天津大学建筑系变迁的全过程我都经历了，又承接了徐中先生教育事业的后半时期。天津大学建筑系的学生由全国统考分发而来，高中学生不能说已经定型，但也已经不是一张白纸了，对建筑学领域也都略知一二。学生们自愿地虚心接受脱胎换骨加入建筑人的行列，都经历了大学生涯的千辛万苦。在大学入门学习的过程中，人人都试图以各自的方式与爱好改变建筑学所包括的丰富内涵，而不改变他们自己。有一部分学生的数学根底不好，于是举起美学和人文主义大旗，宣称以个人本位作为衡量一切的尺度，视技术为匠人之术；另一部分学生缺少艺术细胞，于是举起建筑高科技的大旗，强调建筑的功能技术性。于是，建筑教育就有了所谓的"学术路线"与"职业路线"之分。持学术路线观点的人，往往会偏导致一条恋官的道路。有的学者能够煽情，可以吆喝聚众提高声势，审时应势地开展学术大批判。学术立场紧跟政治局势，在历次政治运动中推波助澜俨然主流，名利双收，蔚为建造学术界之权威、带头人。博导、院士一路高升，受到当权者的敬重，又为当权者所御用，还可以把他人的成果记到自己的账上，为民众和后生学子们所崇拜，建筑教育从此没落，然而区区相传，何时可以挽回颓风，实非短期内可以看出端倪的。早知 20 世纪 60 年代徐中老师就以身作则，严以律己地治学从教，甚至培养研究生都不是出自他的本意，培养职业建筑师和空论学术完全是两回事。我一生从教深深感到大学里所培养的学生只有一小部分人才能成为真正的优秀建筑师，因此，对建筑教育的使命感促使我写出我的教学经历。我并不排斥人文主义的学术思想是以人类谋利为目标的，但我们必须要有建筑设计的技能，会熟练地操作丁字尺和三角板才能完成建筑师的真正使命，而不是学位和头衔。空有目标和想象力或口头理论只能充当建筑界的推销员或旁观的解说员甚至是通过吹捧别人而炒作自己，建筑教育如何造就德高艺厚的优秀建筑师，突显其职业路线，在纪念徐中老师之际，不能不再度引起我们的深思。

* 此文选自《纪念徐中先生诞辰九十年暨建筑教育研讨会文集》。

一般人们认为建筑系只需要图桌和图书，不像工学院的其他系科那样需要做实验，因此无需购买昂贵且占据空间的科技设备。而且又听说建筑行业比较热门，故建筑系办学容易，报考的学生又十分踊跃。于是这些年来新兴办的建筑院校如雨后春笋，迅速膨胀，优先大发展之势锐不可挡。一方面大批新专业、新名称层出不穷，建筑人的兴趣也越来越广泛，不仅涉及人文、社会、政治、心理、哲学等方面，还包括数学与科技。生态学、拓扑学、类型学、形态学、现象学、符号学、行为学、心理学、人体工程、地理信息系统等，无不纳入建筑领域。门类越是庞杂，知识越是肤浅，表面上热热闹闹，冲淡了基本技能的训练。学生们是真正消化了、掌握了这些新课程，还是无可奈何地接受了这些理论的磨练，尚有待证明。另一方面，传统的保守观念以不变应万变。总之，一个人若不虚心求学则无异于画地自限。目前，中国人的文凭意识越来越重，本科毕业后极力考取研究生，再攻读博士学位。他们的理论基础也许还不错，但是技术课程和设计水准方面一般来说缺乏上佳的表现。如果徐中先生在世，也定会持这种观点，所以在课程的选择上要有目的性，选择与专业相关的实用科目，否则这一阶段的教育资源至少有一半是浪费的。北美有的著名大学都规定了念建筑学之前要修若干有关的学分，成绩合格后才准入学就读，这样进入建筑系的学生都比较成熟。另一些学校则在入学二年级以后进行中期筛选，有选择地进行后期培养，因材施教。因此学建筑的人目标都很明确，也不会把建筑学视为神秘的、可以自我陶醉的领域而画地自限，更有甚者，学会了怎样从内部批判和破坏建筑教育。天津大学1952年建筑学属土木系，1953年分设建系，1958年又合并入土建系，1960年又分设建筑系。1966年"文革"彻底取消了建筑系，至1979年又恢复了建筑系，分而合，合而分。凡遇到政治运动批判建筑学后即被合并。直到20世纪80年代政治实施改革开放后，建筑系才逐渐有独立自主的地位。徐中任主任的一生中，就是在为建筑系的地位奋斗的一生，至今中国的建筑学专业仍然没有摆脱传统的不公正待遇。

《透视建筑教育》是我一生从教的回顾，希望是对徐中教育思想的传承。内容包括了建筑教育与建筑学概念的更新、中国建筑教育的历史传承、中国的建筑教育与传统、中国当前建筑教育面临的问题、国外建筑教育的历史传承、两岸建筑教育比较、聚变中的启示——新国际化倾向、建筑设计中的图形语法。

现今建筑教育所面临的问题要比徐中在世时复杂得多，建筑教育与建筑界的社会生存空间是紧密相连的，国家建筑师的成败追其根源，无不与建筑教育有关。建筑师竞争激烈，招标不规范，设计费压得很低，评审不公正，官场和商场混乱，事务所的工作少有不彻夜赶工的，建筑人的节假日早已被淡忘了，建筑师被迫兼商、兼官，如此境遇，以培养职业建筑师为目的的建筑教育目标必然受到质疑。

然而我们的建筑教育评估体系概以学位高低为标尺，这些年来毕业生都努力获得学位，不管哪里授予的博士，不管设计能力如何，均竞相争聘，学位就是地位，学位就是待遇。而德高望重，没有学位作为招牌的年迈退休的建筑人的境遇却每况愈下，经验丰富的老工程师们步入了"弱势群体"。教书虽然也不轻松，但比建筑师的责任压力小，尤其高唱理论的青年学者，到处评审判分且不视为图利他人，皆大欢喜又无风险。恩师、仁师的榜样形象建立，后继者无不争先效仿，这条学术道路走起来既轻松又实惠。国家为挽救人才外流，不惜重金高聘归国人才到高校任教，高学位、高津贴的海归派的引导会使设计院、事务所的建筑师相形见绌。如果大家都拥向学府，那时建筑设计由只具花拳绣腿素养和功夫的设计人员来操作，其结果不难预料。

教育质量的根本是教师素质的提高，当今的建筑教育必须正视十年动乱带来的教育断层影响的后果。20世纪60至70年代由于政治的干扰建筑教育有一段空白，致使现今学术领域优秀教师后继乏人。又加上教育岗位待遇太低，处境不佳，人才外流严重，在学术方向上又偏重于实用主义和经济效益而缺乏远见，社会上"产业化"和"下海经商"对教育的冲击，已经动摇了传统的尊师重教的根基。学术发展的自主性也正面临着考验，学术立场本应是基于两支、基于整体而长远的求真立场，而过于强调政治和时势的学术政策，对内破坏了学术与教育的平等任用人才，对外则丧失了国际竞争力，造成学术权威的信誉低下。学术与政治的分际，就如同文化意识与现实的关系，政治干涉学术或渗入学术之中，会使官学与政治同步，关系到民族心灵的开放、人才的兴衰、教育的活力。徐中先生从教的一生最令人折服的品格就是把握住了学术脱离政治的立场，教育求真的思想，在半个世纪中国动乱的各种政治压力之下办教育真是难能可贵的。现在国际上政治对学术的干涉时代早已经过去，中国的教育改革不能再束手束脚，先进的建筑教育改革如果没有上压的政策，就是最好的政策。

○ 陈式桐 * ○

原中国建筑东北设计研究院教授级高级建筑师

追忆与徐中先生共事的那些岁月

REMEMBRANCE OF THOSE WORKING DAYS WITH XU ZHONG

熟识于贸易部办公楼项目

我和徐中先生相识于贸易部基本建设工程处。记得那时中国刚解放，1950年末贸易部组建基本建设工程处，处长叫黄元镇。他是个惜才的人，虽然基建处当时只不过是个不到300人的小单位，但他"搜罗"来的技术人员都很有能力。我有幸从贸易部基建处一成立就参与其中，所以也算元老了。但我至今不知道当年他是如何把徐先生请来的，那时候徐先生正在北方交大做建筑系主任。当时工程处的总工程师是沈理源先生。黄元镇处长聘请徐先生作为我们的建筑顾问工程师，同时他还聘请了清华大学的教授吴柳生先生任结构顾问工程师。

我和徐先生第一次合作始自徐先生所做的南京胜利纪念碑的设计项目。工程处设计室领导叫我帮他画图，说老实话，我当时真不敢画，因为我对徐先生的设计思想不够了解。那时候我很年轻，二十几岁，刚毕业没几年，自认为没有足够高的表达技艺。所以我一直迟迟不敢动手。不过正因为此，我也得以亲眼见识徐先生的徒手草图。徐先生在纪念碑上设计了一些浮雕人物，他在草图中也将这些画得栩栩如生，神气活现。一下让我震惊不已，这种素养何止用建筑师"扎实的基本功"可以形容？最后，我也只是帮徐先生裱裱图纸而已。由于当时同在一起工作的我的先生陈学坚也亲眼目睹了徐先生的杰作，他把徐先生的草图画法学了过来，后来别人都说他在东北设计院做的草图很像徐先生的手笔。徐先生画的线条十分精准，他常说心里要有把"尺"，草图才能画得准。"人不怕眼高手低，怕的是眼低手高"，"眼高手低"意味着虽然手上功夫尚不到位，但至少鉴赏能力高，而手头功夫能够逐步地提升。而"眼低手高"只会让人自我感觉良好，以为自己画得不错了，却没有进步。这是徐先生的名言。

徐先生平易近人，非常幽默有趣。他常坐在我的画图桌边，看到我桌上有零食，也不拘束拿起就吃，于是大家也很快熟识了起来。我那时年轻，喜欢恶作剧。有次特意请同事们去吃冷食，我知道徐先生装了假牙，以为假牙肯定怕凉，徐先生肯定吃不了。可那时不懂假牙是没有神经的，根本不怕凉。结果本想逗他一番，让徐先生吃不成冰激凌，却不想就他吃得最快最多。现在想来

* 陈式桐，退休前为中国建筑东北设计研究院教授级高级建筑师，解放前北京大学建筑系毕业。之后曾在天津大学建筑系、沈理源主持的建筑师事务所、贸易部、水电部、东北设计院等单位任职。

徐先生真的很近人、随和、幽默。虽然我们经常和他开玩笑，但对徐先生，却是很尊重的。

我们第二次合作就是贸易部办公大楼。1951年贸易部、纺织工业部和公安部要兴建各自的办公楼。当时北京都市计划委员会听闻此消息，认为可以借此机会改善长安街面貌，因此就批复这三个部门可以在长安街上修建办公楼。将东单至东交民巷巷口长约270米、宽只有70余米的狭长地段批给了贸易部。

这三个部门建造的投资不多。当时国家百废待举，虽然很希望尽快恢复建设，但因经济需要时间复苏和发展，所以批给各部的投资也只够盖三四层砖混结构的办公楼。不过，既然要在长安街侧兴建，就不得不考虑整体效果和面貌，这在当时的确是件两难的事情。纺织工业部和公安部最终建了中规中矩的四层办公楼，装饰也很朴素，因为投资实在有限。

贸易部包括三个子项目，因此我们抽调了三个设计组。一个工程是本部大楼，即贸易部办公楼，位于长安街旁；第二个工程是进出口公司，地处砖塔胡同东侧；第三个是在天桥附近的花纱布公司办公楼。每个设计组负责一个工程，由黄处长指定工程负责人。贸易部办公楼、进出口公司和花纱布公司的工程负责人分别是陈学坚、史中道和林鹏。当然，这三个工程都要听从徐先生亲自指导。事实上，徐先生把主要精力都投入到贸易部办公大楼这个工程上了。徐先生来到贸易部基建处后，还义务地做了很多事情。前面提到黄处长是个惜才爱才之人，他那时很希望请来一些建筑师和我们座谈，以此促进大家的建筑技艺和水平。于是徐先生就帮忙请来了杨廷宝先生，由他给我们讲一些设计思想和他所做的设计，他也为我们带来了他的水彩画，那些画用色干净、透明，可见其深厚的功底。后来徐先生又请来了戴念慈，讲说之余戴先生还为我们当场作画，他的水彩画也很是潇洒。

贸易部的三个工程徐先生都要负责，但是贸易部大楼的设计，是他最投入的一个项目。当然，进出口公司的建筑体型和立面，他也费了不少心思。本来徐先生设计的是个不对称的建筑，但进出口公司的甲方更希望建筑四平八稳、对称庄重，于是对徐先生的设计产生了异议。但徐先生是个很坚持的人，而且口才也好，最终说通了甲方，维持了原来的方案。贸易部大楼的设计，比进出口公司的项目更加复杂。贸易部大楼的兴建因为要改变长安街面貌，因此它所占据的位置也是很主要的。面对长270多米、宽只有70多米的狭长地带，徐先生认为很难在这个场地上进行整体建设，于是他和我先生陈学坚商量，由陈学坚出面去和贸易部协商，结果是按照贸易部的编制将一座大楼分散兴建为几栋建筑。临长安街为三幢办公楼，后面布置为一幢主楼和一座综合楼。

小歇山屋顶、花格窗与中式栏杆遮阳

徐先生把所有心思都用在了临长安街的三栋办公楼上，当时正值1959年建筑界大兴民族形式的探讨，而民族形式在当时最主要的体现就是大屋顶。徐先生在这方面就很用心，他别出心裁，构思了一个形式，他将这种形式命名为"番茄炒牛肉"——中洋结合。他自创了一种民族形式——水泥板瓦做的小歇山屋顶。完全采用新式材料、新式砖瓦。在当时，这种屋顶显得很新颖，也比大屋顶节约很多。

徐先生将办公楼两端的楼梯间做成石墙面，石墙面上是混凝土预制的中式花格窗。那时候根本没有采用这种手法的现代建筑，贸易部大楼是第一个大胆尝试用混凝土做花格窗的建筑。徐先生做得很仔细，尤其转角处他处理得特别精致。他设计了图案，由我协助他绘制花格窗详图。

为了解决沿长安街立面的单调问题，徐先生在临街立面上添加了横向遮阳板。虽然临街一面坐南朝北无需担心阳光照射问题，但作为美化和装饰，添加横线条能让相对朴素单调的立面瞬间增色不少，使立面更富有层次。徐先生一直没有想好横线条板该用怎样的表现形式，我提议用中国花篮式的栏杆。徐先生用他经典的口头禅说：画出来再讲。于是我绘制了正规的线图：中国传统的栏杆，最上方是扶手，下面是花篮造型的装饰物，底下是挡板衔接着的水平遮阳板。徐先生看后，最终认可了这个方案。在窗户的设计上，徐先生采用对窗的形式，两窗之间设一个小垛。色彩设计上也尽量简单质朴，主色是青色、浅灰色及墨绿色。

一个小歇山屋顶，一个花格窗，再加上两条中式栏杆的遮阳构图，成为徐先生在贸易大楼设计过程中最出彩的部分。后来很多后辈都说，从今天的视角和审美来看，贸易大楼都不失新颖。

在设计这栋大楼时，我们也并非一帆风顺。一些细节的设计推敲也着实让我们很头疼，比如立面采用何种材料就难住了徐先生。徐先生的初衷是以清水砖墙为材料，采用磨砖对缝的工艺。但这样的墙是做不起的，因为投资根本不够。于是，我们又开始讨论采用其他的方式。我提议是否可以考虑用钢砖，我曾经在天津租界中见到过采用这种材料做外立面的建筑，它表现的感觉与青砖及红砖砌就的清水砖墙都不同，别有一番味道。但无奈这种材料当时并不好找，于是这条路被堵死了。

说来也巧，我先生陈学坚曾经给一个承包商做过小住宅设计，材料是青砖。由此他想到采用青砖，不磨缝，只"对缝"。"对缝"实际上是我们自己创造的一个词汇，即砖面稍加打磨，尽量保证砖与砖之间缝隙变小，从而省略水泥勾缝的环节。我们将这个想法告诉给徐先生，徐先生认为可行，但顾虑建筑工人没有接触过这种"对缝"技术，担心会因此增加人工成本。于是我们请来了工区主任，请他就此想法做个评估并提意见。工区主任听了我们的想法后很支持徐先生，让徐先生大胆创作。按他的话说：希望我们的贸易部大楼能够"打炮"。有了工区主任的肯定，我们决定就用青砖对缝。工区主任调来工长和工人，先让他们学习这种砌砖的方法。还利用工地上正建的一个临时建筑，专门给工人用作练习。几天后我们发现工人们的练习有了成效，青砖对缝的效果很好。缝隙小了，虽增加了用工成本，却节省了勾缝的费用，又增添了砖墙的砌体强度，总成本基本持平。这更加坚定了我们使用青砖做外立面的信心。

这个项目是我们1951年初设计的，同年末就完工交付使用。虽工程期间出现了一些波折，也算是一种考验吧。

一场关于民族形式的讨论

就在贸易部大楼主体建造过程中，屋顶和外装修尚未成形之时，都市计划委员会闻讯召开了一个会议，请来了包括北京建筑设计院、清华大学建筑系等部门的建筑专家。这些专家针对徐先生设计的贸易部大楼所采用的造型进行了一番激烈的讨论。只因这个工程尚未完成，还看不出大致模样而备受争议，甚至被说成"如同仓库搬到了长安街"。我当时作为徐先生的助手列席其中，亲眼见到了这场关于民族形式的讨论。

一些专家认为正在施工的贸易部大楼并没有很好地处理和周围环境之间的关系，且造型过于简陋。徐先生一言不发，并不以为意，没有立即就此进行辩驳。我是"初生牛犊"，听了这些自然沉不住气。因为徐先生的创意和设计构想多半是我进行绘制的，所以我很清楚我们设计的贸易部大楼并不是他们口中的"仓库"。毕竟当时大楼施工未完，三层还未封顶，且外部装饰还未开始，因此大家看不到成品的模样。为了很好地说明我们的设计，那天我特意带了绘制的图纸。我摊开图纸，阐述徐先生的设计构想。水泥板瓦制作的小歇山屋顶，这是最能体现民族形式的表现，民族形式不是只继承不发展，民族形式也需要创新和不断尝试。当时我们还不懂使用"建筑符号"这个词，但也不影响我的阐述：徐先生采用的小歇山屋顶源自中国古建筑屋顶的构造方式之——歇山式；他设计的花格窗也承袭了苏州园林建筑中的花窗形式，且采用的图案传统中透着精致和简约，这也是一种创新。至于和环境的协调问题，由于当时长安街两侧建筑各具特色，形式十分杂乱，事实上建成后的贸易部大楼恰恰符合长安街的文化特色与地位，一直保留至今。这场辩论并没有得出最终的结果，以不了了之收场。但通过这次会议，大家都知道了贸易部办公大楼，也都知道这是徐先生的创作。最终得到了社会的认可，徐先生也由此建立起专业威信。

随着贸易部办公楼的建成，它在建筑界引起了一阵轰动。毕竟这在当时是个新建筑，一件新事物出现时，人们总会褒贬不一，所以意见也不可能完全一致，这是正常的。但是我认为徐先生的这个创作是一种推陈出新，是他设计生涯中的一个亮点。

一代建筑师的消沉

随着时间的推移，徐先生的贸易部大楼设计获得了大家的肯定。但对于那一代建筑师而言，真正能够像徐先生一般施展自己的才华，为祖国的建设投身其中的人实在少之又少。这是一代建筑师的消沉，只因他们的机遇不如现在。其实徐先生那代人无论学识还是专业修养都很出色。但他们没有赶上好的工作项目去磨砺和锻炼。徐先生等人大学毕业时正是国民党最腐败的时候，国家无心建设，因此作为工科的建筑专业也受到冷遇，学生一毕业就失业，很多人后来改行做了结构、建材。即便坚持下来继续做建筑的人，也很少有真正获得施展才华的机会。

所以，时代对职业的影响很大。解放前国家动荡不安，建筑师没有施展的机会。解放后也依旧充满变数，时代背景不如现在这般明朗和开放。徐先生在设计完贸易部办公楼的项目后，更多的还是投身于建筑教育之中，后期也很少再做设计。徐先生病逝后，听徐师母说，他的学生送来8万多元钱，作为对徐师母生活的关照。徐师母把这笔钱送到天津大学建筑系。建筑系后来将它用于建立"徐中奖学金"，作为对学习优秀学生的奖励和对更多学生的鞭策。

有时在想，倘若那代建筑师长于今天，或许壮志未酬的那份抱负多少会有所寄托吧。

父亲大学毕业就离开了祖父母，一个人前往东北工作，20世纪60年代初的东北还很艰苦，母亲又患有严重的肺病，因此在我出生时，祖父母就把母亲接到了天津。这样作为徐家的长孙，我就在天大六村里和祖父母度过了一段童年时光。

岁月无情，祖父徐中先生离开已经整整二十八年，祖母也离开十五年了。我记忆的片段既清晰亦模糊，但对祖父母的思念一直深深地放在心底里。

儿时住在天大六村，楼下有一棵枣树，结的枣子很甜，但树的高度使我对那一粒粒青枣可望不可及。那时晚饭后，祖父有时会牵着我去校园散步，每每此时，他会抬手摘下几颗青枣递给翘首期待的我。

20世纪70年代初的学校已经休课了，祖父十分的清闲，家里经常会往来些他的同事和学生。记得有阵子有三四位老先生经常来家里做客，其中一位头发、眉毛都是白花花的。他们在一起话也不多，主要是听收音机，并不停地吸烟，弄得客厅里云雾缭绕的。当时感到有趣的事是每当接近正点时间，几位老先生就会紧盯着自己的手表，当字正腔圆的"现在是北京时间XX点整"从收音机里传出来时，先生们就会哈哈笑着对比谁的手表最准时。当时的我觉得很好玩，现在回想起来，这些学识满腹的先生们在那个无奈的年代以此消磨为乐，不觉心酸心痛！

上小学后，我就回到了东北的父母身边，但每到寒暑假期经常会回天津陪祖父母。那时祖父的身体已经很差了，烟又吸得十分厉害，夜里也会不停地喘，为此全家人都要求祖父戒烟。去医院看了医生，开回的药里居然有一种烟，叫定喘烟。这样本来应该彻底戒烟的祖父，又以治疗的名义，吞云吐雾了。

1976年的暑假，我和弟弟从东北回天津度假的第二天凌晨，唐山大地震发生了，我们和邻居在楼下的煤场边上，搭起了临建棚安顿避震。当时我手上长了个疣（俗称瘊子），别别扭扭的。记得一天晚饭后和祖父散步，走在煤场里，路边草丛中有一株不知名的绿茎植物。祖父上前折了一段，那植物的断茎处分泌出来乳白色的液体，祖父将它涂在了我手上的患处，不久手上的瘊子就自行脱落了。

祖父是在我上大学前半年去世的，也因此，本来一心学医的我在父母的要求下考回了天大去陪祖母。大学时间大半时光我是住在家里的，祖母闲时会和我聊起往事，就此知道了祖父去美国留学的学费来自在大学期间设计了一个青岛英式别墅获得的报酬。在美国留学时为了方便、简单，祖父的袜子一样就买一打，衬衣相同款式也是一买就几件。

祖父有一段时间同时在天津、北京任职，经常坐火车往返于两地之间。他的手绘很好，在火车上就会把构思草图画在烟盒纸上，可惜没有保留下来纪念。大学期间在我回家住的时候，夜里常会听到祖母在梦中喊祖父的名字。每每此时，都让我感到心酸，并深深地体会到祖母对祖父的怀念之情。

祈祷我亲爱的祖父、祖母在天堂快乐幸福！永远不分离！

纪念徐中先生百年诞辰学术研讨会

THE SYMPOSIUM OF ARCHITECTURAL EDUCATION IN COMMEMORATION OF 100TH ANNIVERSARY OF XU ZHONG

作为著名的建筑学家、建筑教育家，徐中先生（1912—1985）将毕生的精力贡献给了国家建筑教育事业，回首往昔，不得不为他的远见卓识所折服。徐中先生长期担任天津大学建筑系主任，是天津大学建筑学科的主要创办人，对天津大学建筑系的教学思想、方法的形成起到了重要作用，同时也为中国现代教育事业做出了杰出的贡献。今年恰逢徐中先生诞辰100周年，饮水思源，我们需要并应该纪念先人——回顾历史，展望未来，延续思想，来祭奠这位影响了整个中国建筑界乃至全社会的先驱；并从多方面分析和颂扬徐中先生建筑教育的卓越思想。

As one of the celebrated architects and architectural educators, Xu Zhong (1912-1985) had devoted his whole life to the national cause of architectural education, which proves his foresights and insights especially when looked back. For long as the director and chief founder of Department of Architecture, Tianjin University, He contributed vitally to the forming of teaching thoughts and methods in the departments, and in the modern Chinese architectural education cause as well. This year is 100th anniversary of the birth of Xu Zhong, When we drink from the stream, remember the source, so that we need to memorize the people who have passed away—Look back at the history, look forward to the future, inherit the thought, in order to memorize the pioneer who has influenced the whole field of architecture even the whole society, at the same time, analyse and praise the excellent ideas of architecture education of Xu Zhong.

时间：2012 年 7 月 28 日上午
Date: On the morning of Jul. 28th, 2012
地点：天津大学建筑学院
Place: Dept. of Arch., Tianjin Uni.
主办机构：天津大学建筑学院
Host: Dept. of Arch., Tianjin Uni.
承办机构：《城市·环境·设计》（UED）杂志社
Organizer: Urban Environment Design Magazine
特别协办单位：天津大学建筑设计规划研究总院
Special Collaborator: General Institute of Architectural Design and Planning of Tianjin University

鼓励建筑学科 培养建筑人才 / 李家俊
ENCOURAGING ARCHITECTURAL DISCIPLINES AND ENLIGHTENING ARCHITECTURAL TALENTS /LI JIA-JUN

感恩母校 感恩师长 / 刘燕辉
GRATITUDE TO MY SCHOOL AND TEACHERS /LIU YAN-HUI

感念徐中先生 / 路红
REMEMBERING XU ZHONG WITH GRATITUDE /LU HONG

深切缅怀徐中先生 / 谌谦
IN DEEPLY RECALLING OF XU ZHONG /CHEN QIAN

做先辈那样的建筑学人，推动建筑学科繁荣发展 / 张颀
FOLLOWING THE FOREGOERS AND PUSH ARCHITECTURAL DISCIPLINE FORWARD INTO PROSPERITY /ZHANG QI

缅怀天津大学建筑系创办人徐中先生 / 彭一刚
IN MEMORY OF XU ZHONG, FOUNDER OF DEPARTMENT OF ARCHITECTURE, TIANJIN UNIVERSITY /PENG YI-GANG

深切怀念恩师——徐中教授 / 戴复东
THE DEEPLY CHERISHED MEMORY OF MY BELOVED MENTOR, PROF. XU ZHONG /DAI FU-DONG

忆恩师 / 钟训正
IN MEMORY OF MY MENTOR /ZHONG XUN-ZHENG

徐师关注我们的"美学热" / 邹德侬
PROF. XU ZHONG'S CONCERNS ABOUT THE 'ESTHETIC HEAT' /ZOU DE-NONG

以"理论的理论"应万变是可持续进取的创作之道 / 布正伟
MEETING ALL CHANGES WITH ONE 'THEORY OF THEORY' IS THE CREATION OF SUSTAINABLE DESIGN /BU ZHENG-WEI

我的老师 / 崔愷
MY TEACHER /CUI KAI

传承前辈大师遗产·开拓建筑教育明天 / 朱文一
INHERITING TREASURES FROM SENIOR MASTERS, FORGING THE FUTURE OF ARCHITECTURAL EDUCATION /ZHU WEN-YI

向我国建筑教育先驱致敬 / 吴长福
A HOMAGE TO THE PIONEER OF CHINESE ARCHITECTURAL EDUCATION /WU CHANG-FU

怀念徐中先生 / 赵万民
RECALLING PROF. XU ZHONG /ZHAO WAN-MIN

感谢徐中先生 / 刘克成
GRATITUDE TO PROF. XU ZHONG /LIU KE-CHENG

编织中国建筑之网 / 魏春雨
BUILDING THE NETWORK OF CHINESE ARCHITECTURE/WEI CHUN-YU

感恩与传承 / 段进
THANKSGIVING AND INHERITANCE /DUAN JIN

徐中的建筑美学研究及其价值、影响、启示
——纪念天津大学建筑学院创始人徐中先生诞辰 100 周年 / 布正伟
RESEARCH OBJECTIVES OF XU ZHONG ARCHITECTURAL AESTHETICS AND THE ACHIEVEMENTS
—FOR THE 100TH ANNIVERSARY OF THE BIRTH OF XU ZHONG, THE FOUNDER OF THE ARCHITECTURE COLLEGE OF TIANJIN UNIVERSITY/BU ZHENG-WEI

THANKSGIVING TO XU ZHONG AND THE REUNION OF HIS STUDENTS IN TIANJIN UNIVERSITY:IN COMMEMORATION OF XU ZHONG, THE DEDICATED ARCHITECT AND ARCHITECTURAL EDUCATOR

师恩难忘 众子弟齐聚天大
缅怀建筑教育家、建筑学家徐中先生

2012 年 7 月 28 日，"纪念徐中先生百年诞辰学术研讨会"在天津大学建筑学院成功举办。彭一刚院士、戴复东院士、崔愷院士以及来自清华大学建筑学院、东南大学建筑学院、同济大学建筑与城市规划学院、重庆大学建筑城规学院、西安建筑科技大学建筑学院、湖南大学建筑学院等相关高等建筑院校的院长出席了本次论坛并发表了精彩演讲。同时，天津大学建筑学院57、77、78 级校友以及在校师生齐聚母校，参加了此次研讨会，一同缅怀我国著名建筑学家、建筑教育家徐中先生，共同追忆徐中先生对天大建筑学院所做出的贡献以及对中国建筑教育界的深远影响。本次学术研讨会由天津大学建筑学院主办，《城市·环境·设计》（UED）杂志社承办，天津大学建筑设计规划研究总院特别协办。天津大学建筑学院党委书记张玉坤担任本次研讨会主持，他首先向与会人员介绍到场嘉宾，并例数了徐中先生的生平事迹。

天津大学校长李家俊，天津大学建筑学院77级校友代表、中国建筑设计研究院总院党委书记、总建筑师刘燕辉，天津大学建筑学院78级校友代表、天津市国土资源和房屋管理局副局长路红，天津大学建筑设计规划研究总院副院长、副总建筑师谌谦，天津大学建筑学院院长张颀分别致辞。同时，张颀院长宣读了齐康院士发来的贺词，刘彤彤副院长宣读了钟训正院士为纪念徐中先生诞辰百年所做《忆恩师》一文。与会嘉宾纷纷发言表达了对徐中先生的缅怀之情，并从多方面分析和颂扬了徐中先生建筑教育的卓越思想。

On July 28th,2012, 'The Symposium of Architectural Education in commemoration of 90th Anniversary of Xu Zhong in Tianjin University' was held successfully in Tianjin University. Academicians Peng Yigang, Dai Fudong and Cui Kai, together with deans and directors of Department of Architecture, Tsinghua University, Department of Architecture, Southeast University, College of Architecture and Urban Planning, Tongji University, Department of Architecture and Urban Planning, Chongqing University and so on attended the symposium and gave brilliant speeches. In the meantime, the whole body of students received the 1957, 1977 and 1978 alumni in a great reunion with the participation and commemoration of Xu Zhong and his contribution and influence upon Chinese architectural education both as an architect and an educator. This symposium is sponsored by the Department of Architecture, Tianjin University and undertaken by Urban Environment Design(UED) Press with special assistance from the General Institute of Architectural Design and Planning of Tianjin University. Zhang Yukun, Party Secretary of the Department took the position as the host, introducing the audience to the guests and listing deeds of Xu Zhong's life and career.

The guests' speeches are as follows: Li Jiajun,President of Tianjin University; Liu Yanhui, Secretary of CCP and General Architect of Chinese Institute of Architectural Designand representative of the 1977 alumni of Department of Architecture, Tianjin University; Lu Hong, Vice Director of Tianjin City Bureau of Land Resource and Building Administrationand representative of the 1978 alumni of Department of Architecture, Tianjin University; Chen Qian, Vice President and Vice General Architect of General Institute of Architectural Design and Planning of Tianjin University;Zhang Qi, Dean of Departmentof Architecture, Tianjin University.The speech of congratulation from Academician Qi Kang was read out by Zhang Qi, and AcademicianZongXunzheng's essay, "In Memory of My Mentor" was read out by Liu Tongtong, vice president. The guests expressed their deeply memory of Xu Zhong in successive speeches, from all sides analyzing, appraising and applauding for his outstanding ideas in architectural education.

开幕式及致辞主持人：张玉坤　天津大学建筑学院党委书记

李家俊　天津大学校长
刘燕辉　中国建筑设计研究院总院党委书记、总建筑师
路　红　天津市国土资源和房屋管理局副局长
谌　谦　天津大学建筑设计规划研究总院副院长、副总建筑师
张　颀　天津大学建筑学院院长

研讨会发言主持人：张颀　天津大学建筑学院院长

徐中先生与天大建筑教育

彭一刚　中国科学院院士、天津大学建筑学院教授、名誉院长
戴复东　中国工程院院士、同济大学建筑与城市规划学院教授、名誉院长
邹德侬　天津大学建筑学院教授
布正伟　中房集团建筑设计有限公司顾问总建筑师、布正伟创作室主持人
崔　愷　中国工程院院士、中国建筑设计研究院副院长、总建筑师

来宾发言

朱文一　清华大学建筑学院院长
吴长福　同济大学建筑与城市规划学院院长
赵万民　重庆大学建筑城规学院院长
刘克成　西安建筑科技大学建筑学院院长
魏春雨　湖南大学建筑学院院长
段　进　东南大学建筑学院副院长

Host of Opening Ceremony and Speeches: Zhang Yu-kun, Secretary of CCP of Department of Architecture, Tianjin University

Li Jia-jun, president of Tianjin University

Liu Yan-hui, Secretary of CCP and General Architect of Chinese Institute of Architectural Design

Lu Hong, Vice Director of Tianjin City Bureau of Land Resource and Building Administration

Chen Qian, vice president and vice general architect of General Institute of Architectural Design and Planning of Tianjin University

Zhang Qi, dean of Department of Architecture, Tianjin University

Host of Symposium Speeches:Zhang Qi, dean of Department of Architecture, Tianjin University

XuZhong and Architectural Education in Tianjin University

PengYi-gang, academician of Chinese Academy of Sciences, professor and honorary dean of Department Architecture of Tianjin University

Dai Fu-dong, academician of Chinese Academy of Engineering, professor and honorary dean of Department Architecture of Tongji University

Zou De-nong, professor in Tianjin University

Bu Zheng-wei, Chief Architect of ZF Architectural Design CO., LTD. and Director of Bu Zheng-wei Stutio

Cui Kai, academician of Chinese Academy of Engineering, Vice President and General Architect of Chinese Institute of Architectural Design

Guests' Speeches

Zhu Wen-yi, dean of Department of Architecture, Tsinghua University

Wu Chang-fu, dean of College of Architecture and Urban Planning, Tongji University

Zhao Wan-min, dean of Department of Architecture and Urban Planning, Chongqing University

Liu Ke-cheng, dean of Department of Architecture and Urban Planning, Xi'an University of Architecture and Technology

Wei Chun-yu, dean of Department of Architecture, Hunan University

Duan Jin, dean of Department of Architecture, Southeast University

鼓励建筑学科 培养建筑人才

ENCOURAGING ARCHITECTURAL DISCIPLINES AND
ENLIGHTENING ARCHITECTURAL TALENTS

○ 李家俊 ○ 天津大学校长

尊敬的各位先生、各位来宾，各位校友、老师们和同学们，大家上午好！首先我代表天津大学对各位来宾前来参加徐中先生百年诞辰学术研讨会表示欢迎，同时也借此机会对著名的建筑学家、建筑教育家徐中先生表达一份敬意。

在我看来，20世纪著名建筑学家和建筑教育家的称号徐先生当之无愧。作为建筑学家，徐先生留下了很多优秀的建筑作品，至少在天津大学的所有校友心中，徐先生设计的九楼是天大的象征和标志，甚而整个学校的规划和风格也同样烙上了徐先生的印记。

我认为更为重要的是徐先生作为建筑教育家的成就，可以说对于天津大学建筑学科的发展，徐先生是最重要、最主要的奠基人，影响意义深远。我们非常自豪于天津大学建筑学院走出了很多人才，包括2008年北京奥运会的主要场馆设计也都有我们天大毕业生的身影，这实际是与徐先生多年来主持建筑学科发展、引领教育思想以及人才培养模式是分不开的。

我本人对于建筑学很外行，但我至少明白一点，建筑学科不同于一般的工科、文科、理科，有着其独特的人才成长和培养的规律：一是我们要对人才培养有思想、有概念，想清楚究竟什么样的人才培养模式最适合建筑学科，最适合建筑学大师的成长。二是环境，给予建筑学科的发展提供适宜的环境和氛围。我希望通过此次徐中先生百年诞辰纪念研讨会，多多汲取大家的意见，在总结过去成功经验和教训的基础上，逐渐形成天津大学建筑学科独特的办学理念和人才培养模式。希望我们天津大学建筑学院在徐先生等老一辈专家打下的基础上，能够继续得到长远的发展，真正成为大师辈出的圣地。从学校角度来说，我们也会尽最大的努力来支持、鼓励建筑学科按照其自身的规律来更好地发展，也请各位来宾和兄弟院校的各位专家对天津大学建筑学院的未来发展多指导、多关心、多帮助。谢谢大家！

感恩母校 感恩师长

GRATITUDE TO MY SCHOOL AND TEACHERS

○ 刘燕辉 ○ 中国建筑设计研究院（集团）建筑设计总院党委书记、总建筑师

在纪念徐中先生百年诞辰这样一个特殊时刻，在 77、78 届毕业 30 年这样一个特殊时刻，我们对徐中先生开辟的事业万分崇敬，对天津大学建筑系的教学思想、办学理念万分赞同，对母校给予我们的培养深表谢意。尽管我们大部分同学都没有亲眼见过徐中先生，从未亲耳聆听过徐中先生的教诲，但是，从天津大学建筑系的历史和直接教授过我们的老师身上，都能切身体会到徐中先生的高尚品格和远见卓识，每一位老师的言行都凝聚了徐中先生的精神。

77、78 届是特殊历史的记忆，当年，我们的老师奉献出了积蓄 10 年的力量和智慧，以最饱满的热情、激情和博大的胸怀为我们传授知识，使我们成为终身的受益者。

今天，我们聚首天津大学，用 30 年报效祖国的成绩向母校汇报，向尊敬的各位恩师汇报，以此纪念徐中先生诞辰百年。

天津大学是我们永远的骄傲，建筑学院是我们永远的骄傲。我相信，77、78 届学生也会成为母校永远的骄傲。

感念徐中先生

REMEMBERING XU ZHONG WITH GRATITUDE

○ 路红 ○ 天津大学建筑系78级校友代表——天津市国土资源和房屋管理局副局长

34年前，我们一群对建筑知之甚少的青年学生齐聚青年湖畔，开始了我们的建筑学启蒙。34年后，我们齐聚母校，汇报我们的工作、学习、生活情况。心中始终萦绕的是对母校、对老师的感谢和思念。感念徐中先生。先生虽未亲自担任我们班的教学，但先生仍多次抱病坐着轮椅来观看我们的作业，评点设计作业。尤其是在创建天津大学建筑系的过程中，先生始终坚持的教学与实践结合、建筑美学与技术并重的教学理念，孕育了良好的建筑系学风和独具特色的教学风格，在这种学风熏陶下，我们能够在毕业后，很快与设计、教学工作相结合，很快独当一面，成为工作中的主力军，由此也形成了天大建筑系的学生供不应求的局面。

感念徐中先生。漫步天大校园，以宏伟瑰丽的第九教学楼为代表的一组建筑群，展现了徐中先生对中国传统建筑的继承和发展，也是我们接受建筑教育活生生的教材。在第八教学楼四年的求学生涯，我们的建筑思想被赭石色的琉缸砖、简洁又流畅的屋顶曲线、楼梯栏杆的民族花饰慢慢浸润，形成较成熟的建筑设计观念，服务于祖国。

感谢每一位老师。我们求学的年代，国家刚刚拨乱反正，一切秩序尚未健全。但我们是何等幸运，建筑系当时群星璀璨，汇集了一批名师，每一位任课教师和辅导员，均抱有强烈的责任心，精心指导我们的学习，关心我们的生活。老师们不但在校教育我们，我们出了校门，一有问题回到母校，老师们仍是不遗余力地帮助我们。

感谢建筑学院，感谢母校。34年了，母校仍然是我们向往的家园。母校的每一点发展，每一个消息，都牵动我们的心。今天回到母校，再次领悟母校"实事求是"的校训，再次感受学院浓浓的情意。我们衷心希望母校在新时代继续辉煌！

徐中先生作为天津大学建筑学科的创始人，也是天津大学建筑设计规划研究总院的创始人。1952年，在当时天津大学七里台校区的建设中，以土建设计室为框架，徐中先生带领建筑系的老师和学生参与了校园选址、规划和单体建筑的设计工作，留下了很多像第九教学楼这样的经典作品，这也是天大设计总院最初的发端。

1958年在天津市委的建议下，经学校研究，成立了天津大学建筑设计研究院，除基建处部分技术人员外，大部分骨干都是土建系的老师，徐中先生任设计院第一任院长，承担了包括天津拖拉机厂、鸿顺里住宅等很多项目的设计工作，设计院作为天津大学建筑学科教学结合生产的基地，取得了丰硕的成果。直到20世纪80年代，徐中先生都一直担任设计院院长，虽然从1979年开始，因为身体的原因，先生不再主持行政事务，但仍指导完成了天津市最高的抗震建筑——"天津电报大楼"的设计工作，取得了巨大的成功，极大地提升了天津大学和天大建筑学科的影响力。

令人欣慰的是，在2009年举行的建国60周年300项优秀建筑评选中，先生设计的天津大学第九教学楼、原国家对外贸易部大楼当选其中。徐中先生倡导的建筑理念、他的建筑实践、他的人生态度，辐射到了天大建筑学科的各个领域，徐先生和他的教学团队培养、输送了数以千计的优秀建筑师、规划师和建筑领域的专业人才，有些已经成长为我国建筑界的领军人物，所以说徐中先生以其严谨求真、创新务实的作风，影响着一代代天大建筑学子，也引领着天大设计总院一天天发展壮大，在这里我代表设计总院全体员工，深切缅怀徐中先生，愿先生的精神在我们心中永存，在中国建筑界永存。作为后辈，我们将在先生的理念当中获得永久的启示。

做先辈那样的建筑学人，推动建筑学科繁荣发展

FOLLOWING THE FOREGOERS AND PUSH ARCHITECTURAL DISCIPLINE FORWARD INTO PROSPERITY

○ 张颀 ○ 天津大学建筑学院院长

作为中国建筑界杰出的建筑师、理论家、教育家，徐中先生一生创作严谨、知行合一、桃李满天下。

先生自 1939 年起任教职，教书之余建筑实践也未间断，陆续完成了南京国立中央音乐学院校舍、南京馥园新村住宅、北京商业部进出口公司办公楼、北京外贸部办公楼、天津大学教学楼及图书馆等建筑作品，此外还参与了人民英雄纪念碑、人民大会堂、北京图书馆等项目的方案设计工作。在众多建筑风格争奇斗艳的今天，徐中先生的作品依然显得大气、隽永，他的设计和设计理念至今仍被人们认同，丰富的设计实践也为其理论研究奠定了坚实的基础。

徐中先生撰有《建筑与美》《建筑的艺术性究竟在哪里？》《建筑与建筑设计》《建筑功能与建筑艺术的关系》《发挥主观能动性，创造建筑新风格》等文，建构了建筑美学理论体系的基本框架。徐中先生建筑美学研究产生的影响表现在教学、创作和理论建设的各个方面，时至今日，其研究在宏观上仍对我国建筑创作走向起着警醒作用。他关注的种种问题，比如建筑艺术的表达手段与实用经济，现在非但没有过时，反而更加突出。

徐中先生长期从事建筑理论与设计的研究和教学，作为原天津大学建筑系主任、天津大学建筑学科的主要创办人，徐中先生带领他的教学团队先后培养出众多的职业建筑师，其中不乏具有社会影响力和话语权的"业界精英"。与先辈相比，这些从天大走出来的建筑师们虽然拥有各自的风格魅力，但依然或多或少地延承了"徐中教育思想"，并且在某种程度上坚守着先生所倡导的建筑的美学气质。可以说，天津大学建筑学院人才辈出的今天，离不开徐中先生对建筑教学体制与作风的基础奠定。天津大学为曾有徐中先生主持建筑教育工作而感到万分幸运和荣耀。

徐中先生那一代建筑学人在世的已然不多，这辈人是中国新式教育结出的第一轮硕果。他们既接受了科学系统的专业训练，也受到了良好的中国传统文化道德教育，即使遭遇内乱外患，命运坎坷，依然无怨无悔，为中国建筑和建筑教育事业做出了巨大贡献。今天，在天大建筑学院里，有一座学子为先生立的塑像。让我们

敬佩和感动的不仅仅是先生学识的渊博扎实、事业的勤奋执着、为人的温文尔雅，更是先生处处显示出的老一辈知识分子的风骨、良知和人性。先人驾鹤，风范永存。正如徐中先生所言"创作风格总是人的风格"，先生的建筑风格、建筑设计理念也和他的为人处世之道是密不可分的。可以说，是他的为人之道引导了他的职业生涯。但今天中国大地，"华而不实"或"不华不实"的噱头建筑层出不穷，建筑师个人英雄主义横行，徐中先生的建筑美学思想貌似失传了，但换个角度想，随着"跟风攀比、炒作造势、挥霍浪费"的问题愈演愈烈，徐中先生的思想可能更加可贵，更加有意义。不论是作为徐中先生的同学、同事，还是作为他的学生或他学生的学生，大家都有必要去重新感受和理解他作为一个建筑师的良知和社会责任感，以及他对国家、对教育的热爱。

对比半个世纪前的创作环境，当下的建筑界似乎自由有余，自觉不足。现在的学生忙考研、忙出国，较少接触到知识分子精神、道德的熏陶；从业后忙拿捏领导意志、忙应对业绩考核，创作空间被挤压、被扭曲；高校教师们境况也不怎么样，既受着体制的逼迫又有妄图揩体制之油的嫌疑。长远来看，个人发展无疑要依赖于学科发展，但就眼下这一代人而言，一百年太长，只争朝夕。建筑界以及建筑教育界的精英们每天都很忙，为保持自己在业界的活跃度恨不得分分钟都重启以满血复活，可当看到不合理、不正常的与建筑有关的现象和问题时，却往往无暇思考或无力思考。"培养有社会责任感的建筑师"——这个建筑教育最不容推卸的社会责任，现在似乎听起来变得有点道貌岸然了。

我之所以有上述不太中听的言论，是因为多少年来，我们只习惯用成绩告慰先人。但如果用我们此时的优越对比先生彼时的艰辛，今天的那些成绩真的令我汗颜。先生的思想、先生的品格，如何继承且发扬光大？我希望：有识者，请去思考；有志者，请去超越。

今天，有十几位国内著名高校建筑与城规学院的带头人光临，在此深表感谢。同时，借此机会我想有以下表达：

当前，建筑学科已被裹挟进中国高速发展、急剧转型的关键时期，面临着新的发展机遇与挑战。中国是目前全球经济增长最快和最具活力的地区之一，建筑市场潜力巨大，对建筑类专业人才的需求和吸引力都是有目共睹的。中国各个建筑院校无论南北西东，其实已经真正成为一个紧密相联的利益共同体。不管是连横还是合纵，最终目的务必是促进建筑学科的健康发展。建筑学科发展，高校间要竞争更要合作，要协同创新。信息时代，校际、院际合作的分量和价值进一步提升，合作的空间和前景更加广阔。我们要把握时机，顺应形势，从战略高度和长远角度努力推动高校务实合作进程深入向前发展：

——共同应对建筑市场挑战；

——共同推动建筑教育改革；

——共同促进建筑文化交流互鉴；

——共同维护建筑师权益。

天津大学是高校建筑学科合作的坚定倡导者和推动者之一。今后，天津大学建筑学院仍将继续为巩固和深化兄弟院校伙伴关系贡献力量。

创新源于交流，合作带来共赢。

缅怀天津大学建筑系创办人徐中先生

○ 彭一刚 ○

中国科学院院士、天津大学建筑学院教授、名誉院长

IN MEMORY OF XU ZHONG, FOUNDER OF DEPARTMENT OF ARCHITECTURE, TIANJIN UNIVERSITY

今天是徐中先生诞辰 100 周年，我们在这里集会纪念徐中先生，便不期而然地回忆往事，缅怀徐中先生在创办天津大学建筑系中所做的杰出贡献。

我是 1950 年考入唐山交通大学建筑系的。唐山交大在解放前是一所著名大学，之所以报考交大，也是慕名而来的。殊不料入学后方知交大的强项在土木工程，特别是结构和桥梁工程，而建筑系不仅建系时间不长，而且师资力量也比较一般，远不如南京工学院的前身中央大学和清华大学的建筑系。当时的系主任是刘福泰，是我国最早一代的建筑师，他为人和善，大概他也意识到师资力量的薄弱，于是便把刚从南京北上的徐中先生请到了唐山交大。时隔不久便把系主任的位子让给了徐先生。和徐中先生同来交大的还有戴志昂、卢绳、樊明体、童鹤龄等诸位先生，这几位先生是否出自徐中先生的邀请，至今也不太清楚。但是由于他们的到来，唐山交大建筑系的师资力量确实得到了一定的充实。不过今天回头来看，与清华、南工（东南大学前身）、同济等大学的建筑系相比，依然存在着一定的差距。徐中先生担任系主任后，可能也意识到这种差距必然会影响到建筑系今后的发展，唯一可行的办法就是要立足于自己培养，这自然不可能是一日之功，而需要花很长的时间，从后来和徐中先生的接触中得知，当初，他确实暗下决心，要从年轻人中挑选一些有发展前途的青年教师刻意加以培养，以使之尽快成长，充实到师资队伍中去。

1952 年，在全国性的院系大调整中，唐山交大建筑系与天津津沽大学建筑系合并，并一起调整到新成立的天津大学，共同组成土木建筑工程系，徐中先生为该系副系主任，实际上仍是建筑学专业的负责人。徐中先生培养师资的设想毫不动摇，继续贯彻实行。不过，当时所面临的紧迫问题却是两系教师之间的团结问题。徐中先生既十分重视又善于团结来自津沽大学的老师，由于他的崇高学术地位，加之对他人的尊重，来自两校的老师很快便融合为一体，并心悦诚服地团结在他的麾下，共同为搞好教学工作而不懈努力。

徐中先生培养师资的重点自然是针对青年教师，我们这批人虽然大学本科毕业，但由于学制短和政治运动的干扰，所学的专业知

识和技能还是十分有限的。于是决定，凡刚毕业或任教不久的教师必须从建筑初步教起，其根本意图是让这些教师一边教一边学，扎扎实实地打好基本功。从而为尔后教好建筑设计这门主课打好坚实的基础。

当时的时代背景是政治上一边倒，向老大哥苏联学习。而在苏联的建筑界却流行着复古主义的倾向，于是在建筑初步的教学中也以学习西方古典建筑的内容为主。在这方面徐中先生驾轻就熟，这是因为他在美国留学时所学的正是这一套。于是他就给青年教师讲解"五柱范"，给我留下印象最深刻的是柱子的细长比。他的教学方法也颇具独到之处，他说：陶立克柱式的柱高与直径之比为8：1，而陶立克的英文名称的第一个字母为D，如果用手写体，D字与阿拉伯字的8很相似；又如爱奥尼克柱式，其英文名称的第一个字母为L，如果用手写体，便与阿拉伯数字的9很相似；再如科林斯柱式，其英文名称的前两个字母为co，如果用手写体，则与阿拉伯字母的10很相似，这样便有助于学生的记忆，于今，已经过去了近60年，我却依然记忆犹新。

徐中先生不仅教你知识，而且更为严格地要求你能准确熟练地画出来，这就涉及到基本功的训练，无论是用铅笔、钢笔（鸭嘴笔）或水墨渲染，他都严格要求，一丝不苟，直到熟练掌握各种表现技巧为止。在指导青年教师的时候如果遇到了困难，他还亲自动手示范。久而久之，便形成了一种风气，凡是设计课的教师都必须具有过硬的基本功。

除西方古典建筑外，徐先生还十分注重对中国古典建筑形式的学习。1954年他亲自带队，去承德测绘古建筑，所有的设计课教师几乎倾巢而出。他对于测绘图纸的绘制，也严格要求，不仅要正确无误，而且还要线条流畅，粗细分明。

徐中先生虽然重视对古典建筑的学习，但在设计中却极力反对复古。他认为设计必须创新，并身体力行，例如他所设计的对外贸易部办公楼，便是在吸取传统的基础上大胆创新，从而受到业内人士的一致好评。可惜由于长安街的拓宽，这组建筑群已先后被拆除。

在教过几轮建筑初步后便升入高班教建筑设计，一般认为设计课不必备课，其实不然，当年教学工作几乎是教师的唯一任务，回想那些年，几乎把全部时间和全部精力都投放到建筑教学中去。教设计课首要工作便是出题，为了出好题，必须经过集体讨论，题目确定后还要试做，即根据题目每位老师至少要做一个方案以验证题目的合理性。这种试做是要经历全过程的，即从构思开始，一遍又一遍地修改方案。最后，还要上板画成正式的表现图，教师在这一过程中得到全面而完整的锻炼，这对提高师资水平和教学质量无疑会起到十分重要的作用。

在天大建筑系教建筑设计的每一位教师，几乎都能画出一手清秀的草图，这不仅出自徐中先生的要求，而且也深受他本人的影响。徐中先生教设计课时，通过给学生改图，所画的草图既漂亮，又帅气。有许多学生便细心地加以珍藏，可惜，随着时间的流逝，特别是政治运动的冲击，这些草图几乎流失殆尽，这实在是一个难以补偿的损失。

徐中先生处理人事关系时，不分亲疏远近，一视同仁。例如来自清华大学的章又新、张文忠、王福义和来自东北工学院的聂兰生。凡学有所长并认真的工作者，均会受到徐中先生的爱护和培养，聂兰生教授曾深有感触地说："我是到了天津大学后才真正从徐中先生那里学会了建筑设计的。"

徐中先生不仅关注建筑知识、技能和技巧的教育和培养，而且还从更高层次上关注对学生审美情趣的培养。在运动中有人贴大字报批评建筑系是资产阶级的大染缸，他私下对我说：从某种意义上说确实是一个染缸，即用了雅的艺术作品潜移默化熏陶学生，以使之具有敏锐的艺术鉴赏能力。不染行吗？进学校是这样，毕业时还是这样，那还进建筑系干什么？他还说：一切作业都必须列举经过历史考验的经典作品，以使学生在不知不觉中受到感染和熏陶。对于美术课的教学，他也强调应当不止教授学生们绘画技巧，还要注意培养学生的审美情趣，例如教授一些名画欣赏等。他本人也潜心于建筑美学的研究，并发表了多篇学术论文，关于这一点，布正伟校友曾著长篇论文在《建筑学报》上发表，这里就不赘述了。由于具备深刻的理论修养，他从不人云亦云，随波逐流。例如在学习苏联方面他就持有不同的见解。一次出差到哈尔滨，在晚间外出散步时我曾问他："您对苏联建筑有何评价？"他想了一下回答："我看也就是蹩脚的西方古典建筑。"在他看来纯正的西方古典建筑应当属于高雅艺术，而经过俄国人之手便显得有些低俗了。我当时理解：经过十月革命，俄国人也大力提倡"大众化"，阳春白雪的东西便不再奉为上品，取而代之的便是下里巴人。

徐先生不仅在学术上有独到见解，而且还具有很高的领导和管理才能。从1952年院系调整到20世纪50年代末，短短的几年，天津大学建筑系在他的领导下，青年教师茁壮成长，教学步入正轨，教学质量也明显提高。虽然受到各种政治运动不断干扰，他本人也屡受批判，但天津大学建筑系依然稳步发展，特别是它的后续影响日益彰显。"文化大革命"后，通过拨乱反正，天津大学建筑系的办学特色日益为业内人士所认同。与此同时也向各设计单位输送了大量高水平的建筑设计人才，这自然会提高天津大学建筑系的声誉。凡此种种，当然都是大家共同努力的结果，但徐中先生的独特贡献却历历在目，值此徐中先生诞辰100周年之际，作为徐中先生的学生和晚辈，更应倍加珍惜来之不易的声誉，并再接再厉把天津大学建筑系办得越来越好。

○ 戴复东 ○ 中国工程院院士、同济大学建筑与城市规划学院教授、名誉院长

深切怀念恩师——徐中教授

THE DEEPLY CHERISHED MEMORY OF MY BELOVED MENTOR, PROF. XU ZHONG

我怎样才学建筑的

徐中教授是我的大学早期学习阶段的恩师。

我学建筑是多种偶然相遇，又是一种必然的结果，1948 年初，我在贵州省贵阳市花溪镇清华中学高三年级学习，到了初夏很快就要考大学了，其他的同学多数都选择了方向，如电机、机械、森林、地质、医学、中文……可我还没决定方向。一天下午，体育活动中我腿上擦破了皮，到校医室，校长唐宝鑫先生的夫人陈琰医生问我："你就要毕业了，大学你准备考哪个系呢？"我无奈地问问陈琰医生说："我是家中长子，我要负担母亲和弟妹的生活，最好是能读工科，工资有保证。但我又舍不得丢掉绘画，所以思想上不知怎么办好。"陈琰医生立刻回答我说："那你去学建筑吧！"这样我就决定下来学建筑。陈琰老师现在也住在天津，我非常感谢她。在那个时代，中学考大学是很艰难的，特别是数学的入学考试，题目很难，但我碰到了一个好机会，当时我们毕业班的数学老师是很爱护学生的女老师于闺彦，她是贵州大学化学系主任聂恒锐教授的夫人，他们二位就是今天天津大学建筑系著名教授聂兰生的双亲。于老师知道考大学数学很难考，于是她提前完满地结束了我们班"范氏大代数"课程，利用下午课余的时间给我们补习数学中有关的难题，当时已是夏天，天气很热，于老师两个小时授课下来早已是汗流浃背，有不少同学在炎热的气候下，都昏昏欲睡，但我却是头脑清醒，精神抖擞，基本上掌握了于老师教授的对某些数学难题的入门解法。在南京考中央大学建筑系时，数学卷子发下来，三个题目中有两个是于老师教过解题思路的，这样，我就比较容易地过了数学考试这一关。

我有幸结识了徐中教授

进入中央大学建筑系以后，中大的教师队伍老、中、青人才济济。使我感到陈琰医生给我指的路太好了。老一辈的杨廷宝教授、刘敦桢教授、童寯教授这些名家是国内顶级教师，中年教师才 40 岁左右，其中有徐中教授、刘光华教授、张镛森教授等人，个个都是优秀的杰出人才。

我们这个班六个学生，吴庐生、吴贻康、闵玉甫、汪一鸣、白展曦、

戴复东，一年级的建筑初步水墨渲染是杨廷宝先生亲自教授，巫敬垣先生做助教。这样给我们打下了部分重要的建筑学基础。

二年级时我们第一个课程设计题目是小乡村邮局，我的设计指导教师是徐中教授，徐教授高高的身材，瘦瘦的体量，眼部、鼻子比较挺拔，一副电影上智者的形象。徐教授给我出了主意，他建议将这个小邮局放在东北林区范围，于是就建议我利用当地原木，水平横向层叠架构起来，在建筑端部，木材互相穿插，看上去很有特色，有浓厚的乡土气息，这种小屋英文叫Logcabin。这样使我这个长时期局限于贵州边陲地区的"小土"受益很大，思想上逐步豁然开朗。

二年级时是1949年，我们的课程设计第二个题目是小公共汽车站。这个题目虽小，但当时我们的确是孤陋寡闻，而且南京还没有新建造的小公共汽车站，只有稍大些很陈旧的老公共汽车站，所以我们拿到这个题目时束手无策。在贵州时，清华中学在郊区花溪，高中三年级时才有城郊来往的贵州公共汽车，在那个抗日战争年代公共汽车往往缺汽油，就用一个铁皮筒子烧木炭，用一氧化碳操纵汽车行驶，当时社会上有一首诗讥讽这种汽车。诗云："一去二三里，抛锚四五回，修理六七次，八九十人推。"在这样的条件下汽车站会是什么样子呢？可想而知了，随便一间破烂房子也可以将就了。

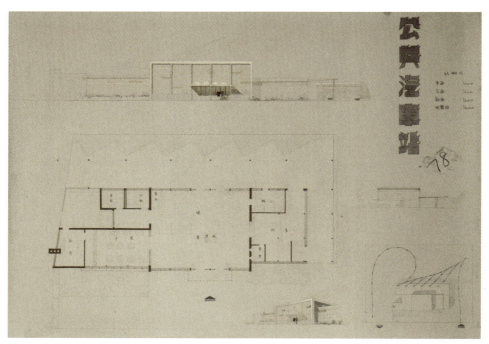

戴复东院士在1949年二年级的第二个课程设计——公共汽车站，由徐中老师指导。戴复东院士称：那时我国的交通事业还很落后，自己1948年前在贵阳读书，见识很少，孤陋寡闻，受徐中老师启蒙启发，收获很大。

根据这种情况，徐教授教会我们一个小型公共汽车站的内部有哪些部分，其中人与物的流程情况，同时在改图时建议我们在形态上要向现代建筑的新建筑、新材料、新形式发展。这些教导给我很大启发。同时对图纸的表现方法建议并鼓励我向新、现代的趋势去做，我作为一个缺少时代感的、缺少现代化思路的、见闻闭塞的低年级学生，受到启发后认真根据徐教授的指导意见去操作，思想上收获很大，这样，在我学习的进程中确实得到了很好的启发，第二次作业得了78分，我自己感觉比较满意，当时这个成绩已经相当好了，因为南京大学老师分数打得比较紧，78分就相当于现在的80多分。以后再经过当时和后来南京大学其他老中青教师，以及同济大学老中青教师和社会上的专家学者的教导，才有了我今天的进步。徐中教授，我学习进程中的启蒙者，今天是您的百年诞辰，我心中默默地悼念："恩师徐中教授，学生戴复东在这里向您敬礼，敬谢您的启蒙教导！向您表达我衷心的敬意和感谢！"

忆恩师
IN MEMORY OF MY MENTOR

○ 钟训正 ○

中国工程院院士、东南大学教授

我始终感到遗憾的是只做了徐先生一年的学生，即一年级全学年，那时我校建筑系的学生全部学习、工作、斗争在一间大土房里，我们有足够的时间与机会聆听老师们的教诲。其中徐先生的言词最富风趣而使我们铭记深刻。一年级下，我班开始上设计课，第一个设计题是灯塔。在临近定稿时，徐先生给我改的定稿图是一幅完整的铅笔画，图面简洁概括，刚劲有力。那时先生的示范深深地影响了我后续的学习。徐先生改设计循循善诱，从不言词厉色，看他改图可说是一种享受，除了设计课，徐先生还教我们阴影透视，他教的内容既实用又简便，费时不多，但足够我们受用一生。那时我们常停课，搞政治运动，我系因人少，师生常在一起学习，每逢与徐先生一组，他的发言总能使严肃的讨论富有生机但又不落俗套。

一年级的暑假，徐先生离职去了天津大学，使我们全系颇有失落感。为我们自己没有机会挽留住先生而深感痛心。自此以后，我们再没有机会亲聆教诲，但他后来的设计作品却使我们赞佩不已，使我们印象最深的是北京东长安街的外贸部建筑群，它们极其大方、典雅，集现代化与民族风韵于一体，至今他们仍可说是我国现代建筑的典范。可惜他们因长安街的改造横遭拆毁，不能不说是我国现代建筑遗产的一大损失。

徐先生虽然离世多年，但在他的亲友学生心目中音容宛在，聆听过他教诲的人对徐中先生永生难忘。

○ 邹德侬 ○ 天津大学建筑学院教授

建筑学 57 级的同学，经历的运动多、劳动多，直到 1960 年开始的"三年自然灾害"度荒的时候，才能安下心来读书。

当时，许多同学对"建筑构图"感兴趣，当年高年级同学批判过徐先生的"构图万能论"（实指建筑美学），可快毕业了也不知道构图基本原理是什么，只知道那是建筑设计极为重要的原理。顾孟潮同学组织了一个翻译小组，翻译俄文版苏联建筑科学院编的《构图概论》，有许多人参加翻译，定期开会交流成果和体会。沈玉麟先生热情为我们校稿，事情搞得热火朝天。

徐中先生知道了这件事儿十分高兴，他表示，等稿子完了，送到建筑科学研究院，研究出版问题。我们听后很受鼓舞，干得愈发起劲。毕竟离毕业时间很近了，这个稿子最终没有完成，小组成员就带着各自的遗憾，各奔他乡了。徐师作为系主任，鼓励这些水平不高、经验不足的学生搞翻译，体现了这位建筑教育家不拘一格扶持、培育学生的宽广胸怀。应当说，他的关注起了作用，改革开放之后建筑界出版的第一批有关建筑美学——构图原理的译著，就是出自受徐师教诲的天大校友之手。

徐中先生还教导我们，建筑理论或建筑美学，要和人的生活紧密联系起来，而不是抽象、空洞的言论。他说有一本小册子可以参考，那是俄国美学家车尔尼雪夫斯基写的《生活与美》。我花了几毛钱，买了这本不起眼的绿皮小册子，因为薄，也因为译文口语化，一口气读完。年久了，虽然大部分内容都已忘掉了，但其中讲"生活"与"美"之间关系的观点，给我留下深刻印象。书中说，美是从生活中那些好的事物里产生的，从完好的大自然景象、天空、山川、树木，健康的人体等可以获得美，而遭到破坏的大自然，生了病的人，就会失去美。中世纪黑暗时代宗教禁欲，神父不得结婚。作者说，如果我旅行十分口渴，在一位神父门前讨口水喝，假若从门里跑出来的是神父漂亮的小女儿，端着一碗水递给我解渴，那该是多么美的景象啊。我对作者的结论"美就是生活"半信半疑，怚对"美"存在于生活中的观点，却欣然接受。

徐师为我们推荐美学小册子，事情虽小，却让我受益终身。他教育我们这些需要美学启蒙的学生，首先要认清，研究美学的出发点在我们的生活中，而不是书斋里；同时也启发我们认识，建筑理论和建筑创作的源泉也在于生活，脱离生活不知所云的理论，脱离生活画着好玩的设计，都是不可取的作风。

徐中先生当年给青年学生做建筑美学启蒙，以及他为建筑美学所做的论战，仍有广泛的现实意义。如今，不但在社会上，就是在业内、市场上、官场上，也有大量"美盲"存在。联想到建筑美学由改革开放之前的"禁区"变为现在的"荒地"，徐师的建筑美学思想，显得尤为光辉。

我们深深怀念徐中先生这样的教育家，怀念他的建筑美学建树。

以 "理论的理论" 应万变是可持续进取的创作之道
——在全球化建筑语境中重温徐中建筑美学理论的指导意义

○ 布正伟 ○　中房集团建筑设计有限公司顾问总建筑师、布正伟创作室主持人

MEETING ALL CHANGES WITH ONE 'THEORY OF THEORIES' IS
THE CREATION OF SUSTAINABLE DESIGN

徐中先生从1937年获得伊利诺伊大学硕士学位回国后起，直到1985年逝世，在这48年不平坦的职业生涯中，他不仅为国家的建设事业和教育事业做出了不可磨灭的贡献，而且还在原来基础相当薄弱的建筑美学领域的理论建设中，呕心沥血，执着求索，为我们留下了一份宝贵的遗产。关于徐中先生建筑美学研究的成果、价值、影响和启示，我已写了一篇专题文章发表在《建筑学报》2012年第5期上。在这里，我想要说的是，重温徐中先生建筑美学理论的指导意义，以其揭示的基本原理和客观规律去应对当今建筑世道的万变，这可以说是我们在全球化建筑语境中可持续进取的创作之道。

徐中先生生前把他研究的建筑美学理论称为"理论的理论"，"是能管住一般理论的理论"，这是令人深思的。建筑美学是研究人对建筑审美关系的科学，其基本问题，是建筑审美思维与建筑客观存在之间的关系问题，这也是建筑价值观中的核心问题，把这个"建筑艺术哲学"中所涉及的基本理论搞清楚，我们就可以很敏锐地去洞察建筑中的其他许多问题。

中国文化发展的悠久历史证明，认识事物发展中"万变不离其宗"的客观规律和根据客观规律采取"以不变应万变"的基本谋略，乃是我们极富智慧的生存之本、取胜之道。这里讲的"宗"，就是"不变的东西，本质的东西，事物所具有的内在规律性的东西"，只要我们认清了这种不变的、本质的、具有内在规律性的东西，我们便可以在思维拓展中寻求到应对事物各种变化的策略、思路和方法，而不会在事物发展所呈现的复杂变化的现象面前束手无策，迷失方向。

在全球化建筑语境的今天，不论是从建筑师的角度来看，还是从决策者的立场来说，在建筑创作走向方面存在的困惑和麻烦，往往都与建筑美学范畴所应思考的问题相关联。譬如，后工业社会人性复归引发的后现代建筑思潮，推动着建筑追求的花样不断翻新，在泥沙俱下的各种观念、形式、风格面前，既不能照抄照搬，又不能闭关自守，让我们许多人都有难以适从之感。又譬如，在全球化的激烈竞争中，财富和资源的掌控者、决策者，把夺取"建筑形象的高地"作为立足之本，而建筑师也明明知道"用资源去

拼形象"是与科学的设计理念背道而驰的，但又不知如何以沉着的心态，运用理论头脑和设计智慧去进行必要的周旋。再譬如，层出不穷的新建筑形态信息在全球飞速传播，使我们天天都处在建筑时装表演的视觉盛宴之中，既彼此共享，相互借鉴，又同受刺激，生怕自己落后。我们究竟该怎样去看待这种你追我赶的竞争态势呢？又如何才能让我们的"心态"远离浮躁？

在当今全球化建筑语境中，我们遇到的困惑和麻烦还不止这些。确实，要直接找到迎刃而解的答案似乎是困难的。然而，当我们真正用理论的头脑去做深入剖析的时候，我们便能够从僵化的思维定势中走出来。具体地说，一方面，我们可以将上面讲的那些困惑和麻烦，都看作是"如今这个建筑世道中所发生的变化"，而另一方面，我们又可以通过"理论的理论"去洞察"这个建筑世道"中"并没有改变的东西"或者说那些"本质的东西，事物所具有的内在规律性的东西"。这样的话，我们便能针对上面所说的那些变化所反映的问题，在对照分析和思维拓展中去寻求应对这些问题的策略、思路和方法。这里，我想说的是，徐中先生运用辩证唯物主义进行研究的建筑美学理论，正是我们在全球化建筑语境中，去洞察"这个建筑世道各种变化"的一个有价值有潜力的参照系统，凭借这个参照系统，我们便可以在"以不变应万变"的这条思维路线中，去破解建筑创作中我们所遇到的许多困惑和麻烦，诸如：在当今大讲"包容"的多元化建筑创作实践中，究竟有没有不该"出格"的底线？我们应该坚守的底线是什么？建筑可持续发展所要求的低碳、环保、节能等，只是干巴巴的"标语口号"呢？还是与建筑创作中所应包含的"生活美"有着直接而又密切的内在联系？为什么我们的建筑艺术追求所要表现的内容（即有关建筑艺术美的"创意"）越来越复杂，越来越压得建筑本身喘不过气来？建筑形式固然重要，但建筑形式新奇，就一定能同时赋予建筑作品以生活美和艺术美的品质吗？让建筑脱离"生活美"，而又把建筑中的"形式美"当作"艺术美"，这种风气会把建筑创作引到什么方向？在孤立地宣扬建筑形式美的同时，也有人蔑视建筑的形式美，认为"只要自己的感觉好就好"，那么，建筑创新到底还要不要讲求形式美？建筑形式美在审美机制中的作用是什么？建筑艺术很难免不成为"遗憾的艺术"，但一些极具负面影响的"遗憾"，为什么就不能避免？在这种情况下，建筑师常说的"被设计"又该如何反省？问题究竟出在哪里？总而言之，面对全球化建筑语境中的困惑和麻烦，只要能定下心来，认真学习和思考，我们就可以沿着"以'理论的理论'应万变"这条思维路线，去寻找到那些能贴近实际的、比较有说服力或具有一定参考意义的答案。

徐中先生研究建筑美学是20世纪50至60年代的事了，如今已过去半个多世纪，中国和世界都发生了很大的变化，所以，我们应当在继承徐中先生建筑美学理论遗产的同时，更要加倍努力地去充实、完善和发展这个"理论的理论"。这包括两方面的内容：一方面，对徐中先生建筑美学理论中一些概念的内涵或观点的诠释，要从新时代建筑实践的实际出发，进行实事求是的分析研究，并加以拓展和充实；另一方面，我们还要进一步去清理和探索徐中先生那个时代没有遇到过的当代建筑美学问题，例如：在现代建筑审美观念中，建筑构成要素——安全、适用、经济、美观等，在其内涵和相互关系上，究竟发生了一些什么变化？就建筑创作多元化格局而言，主流建筑的品质在审美中具有哪些本质特征？"公民建筑"、"平民建筑"并不是指风格、流派，但却成了当代中国建筑审美主题中"一呼百应"的呐喊，这意味着什么？又比如说，从现代建筑美学视野，怎样去看数字化技术在建筑创作中的地位与作用？复杂性建筑语言的优越性与局限性表现在哪里？现代建筑审美变异，对我们重新思考建筑形式美的规律与法则带来了一些什么新的认识？在运用现代物质技术手段这个问题上，如何去把握"物为人用，物尽其用"和"各取所需，用有所值"这样全然不同的建筑价值判断？在现代建筑审美机制中，我们又该怎样去认识和对待客观上确实存在的"审美心理补偿原理"？如此等等。

这里，我想说一点自己几十年来理论思考的感悟：建筑美学理论的健康发展，始终都不能陷入主观的、唯心的、形而上学的泥潭，要是用现在桌面上都不太"感冒"的话来说，那就是要像徐中先生那样，始终都不离开辩证唯物的观点和唯物辩证的方法。只有这样，我们才能不受眼下盛行的虚无主义和实用主义的纠缠，让这个"理论的理论"在应万变的"接招"和"出招"过程中，起到至关重要的指导作用，同时也才能使我们在可持续进取的建筑创作实践中，真正走出"跟感觉、随大流、赶浪潮、追时髦"之类的盲从状态。

在纪念徐中先生诞辰100周年之际，重温和体味他的建筑美学思想，使我们领悟到，在他的"理论的理论"中，有一种无形的"定力"，而正是这种无形的"定力"，使我们在全球化建筑语境中，享受到了"任凭风浪起，稳坐钓鱼台"这句古老成语带来的欣慰和快乐！在此，我由衷地希望我们的母校——天津大学建筑学院，不论领导班子更换到哪一届，都能引导大家一如既往地继承徐中先生的建筑美学理论遗产，并在锲而不舍的持久努力中，为不断充实、完善和发展现代建筑美学理论做出新的贡献，使以"理论的理论"应万变，走可持续进取的建筑创作道路，成为天津大学建筑学院教学传统中不可或缺的、独树一帜的一大特色！

温故而知新：珍惜过去，才会有更美好的未来……

崔愷学生时代照片

今天我非常的激动，能够在我们毕业三十年的时候来参加徐中先生百年诞辰的纪念会。77 级刘燕辉书记已经代表我们向母校表示了祝贺，让我们回忆起在天津大学受教育、受培养的那些日子。在前不久，我应 UED 杂志的邀请，写了一篇回忆大学时光的文章，叫《我的大学》。我想在这里把其中一段念给大家，作为今天向各位老师的致敬。

几乎每次接受媒体采访都会问到我类似的问题：你的母校天津大学对你的成长有哪些影响？每每回答这个问题时我脑海里总会浮现出那早已逝去的大学生活，总会在记忆中仔细地搜寻，到底哪些东西真的让我难以忘怀，默默地无形地跟着我，影响着我的思维，伴随着我的成长？说实在话回答这个问题并不容易，尽管每次在短暂的思索后总能说出似乎肯定的答案，但我心里知道很难全面、完整地总结出母校和自己那千丝万缕的联系。

前不久 UED 杂志又约我为他们的天大校友专辑写稿，刚好今年又是我们本科毕业三十年，于是在飞往欧洲的漫长航程中我又一次沉入了回忆之中，又一次试图梳理那个已经回答过许多次的老问题。

毫无疑问将自己领上建筑师之路的是那些令我尊敬的老师们，每次回到母校偶尔见到老师们那渐渐老去的面容总能唤起内心一种感恩的心情。回想起来最让我感到惋惜的是没有机会直接聆听徐中先生的教诲，他是天大建筑系的创始人，是我们老师的老师。那时他身患疾病已无法讲课，几年中我只在系里见过徐先生一面，他身材高大微微驼背，瘦削的脸颊面露笑容，在众老师簇拥下缓缓前行，显得那样威严而慈祥。我们常常能听到老师们说起徐先生教书识才的往事，走在校园中更能感悟到徐先生作品中所散发出的灵气和功力。但值得庆幸的是徐先生的最得意门生彭一刚先生后来成了我的研究生导师，也是对我影响最大的老师。彭先生长久不衰的创作激情、精湛的绘画技巧和深刻严谨的理论研究让无数学子敬佩不已，他的几本著作也早已享誉海内外。而我更对先生的刻苦钻研的精神印象深刻，求学时几乎每次到先生家里请教，无论冬夏，都看到先生坐在窄小昏暗的卧室里趴在小图板上用小钢笔画出一页页精美的图稿，那情景除了让我钦佩之至，更深感自己努力不够，有一种无形的鞭策。直至今日当别人劝我别太忙了的时候我都会不自觉地想起先生那执着的身影，自叹不如。另一位令我特别敬佩的是聂兰生先生，她是我读研究生时才调回到学校的，所以指导我们设计课次数不多，但她那优雅的气质、帅气的草图，以及耐心启发和引导我们创作时那娓娓道来的语调让我们为之折服。更惊叹于她那超常的记忆力，多年以后见到先生，她对我们班上的同学如数家珍，哪个同学有什么特点，脾气秉性她还都记得非常清楚，就像母亲在说自己的孩子似的。这两年聂先生患病在家，每次去看望，她总是高兴地和我们一起回忆过去的时光，关心我们的成长和进步。虽然年老体弱，但还是那么优雅、精神！再一位令我印象极深的是已经故去多年的童鹤龄老先生，他指导我们的设计课，尤其擅长水彩渲染，同学们都盼望让童先生在自己的图上改几笔、画棵树，他以娴熟的笔法三下五除二就可以让原本要画砸了的图纸顿时有妙笔生辉之感。当然童先生脾气也大，看到谁不认真、不听话都会怒斥一番，有一次竟在课堂上与另一位陈瑜老师为用牙膏洗图的方法大吵了一架，让我们学生领教了老师们的个性和执着。相比起童先生的脾气，张文忠先生就特别文雅，虽然很有水平和资历，但总是耐心细致地为同学改图，说话声音不大却很有魅力，脸上总露着令人鼓舞的微笑。也因为张老师有亲和力，我最初报考了他的研究生，不巧他很快去美国做访问学者，我便转投到彭先生门下。毕业后与张先生见面不多，今年年初时通了电话，先生的声音依然是那么慈祥。说话声音小且带着四川口音的是胡德君先生，那时他是系主任，比较严肃，话也不多，但非常认真，记得在设计课上好像胡老师改图总是用时最长，跟他那组同学中午吃饭老是落在后面。读研时跟彭先生、胡先生一起去黄山，才发现胡先生有说有笑，还挺幽默的。章又新先生也是我非常敬佩的老师，那时他在工业教研室教我们做工厂总平面，同学们都记得住他曾经操着浓重的江南口音告诉大家："画总图等高线难是不难，就是有点儿烦。"后来我们才知道章先生还是水粉渲染的高手，彭先生几次参加设计竞赛都请章先生合作画大幅的渲染图。毕业后我在深圳华森公司工作期间，公司还请章先生来工作过一段时间，使我们之间的师生关系更加亲切。去年章先生出了一套画集还专门托人送给我，十分感谢！其实要说绘画高人，黄为隽先生的铅笔画造诣极高。记得那时资料室里有本美国考茨基的铅笔画集，与之相比，黄先生的水平真是旗鼓相当。另外黄老师是从新疆设计院调来的，他有很多工程经验也让同学们很敬佩！更让我敬重的是黄老师的为人非常谦和，对任何人都总是彬彬有礼，说话也很有修养。听说前些年大家推举他当院长也被他婉拒了，真是可惜。其实那时候在学校老师里有机会做工程的人不多，除了彭先生设计了水上公园熊猫馆，张文忠先生设计了塘沽火车站之外，记得张敕先生设计过小白楼附近的一个高层办公楼，还组织我们学生到工地参观，那时天津高层很少，看到张老师能设计这么个大建筑，有那么多工人为它工作，觉得真了不起。八楼后面有一个小楼是天大设计院，我们每天去食堂都会路过，偶尔溜进去看看工程蓝图，感到很复杂。设计院里有一位老师叫邹德侬，他不仅画图、做设计，业余时间还写书和翻译。好像每周都会拿着一摞手稿来到教室交给坐在我旁边的女生戴月帮他誊写。后来邹先生和我们院龚德顺大师还一起合著了一本《中国近现代建筑史》，他是研究我国现代建筑史的奠基人之一。另外一位荆其敏先生也算是打开天大建筑系国际交流大门的先行者，他在改革开放之初就去了美国明尼苏达州立大学进修，回来后组织了几批美国大学生的暑期研修班，那是我第一次面对面接触外国人，在交往中不仅了解了美国建筑教育的一些情况，还锻炼了我的英语听说能力，而且还与一个美国学生成为了好朋友，至今还保持着联系。还应该提到王乃香老师，她不仅指导过我们的设计课，还是我们研究生班的指导老师，对我们的论文写作和毕业分配都有很多帮助，非常和蔼热情。后来她女儿肖兰毕业来我院工作，使我能常常知道王老师及肖老师的消息，如今肖兰已成了我院下属华森公司的副总经理，很能干，这也说明了有良好家庭教育的重要。其实说起老师，我脑子里能够想到的还有很多：像教过我们建筑初步的刘宗文老师、高轸明老师、王玉生老师、陈瑜老师；带过我们设计的王淑纯老师、羌苑老师、杨永祥老师、潘家平老师、屈浩然老师；教规划的沈玉麟先生、方咸孚老师、魏挹澧老师、胡德瑞老师；教住宅设计的高树林老师；教历史的冯建逵老师、杨道明老师、周祖奭老师；教工业建筑设计的何广麟老师、王福义老师、杨培元老师；教构造的杨学智老先生；教建筑物理的沈天行老先生；教园林景观的王全德老师；教专业英语的乐民成老师、石承露老先生；教绘画的王学仲老先生、窦今翔老师、杨康勇老师、徐磊老师；还有系里的领导，办公室、资料室的老师们，还有当过我们班辅导员的曹治政老师，带过我们测绘的卢绳老师。另外还有一位法籍华人老师我已记不清名字，他短期带过我们的设计课，介绍当时国际上兴起的解构主义建筑思想，印象深刻。实际上还有一位老师对我一直关心备至，她是暖通专业的王荣光老师，王老师是我父亲的大学同学，我上学时每周都会去王老师家改善伙食、学习英语，她待我就像自家孩子一样，让我心存感激。如今这些老师们有的退休多年很少见面，有的年事已高不常出门，也有的已经过世。但在我的记忆中还是当年那些亲切慈祥的面容，十分想念他（她）们！

"文革"十年建筑学教育中断，所以老师们对我们恢复高考后第一届学生倾注了格外的热情。那时教材没有，参考书少，外国专业期刊断档，老师们就用小钢笔把著名建筑案例画下来，再影印给我们。拿着那些厚厚的影印课本，看着那些精美的建筑画，每每让我感动。可惜不知这些资料放在哪儿了，哪位同学有可以拿出来留作纪念！

老师们不仅教我们设计的原理和技巧，也在言传身教中告诉了我们做事和做人的道理。记得有的老师说："如果你不知道怎么下手做设计，那就找个建筑去观察，挑毛病，发现问题去解决，这就是设计的开始！"有的老师说："天大和别的学校比，要比实干，有人说我们天大培养的都是哑巴建筑师，会干不会说，很受用人单位欢迎！"有老师嘱咐我："工作后每年争取在学报上发表一篇文章，对自己是总结和思考，也让学术界注意你，了解你。"还有老师说："在工程设计中要注意保护自己的创新点，不要轻易让别人关注到，这是一种在外部环境不理想的条件下使用的一种策略。"也有老师说："毕业以后到社会上去，要低调，要知道做事和做人的关系，要想把事做好、做的长久就一定要注意自己的为人之道，有些前辈的经验教训要引以为戒。"说实话，老师们当年说的话我并不完全理解，或者说也没有真正体会到其中的分量。可是工作这么多年了，回头想想自己走过的路，的确或多或少印证了老师们的经验之谈，许多关键时刻老师们的嘱咐似乎还响在耳旁，提醒和鞭策着自己。所以有时候我和周围的年轻人聊天，也常常说起这些，说说自己做人和做事的体会，说起老师们的教诲。其实这其中并不仅仅是那些收获，更多的是深深的感恩的情感！

前不久，我们设计院举办了一次青年建筑师的座谈会，主题是"建筑师的修养"。在会上，我们请了我的师父，也是布正伟总建筑师的同班同学梁音天先生。我们在一起回忆从前工作的经历，也不约而同地谈到天津大学对我们的影响。我们谈到徐中先生，我没有亲身接触过徐中先生，但是徐先生的作品确实给了我们永远的思考。最近，应学校的要求，我参加了天津大学新校区的设计，在思考如何在新校区中传承天津大学的文脉时，我感到了深深的压力。

此外，刚才通过几位老师和学长介绍跟着徐中先生学习以及受教育的经历，我认为这对我是一个很好的学习机会。其中提到徐中先生开创了我国建筑测绘的工作，尤其是对承德避暑山庄和外八庙持续的测绘，也成为现在保护这些历史文化遗产的一个很重要的依据。我最近恰好应承德市政府的要求，组织一些专家参与外八庙环境整治的工作。我觉得我们今天的工作仍然和徐先生当年的工作息息相关，徐先生的谆谆教导和他理论上的建树都需要我们在今后的工作学习中不断去领悟的。

我非常感谢母校对我的教育。我每次回学校见到老师，或者在其他会议上见到老师，他们都会给我很多的帮助，因此我也有着一份深深的感恩的心情。有很多天大校友都在中国建筑设计研究院工作，而现在每年天大建筑学院也会给我们推荐优秀的毕业生来工作。这次我们回母校天津大学参加徐中先生百年诞辰的纪念活动，经过院里的商量，现捐出十万元放入"徐中奖学金"中支持我们的教育，我们希望这样的捐助可以持续下去。

○ 朱文一 ○

清华大学建筑学院院长

传承前辈大师遗产·开拓建筑教育明天

INHERITING TREASURES FROM SENIOR MASTERS, FORGING THE FUTURE OF ARCHITECTURAL EDUCATION

今天，非常荣幸能够有机会参加徐中先生诞辰100周年纪念会。感谢天津大学建筑学院张颀院长的邀请。尽管我没有见过徐中先生本人，但多年来，与天津大学的老师和学生有着不间断的接触与交流，特别是去年带队参加天津大学建筑学专业教育评估，让我对天津大学建筑学院的历史和现况有了更多的认识。上个月得到纪念会通知后，我又阅读了有关徐中先生的文献资料。下面从几个方面谈谈我对徐中先生粗略的解读。

一、前辈大师遗产丰厚

老一辈建筑大师大多多才多艺，涉猎广泛，为后人留下了丰厚的、多方面的建筑遗产，成为今天中国建筑事业发展的基石。徐中先生是其中的佼佼者，他既是建筑大师，也是建筑理论家，同时又是建筑教育家。桃李满天下的同时，留下了当代中国著名建筑学府——天津大学建筑学院。他对建筑事业的热情投入和巨大贡献为我们树立了榜样。

二、前辈大师独树一帜

前辈大师有着敏锐的学术洞察力，不仅对所处时代的建筑状况了如指掌，更对建筑的发展趋向有着独到的见解和认知。徐中先生对建筑创作及建筑理论的探索、对建筑教育规律的把握和实践，都表现出极其深厚的学术功底。天津大学建筑学科鲜明的发展特色与徐中先生对建筑设计的独到见解和坚持不懈的探索与追求是分不开的。作为后辈建筑工作者，应该学习他对建筑学术独树一帜的执着追求，学习他对建筑教育事业的探索精神。

三、前辈大师社会责任

前辈大师都有着坚忍不拔的意志品质以及对国家的高度社会责任感。徐中先生在抗战时期投笔从戎，加入到抗战前线中，通过自己的建筑专业技能设计战壕，报效国家；解放后投入到轰轰烈烈的国家建设事业中，在建筑创作、建筑教育等领域取得成就。与时代变革和国家建设同呼吸、共命运，在坎坷中，徐中先生闯出了建筑的成功之路。当今的中国正处在前所未有的大规模建设中，今天的建筑师可谓生逢其时，他们应该学习徐中先生身上体现出的高度社会责任感，更加自觉地加入到国家大建设的洪流中，以自己的专业所长加倍努力工作，回报社会、报效祖国。

四、前辈大师桃李天下

徐中先生桃李满天下，清华大学吴良镛院士就曾是徐中先生的学生。据吴先生回忆，在南京中央大学读书期间，徐中先生还是他的启蒙老师。吴先生一直与徐中先生保持联系，直到1985年徐先生去世为止。2002年9月27日，"纪念徐中先生诞辰90周年暨建筑教育学术研讨会"在天津大学召开，吴良镛先生亲自到会参加了纪念活动。对今天的纪念会，由于身体原因，吴良镛先生不能到会，他特意请我代为转达他对恩师徐中先生的缅怀和纪念。

今天，我们看到，徐中先生留下的最大遗产——天津大学建筑学院正在蓬勃发展。在彭一刚院士的带领下，天津大学建筑学院传承徐中先生的学术精神，保持特色，开拓进取，在人才培养、建筑创作实践、对外交流等方面取得了令人瞩目的成就。特别是在建筑创作领域，涌现出了以崔愷院士为代表的一批建筑大师，为国家建设和学术发展做出了突出的贡献。作为兄弟建筑院校的院长，我谨代表清华大学建筑学院参加今天举办的徐中先生纪念会，共同缅怀前辈大师的学术人生；同时，也祝贺天津大学建筑学院所取得的成就，并衷心祝愿天津大学建筑学院在未来的发展中取得更大的成绩。让我们共同努力，为转型期中国建筑教育的大发展添新砖、加新瓦。徐中先生的学术精神长存。

○ 吴长福 ○ 同济大学建筑与城市规划学院院长

向我国建筑教育先驱致敬

A HOMAGE TO THE PIONEER OF CHINESE ARCHITECTURAL EDUCATION

徐中先生与其他同时代的我国早期建筑教育家一样，他们瞄准世界学科发展的主流，学贯中西、勤于钻研、为建立中国自己的建筑教育体系与教学模式，义无反顾，责无旁贷，潜心追求，他们身上所蕴含的探索精神，是直接推进中国现代教育发展的重要动因。前辈建筑教育家所进行的时代性实践，今天依然给我们以深刻的启迪。首先是国际视野。徐中先生他们亲历国外名校的专业教育，回国后适时将成熟的思想与方法应用于教学，其中无论是学院派还是现代建筑教育思想，重点是以开放的姿态对待起步中的本土建筑教育。徐中先生即使在政治形势不利的时候，也始终倡导要了解世界建筑发展状况，可以说在国际背景下考量中国建筑学科发展是那一代人的共同心结。其次是师资流动。徐中先生曾辗转国内四地三校，除因战事迁校之外，均出于学科创建需要。在 20 世纪 30 至 50 年代中国建筑教育创建阶段，诸多建筑教育名家以事业为重，四海为家，大都有多所院校的执教经历。教师是办学的关键，师资交流特别是名师的流动，对提高国家的整体建筑教育水准和完善学科布局起到了极好的促进作用。再则是联系实际。徐中先生等我国早期建筑教育家都非常注重建筑专业教学与实践的结合，并以此使教育更为务实、更紧贴国情，他们身体力行地参与建筑创作，与行业界保持有高度的联系，他们既是建筑教育家，又是出色的建筑师。而当时最为优秀的建筑师直接参与院校建筑教育更为我国早期建筑人才培养提供了十分有效的保障。

同济大学建筑学科是中国现代建筑教育发展的积极推动者，也是受益者。与天津大学相同，同济大学建筑学科创建于 60 年前的全国院系调整，当时由华东地区多所学校的建筑系合并而成，师资群体拥有英、美、德、法、奥、日等多国教育背景，大家云集，思想活跃，学术氛围多元交融、兼收并蓄。在之后长期的发展过程中，在凭借自身不断实践探索的同时，一直得到全国各兄弟院校的宝贵支持和帮助，也一直受到包括徐中先生在内的建筑界前辈的热情关心。

在同济与徐中先生结识最久的要数谭垣先生（1903—1996）。谭垣先生 1931 年从宾夕法尼亚大学毕业回国后不久便开始在中央大学任教，是徐中先生在中央大学学习时的老师。1939 年至 1950

年徐中先生回中央大学执教时期，又与谭垣先生一起共事多年，两人亦师亦友，感情颇深。徐中先生曾称赞谭垣先生给中大设计教学正规化奠定了基础，而谭垣先生晚年称赞最多的学生就是徐中先生。徐中先生作为天津大学建筑系主任，在各类学术与教学研讨活动中与同济教授都有着很好的互动与交流。1960年初同济大学建筑系主任冯纪忠先生（1915—2009）提出"建筑空间组合原理"，即以建筑空间为纲，根据空间共性而非传统的建筑功能类型来组织建筑设计教学。这一在当时并不被大家所理解的教学体系，在全国建筑学专业会议上却得到了徐中先生等极少数专家的肯定，40年后冯纪忠先生在谈及此事时仍十分感慨。学术上的包容与尊重成全了前辈间的一段佳话。

时光荏苒，斗转星移。徐中先生等中国建筑教育先驱们在渐渐地离我们远去，而他们的思想光辉将在中国建筑发展的时代记忆长河中永恒闪烁，他们所开创的中国建筑教育事业也将在一代又一代后继者的传承下不断前行！

怀念徐中先生

RECALLING PROF. XU ZHONG

○ 赵万民 ○ 重庆大学建筑城规学院院长

徐中先生是我国当代建筑学界的一代宗师，建筑技艺精湛，博学多能，桃李满天下，他一生以弘扬民族文化为己任，淡薄名利，虚怀若谷，致力于中国建筑文化的传承与光大，为中国建筑事业发展、20世纪中国建筑教育做出了重要的贡献和开拓性的工作。抗战期间，徐中先生曾投笔从戎，后受鲍鼎先生之邀任教于中央大学，此时中央大学建筑系在重庆大学的松林坡与重庆大学建筑系比邻设馆，支撑着当时中国的建筑教育。徐中先生与杨廷宝老先生共同创造了当时兴盛繁荣的沙坪坝时代，在我国的建筑和文化史上是重要的一笔。在重庆这一时期，徐中先生留下了许多重要的作品，比如重庆巴县县政府办公楼、礼堂、重庆波兰使馆、中美合作礼堂等设计，成为重庆近代优秀建筑的重要一笔。

徐中先生不但是一位成果卓著的建筑学家，更是一名循循善诱的建筑教育家，非常遗憾我没有接受徐中先生的教诲，但是当今中国建筑学界非常多的著名学者如吴良镛院士、彭一刚院士、戴复东院士等都曾经是徐中先生的学生。不少曾经受教于徐先生的著名学者都对徐中先生的人生境界和治学态度表示叹服和钦佩。

正如前人对徐中先生的评价：开放的学术思想，平易近人的学风，孜孜不倦地培养新人，虚怀若谷的人生态度是先生高贵品质的写照。

作为天津大学建筑学院和中国建筑教育体系的重要创建者之一，他始终把基础教学放在首位，并认为只有通过良好的基础教育才能使学生真正体会到建筑设计传承与发展的统一，先生还非常重视示范教学，教学相长，重视心性的培养，人品教学修养的培养，并且鼓励独创，倡导严谨、扎实、厚重的基本功和基本能力的培养，这些主张对于我们今天的建筑教学仍然具有十分重要的学术意义。

感谢徐中先生

GRATITUDE TO PROF. XU ZHONG

○ 刘克成 ○ 西安建筑科技大学建筑学院院长

面对老一辈建筑学人，我时常感觉特别惭愧。从开始学习建筑到现在，我们几乎花费了所有时间去学习西方建筑历史，了解西方建筑师。而对中国建筑的历史以及中国建筑师知之甚少。也是在近五年，我有机会陆续参加海峡两岸一些老一辈建筑师及建筑院校的学术研讨会，才有机会从那些引导我们入门的先生的口中，了解先生的先生——那些奠定了中国现代建筑教育的先驱者及其贡献。在我们过了四十岁，到了五十岁，奔向六十岁的时候，我们才发现先生以及先生的先生们，有多么了不起。我们自己的身上又有多少挥之不去的先生给予的印记。

过去，我对徐中先生知之甚少。今天，从前面诸位前辈的追忆中，我才有幸了解徐中先生，也从另一个视角进一步认识天津大学建筑学院。

在此，我无法用更多的语言描述我内心的感受，我想鞠三躬来表达我的敬意。

第一躬，我要向徐中先生致敬。正是像徐中先生这样一批前辈，开拓了中国现代建筑和现代建筑教育事业，奠定了现代中国建筑及建筑教育的基础和格局。

第二躬，我要向以彭一刚先生为代表的天津大学建筑学院的先生们致敬。20世纪80年代，在我学习建筑之初，有两本书对我影响非常大，一本是被当时称为"十八块"（因为书价十八元人民币）的《建筑画集》。这是我们改革开放以后出版的第一本建筑画集，天津大学老师们的作品占据了书中很大比重，比如彭一刚先生、童鹤龄先生、章又新先生等就是其中的佼佼者，其作品都是学生争相模仿的对象，流传甚广。第二本书是彭先生的《建筑空间组合论》，这也是改革开放之初中国建筑界为数不多的原创建筑理论著作。这本书是引导我以及那时候学习建筑学的学生的必读书目，堪称那个年代建筑学学生的圣经，影响甚大。以彭先生为代表的天津大学建筑学院的先生们，影响了改革开放之初中国建筑教育的基调。

第三躬，我要向以崔愷院士为代表的天津大学建筑学院毕业生致敬。也是从20世纪80年代开始我就由衷地佩服天津大学的学生，记得是从第一届到第二届全国大学生建筑设计竞赛，天津大学几乎囊括了一、二、三等奖近半壁江山，他们设计作品所体现的扎实基本功给我留下深刻的印象，崔愷先生也是其中一员。在从事建筑事业的二十余年中，我有机会近距离接触了更多的天大建筑学人，从崔愷、周愷到李兴钢及更多朋友，天大建筑学子对建筑本体研究的坚守和执着令人敬佩。

在当今时代，建筑理论砂石俱下，许多人对关系学的兴趣远大于研究建筑本身，对"说"建筑的兴趣甚于做建筑。其实建筑学不管有多少理论，建筑师还是要以营建为己任。无论建筑的外延有多么广阔，建筑的内涵有多么深刻，建筑的尺度、比例、空间、材料、结构等一系列本体语言及逻辑依然是建筑师不能回避的问题。从徐中先生到彭一刚先生，再到崔愷先生，三代天津大学建筑学人始终坚持建筑本体研究，这不仅表现出建筑师个人的追求和定力，更彰显出天津大学建筑学院的一种传统。为此，我要向天津大学建筑学人表达我深深的敬意，谢谢天津大学！

编织中国建筑之网

BUILDING THE NETWORK OF CHINESE ARCHITECTURE

○ 魏春雨 ○ 湖南大学建筑学院院长

我来自湖南，湖南对于早年的中国建筑而言，委实是一个南蛮之地，似乎无缘享受到徐中先生建筑思想福祉的照耀，但是听到刚才前辈及学长的讲话，我发觉我们其实都是同一棵大树上长出来的芽。湖南大学建筑学科的创始人柳士英先生和徐中先生同是江苏老乡，湖南大学建筑学科的另一个创始人刘敦桢先生是湖南人，后来也到了中央大学。钟训正老师是湖南人，20 世纪 50 年代师从过徐中先生以后又回到湖南大学执教几年，钟先生是我老师的老师。这几年我跟孔宇航院长一起师从齐康先生，如果说齐康先生是徐中先生的学生，我们还是能够算作徐中先生的徒子徒孙的，不管这个关系是直接的还是间接的。前辈先贤编织了中国建筑之网，不管你是否承认，我们都在这张网里，攫取营养，不断成长和进取。不管在何方，作为徒子徒孙的我们，一定会把这张网继续编织下去。

感恩与传承

THANKSGIVING AND INHERITANCE

○ 段进 ○ 东南大学建筑学院副院长

今天作为天津大学学子的我，感慨万千。首先向各位前辈和老师表示感激，向大家鞠个躬来表达我的感恩之情。

作为天津大学的学生是幸运的。我给大家看几张我收藏了30多年的草图，这是一张我们二年级时黄为隽老师在课堂上给我们改方案时的手稿（图1）。

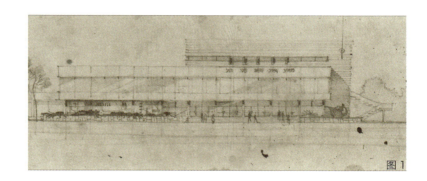

图1

记得当时黄老师边讲边画，生动地从方案分析到设计、形式表达到审美以及绘图技巧一气呵成。第二张是张文忠老师上公共建筑原理课时，张老师给我们讲述西方建筑形式时，所画的建筑草图（图2）。这些不是作品，只是上课时的示范图，这也不是一两位老师的个案，而是整个天大建筑系教学的风气。老师们的教学方法极大地调动了我们学生的兴趣。这几张图是彭一刚老师的草图手稿（图3），本科时彭老师没有教过我们78级设计课，但我们知道他手头功夫好，这几张草图是我们通过其他途径，千方百计找到的，后来成为了我们学习的摹本。更有幸的是，我硕士研究生师从彭一刚老师，期间受益匪浅，这也成为我日后学术生涯的鞭策和动力。这里还有一张是四个小透视的小样图（图4）。当时彭老师做全国政协大楼方案设计，我和崔愷师兄帮着赶图，这张小样图是彭老师亲手给我们做的样稿，后来怕我们来不及，他一个下午自己将4个小透视放大，当时没有电脑，全是用尺子手工绘，其准确度和精美让我和崔师兄赞叹不已（图5）。彭老师言传身教，要求严格，我们在读研期间都进行过用小钢笔磨尖画满零号图的训练。虽然当时画得很累，每张图要画一个星期左右。但现在回想起来，这对我们的基本功训练起到了很好的作用。因为要用小钢笔画满一张图，图中每一个细节都是要仔细考虑后才能下笔，每一棵树、每块石头、路形路面都是要先经过设计（图6）。画一树一石都要考虑其空间的作用和形态的构成，决不是简单的画图。这对培养我们的基本功和严谨的作风以及较强的构形能力起到了很好的作用。今天我们在这里纪念徐中先生百年诞辰，感恩先生的教诲，我们年轻的几代虽然没有能亲身直接受到徐中先辈的指教，但我

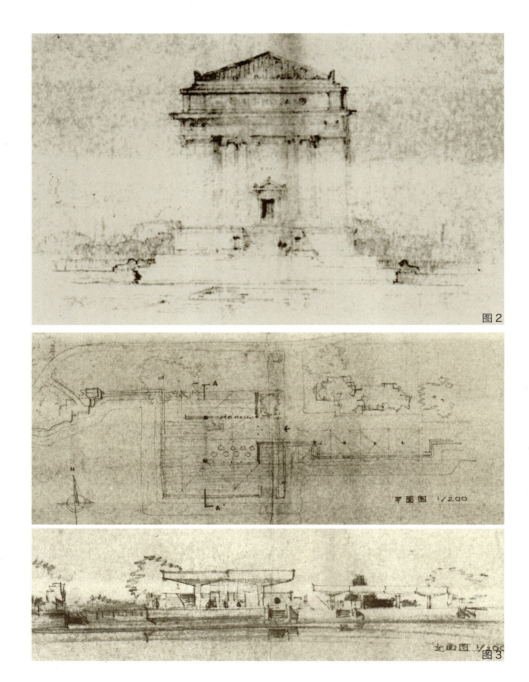

图2

平面图 1/200

立面图 1/200

图3

图4

图5

图6

们有幸受到了徐中先生的第一代、第二代传人的教育。从刚才戴院士和彭院士等前辈的回忆中，从以往我们所受到的教育中，我们能深切地感受到徐中先生的教学理念和学术思想得到了传承。这种传承也包涵了饮水思源的优良传统。

同时，今天我也受王建国院长所托代表东南大学建筑学院对徐中先生表达怀念和敬意。徐中先生在东南大学任教期间，教授过许多学生，一些学生今天已经成为院士、大师。后来徐中先生到天津大学开创建筑系，可以说两所学校是同根同源，具有非常相似的老一辈的优良传统，尤其是在注重实用功能、形式美学和物质环境设计等方面。到目前为止两校的优势和面临的挑战仍然十分相似。在教学理念上，注重务实和设计基本功的培养，学生基本功扎实、方案构思能力强、为人谦虚谨慎。但也都面临不利城市区位的挑战，活力和冲击力也需加强。因此，我们两校就更需传承相互交流的传统，加强合作，共同努力，共同面对未来，努力培养出更多的像东南大学的王澍、张永和，天大的崔愷这样的优秀人才，为建筑学科的发展做出新的贡献。

RESEARCH OBJECTIVES OF XU ZHONG ARCHITECTURAL AESTHETICS AND THE ACHIEVEMENTS — FOR THE 100TH ANNIVERSARY OF THE BIRTH OF XU ZHONG, THE FOUNDER OF THE ARCHITECTURE COLLEGE OF TIANJIN UNIVERSITY

徐中的建筑美学研究及其价值、影响、启示
——纪念天津大学建筑学院创始人徐中先生诞辰 100 周年 *

○ 布正伟　　○ 中房集团建筑设计有限公司顾问总建筑师、布正伟创作室主持人

提要： 为纪念我国杰出的建筑师、教育家、理论家徐中先生诞辰 100 周年，本文探讨了他在建筑美学研究中所展示的目标、成果、价值、影响，以及对当今切合时宜的启示。

关键词： 建筑美学　美的形态　建筑艺术特性　建筑艺术手段　主观能动性　建筑新风格

1 徐中建筑美学研究的目标是做优秀的建筑师

徐中先生（1912—1985）作为我国建筑界杰出的建筑师、教育家和理论家，他职业生涯中所付出的一切努力，包括对建筑美学的潜心研究，都始终聚焦在"做优秀的建筑师"这个目标上，而事实上，他本人就是那个时代才华出众的优秀建筑师。

早在中央大学读书时，他的建筑设计作业就常登在上海的《建筑月刊》上，而在二年级暑假时，就为青岛金城银行设计了一栋英国半木式小住宅。1937 年获得美国伊利诺大学硕士学位回国。1939 年应聘就教于中央大学，一年之后，时年 28 岁便提升为正教授。在教学之余，他先后设计了巴县的政府办公楼及礼堂、重庆

---

* 该论文原载于《建筑学报》2012 年第 5 期（插图有调整）

波兰使馆、外交部食堂兼礼堂、南京中央音乐学院校舍、南京龙潭山北伐战争龙潭战役"督师台"、上海龙华机场站房、南京"馥园新村"住宅。1950年后，又设计了北京新华印刷厂、国家外贸部大楼、天津大学第5至第9教学楼（天津大学主楼）和图书馆等。此外，还参加了国内国际重大建筑方案设计活动。徐中先生的丰富创作实践，是他后来迈向建筑美学理论研究领域坚实的奠基石。

1954年，徐中先生被任命为天津大学建筑系主任，他对教师对学生强调得最多的，就是"动手能力"。他批评只动嘴不动手的教学方法，要求教师把布置给学生的设计课题自己先做，并亲自为教师、学生改图。但同时，徐中先生也一再强调：既要动手，又要动脑，设计功力离不开理论思考。他对自己提出了更高的要求："既做有理论头脑的建筑师，又做能动手设计的理论家"——这就是徐中先生的建筑知行统一观。

2 徐中在建筑美学研究中建构的理论框架系统

徐中先生的建筑美学研究，是从1956年响应"向科学进军"的号召，撰写《建筑与美》论文开始的。那个时期，一方面形式主义、复古主义建筑思潮影响令人甚忧，而另一方面，大家对"实用、经济，在可能条件下注意美观"的建筑方针，也存在着各种不同的模糊认识。徐中先生认为，"从美学的观点来考察建筑，是有助于对建筑的正确理解的。"[1]在这篇论文中，作者敏感地抓住了建筑美学中的核心问题——建筑中有没有美？是什么样的美？又是怎样产生并统一于建筑户的？这样来切入建筑美学研究，正如牵到了"牛鼻子"一样，一下子就抓住了建筑美学这个庞大系统的主脉。他在其后的研究中，便是紧紧围绕着这条主脉展开的。

1959年4月在上海召开的建筑艺术座谈会上，他以针对性很强的"建筑的艺术性究竟在哪里？"为题，提出了自己的理论观点。之后，又在60年代初分别就《建筑与建筑设计》（1960年）、《建筑功能与建筑艺术的关系》（1962年）、《建筑形式美的规律》（指导王乃香研究生论文，1961—1964年）、《在建筑设计中正确对待与运用结构》（指导布正伟研究生论文，1962—1965年）等专题，阐明了广泛涉及建筑美学范畴的基本理论和基本观点。在厘清了建筑美学理论的脉络之后，徐中先生将研究的最终归宿，直接指向了建筑创作实践中的风格问题。在1962年发表的《发挥主观能动性，创造建筑新风格》一文中，他毫不忌违地提出了"人的主观能动性"在建筑风格创造中起决定性作用的论点。在改革开放初期的1980年，他将该论文中的一部分内容又重新加以整理，发表了《论建筑风格的决定因素》。

徐中先生对发表理论文章，总是采取慎之又慎、宁缺毋滥的态度。正因为如此，他的建筑美学论文虽不以"篇章"的"量"见长，却以"说理"的"质"取胜，并由此而建构起了建筑美学理论的基本框架系统：

1）建筑中美的存在形态（建筑美学研究的切入）：建筑中"合目的性"物质创造中的美（本文拟称为"建筑的生活美"）；建筑中满足精神需求创造中的美，即"建筑的艺术美"；设计创意（包括艺术意图）得以表现所要具有的"建筑的形式美"；不同形态的美在统一中展现的"总体意义上的建筑美"。

2）建筑中美的协调统一（建筑美学研究的展开）：建筑的本质与建筑的双重性；建筑表现的艺术意图与建筑的艺术美；建筑艺术特性及其表现手段的特殊性；建筑艺术美与建筑形式美的关系；建筑形式美的基本规律与法则；建筑功能与建筑艺术的关系；建筑结构在建筑中的地位与作用；材料、结构、技术与建筑艺术表现；从建筑美学看"实用，经济，在可能条件下注意美观"的建筑方针。

3）建筑中新风格的创造（建筑美学研究的归宿）：建筑风格的含义与建筑风格的演变；与建筑风格相联系的各种因素；人的主观能动性的特点在建筑风格创造中的决定性作用；社会主义建筑新风格的民族性科学性与大众性。

3 徐中建筑美学理论精髓所具有的普世价值

20世纪50年代和60年代上半叶，是徐中先生从事建筑创作和建筑美学理论研究成绩非凡的时期。但这其间也包含了他饱受政治运动折磨的日子，后来的十年"文革"，更使他痛失了报效国家的最美好的年华。70年代末病重后，他只能在家指导工作，直到1985年与世长辞。徐中先生给我们留下的不仅有甚称典范的建筑作品和教育思想，同时，还有起着承前启后作用的建筑美学理论遗产。

3.1 徐中建筑美学理论精髓的普世价值之一

他从建筑哲学的高度，厘清了建筑中美的存在形态，以及不同形态美之间的相互联系，为我们解开众说纷纭的"建筑之困"，找到了一条清晰而有效的思考路线。

徐中先生的建筑美学思想是和他对建筑本质的认识分不开的。"在不同时期有不同的建筑，这些建筑都是人们根据当时政治、经济、社会、宗教等生活上的需要，结合当时的具体条件，在自然环境里人工创造出来的生活环境。而这个生活环境，又是运用各种工程技术等物质手段，通过建筑的内部空间、外部空间，或者说各种不同的三度空间组合而成的，是一种生活环境的空间组合……人们创造的生活空间是建筑的本质。"[2] 建筑价值观的差异，就突出地表现在对建筑本质的看法上，而其中牵扯到的最多问题，就是如何去看待建筑中"美"的问题。

马克思有一句经典立论："人是依据美底法则而创造的"，徐中先生在引用时论述道："美感的产生，并不是孤立绝缘地从直觉独自产生的，而是和人们的生活相联系的，只有发觉了事物和生活的联系，才能认识到事物的美。"[1]他认同普列汉诺夫说的："人，一般地都是先从功利的观点来观察对象和现象，然后才在自己对它们的关系上，立脚于美的观点。"同时，徐中先生对车尔尼雪夫斯基提出的"美是生活"也感触很深。在他看来，建筑中的美首先与满足人们的物质生活需求密切相关，满足了物质生活需求的建筑，自然会给我们带来一种"生活美"的感受。"建筑中客观的物质创造中的美主要在于它的合目的性，也就是在于它的实用和经济等等。"[1]即使到了建筑艺术有了长足发展的今天，这一物质生活需求不但没有倒退，反而更加深刻地涉及到了生态、环保、节约资源等各个方面，而其设计理念或创意呢，也正是属于上面提到的建筑里"物质创造中的美"即"生活美"这个范畴。

徐中先生认为，"建筑艺术"是我们有意识赋予"建筑"的，他对建筑艺术的一些诠释，有助于我们对建筑中艺术美形态涵意的理解，如："为了对人的精神上、感受上起作用，我们可以说基本上大部分建筑都应该赋与一定的艺术性"[1]"建筑艺术是为了关怀人的感受，要估计到人在不同生活情况下所需要的不同感受，建筑艺术也要多样化"[1]"建筑中客观的美的创造，在于实用地、经济地、合目的地运用建筑材料、建筑构件，组合起能满足人们物质生活上要求的空间。而建筑艺术的美是利用这个建筑空间组合来作为艺术表现的主要手段（或者说媒介），把艺术意图形象地表现出来。两种美也就在这里结合起来，统一起来。"[1]

综观徐中先生的相关论述，有关建筑中美的形态系统构成，可以作这样的归纳：

建筑"物质创造中的美"
（即"建筑的生活美"）

建筑所展现的总体美
（总体意义上的建筑美）

包括艺术意图在内的设计创意得以
表现所要具有的"建筑的形式美"

建筑"艺术创造中的美"
（即"建筑的艺术美"）

用徐中先生这一建筑美学理论的核心思想，来观察我们现在的设计心态和创作动向，便不难发现，我们往往会自觉或不自觉地把建筑"物质创造中的美"（即"建筑的生活美"）置之脑后，同时又把"建筑的艺术美"与"建筑的形式美"混为一谈，更有甚者，以"主观肆意追求"去作"建筑的形式美"的强行制造，这样一来，被"架空""绑架"之后的"建筑形式美"，便自然而然地成了建筑创作中"最好耍的东西"了！殊不知，"皮之不存，毛将焉附"？！被扭曲了的建筑形式美幽灵到处游荡，而这正是那些"华而不实"或"既不华又不实"，乃至"丑陋失态"的建筑层出不穷、见怪不怪的根源所在。

3.2 徐中建筑美学理论精髓的普世价值之二

他从遵循建筑规律出发，反复强调在设计中要认清建筑艺术的特性，并牢牢掌握建筑艺术表现手段的特殊性，为我们充分发挥设计功力和创作才能匡正了方向。

徐中先生在《建筑与美》《建筑和建筑设计》《建筑的艺术性究竟在哪里》《建筑功能与建筑艺术的关系》等论文中，都一再指出我们在对待建筑艺术的特性，及其表现手段的特殊性方面，很容易出现的问题和错误。"建筑艺术不同于其他艺术，就在于它运用的手段是具有巨大的实用意义经济意义的物质生产。"[3]因而，"我们在物质生产的意义上不能忽视建筑的适用经济，就是在艺术的意义上，为了保证建筑艺术的特性，也应该尽量运用和发挥手段的特性而不能歪曲玩弄和违背手段的特性。"[3]"不要歪曲而是要利用建筑空间组合来做建筑艺术表现……说利用，就是要在这些特性和规律的作用下，在它们的可能条件下，能动地加以这样或那样组合，综合建筑的各个方面，使它达到完美的境地。"[1]"企图突破手段的局限性来作艺术表现，只有歪曲手段，同时也歪曲了艺术。"[1]"……不是过多注意建筑艺术而导致了忽视实用经济，而是歪曲了建筑艺术才造成了忽视实用经济，才失去了建筑中美的统一。"[1]

正确对待建筑艺术的特性及其表现手段的特殊性，还表现在建筑材料和建筑结构的运用上。"建筑的空间结构既是达到功能要求的手段，又是达到艺术要求的手段，它对建筑艺术形式起着规定的作用，所以建筑材料建筑结构的变化发展，直接规定或影响着建筑的表现形式表现方法的变化发展。"[4]徐中先生始终认为，即使变化发展了，在为人们创造合目的性要求的生活空间时，材料、结构与技术的运用，都还是要力求体现"物为人用，物尽其用"和"用得其所"的原则。

反思我们在改革开放以来建筑创作取得的成绩也好，还是目前仍普遍存在的困惑和偏差也好，我们都可以从中找到一条基本经验：凡是遵循了"建筑艺术的特性"

和"建筑艺术表现手段的特殊性"这些客观规律性时，我们就容易做到心顺手巧，顺理成章，走向成功。反之，则会"身不由己""找不到北"而误入岐途。

3.3 徐中建筑美学理论精髓的普世价值之三

他将建筑美学研究回到创作实践，提出了"人的主观能动性的特点"是建筑风格创造中的决定性因素，这是一种"使命感"的激励，也是一种"严要求"的鞭策。

1962年徐中先生完成的建筑美学研究的收官之作《发挥主观能动性，创造建筑新风格》，长达一万六千余字，比构架宏大的《建筑与美》还多出五分之一的篇幅。这篇论文所彰显的学术胆识，源自他对中外建筑发展历史的潜心思考，和他在建筑创作实践中的亲身验证。他的论述凝炼而又鲜活："建筑风格就是人们在一定的历史条件下，在建筑创作过程里，由于对建筑，建筑里的诸矛盾，和矛盾诸方面的认识和观点的异同，建筑创作的技巧和修养的异同，解决建筑问题时所采取的方式方法的异同，从而在建筑上表现出来的形式特征。这里说的认识、观点、修养、技巧和方式方法等等的异同，概括起来，我就把它们称之谓人的主观能动性的特点，而作为风格的形式特征，不是任何形式特征，而是在一定条件下，由人的主观能动性的特点所决定的形式特征。""创作风格总是人的风格……，与其他时代相比较，又是不同时代人的创作风格的时代特性。同样，民族风格、地方风格、集体和个人风格，都是人的创作风格的民族共性，地方共性，集体和个人创作上的共性，也是不同民族，不同地区，和不同集体和个人在创作上的共性。"[5]

在排除诸多似是而非的说法时，徐中先生指出，功能问题，气候问题，材料结构问题，艺术造型问题，建筑经济问题等等，虽然"都和建筑风格有关"，但都不能最终决定建筑风格，因为建筑风格"决定于对这些问题的认识如何，观点如何，在这些矛盾性质的规定下，采取什么具体的途径和手法，来解决这些问题。"[5]"建筑风格"是建筑美学中很难啃的一块"硬骨头"，面对其中各种错综复杂的关系，徐中先生把"影响因素"与"决定性因素"的区分与作用；把"主观能动性的特点"与"建筑上表现出来的形式特征——即建筑风格"之间的因果关系；把个人风格与不同时代、不同民族、不同地方在建筑风格上所具有的"共性"相互依存的内在逻辑等，都讲得一清二楚，这在过去那个历史时期的建筑风格大讨论中确实是难能可贵的，恐怕也是绝无仅有的。

当今，我们已经进入到多元多价的信息社会，建筑风格的创造面临着许多难以把握的不确定因素。我们虽然经过了改革开放以来"眼花缭乱""饥不择食"的风格大混乱时期，但是，时至今日还远未走出"跟风、攀比、张扬、造势、挥霍"

的阴影。从我们建筑师的心态来讲，往往把建筑创作上的偏差或失误归结为"被设计"——认为是迫于客观上的各种压力不得已而为之。重温徐中先生的理论观点，我们便不难理解，不论是客观上的人为干扰也好，还是建筑师本身的问题也好，其要害，都是出在"负面的主观能动性"这一点上。需要指出的是，主观能动性的发挥是离不开设计基本功的，功力差，又"被设计"，自然就更坏事。看起来，作为创作主体的职业建筑师，只有把"严于律己"和"融于社会"科学地结合起来，才能使自己的"主观能动性的特点"，在创造新时代建筑风格的历史使命中尽情发挥，事如人愿。

4 徐中建筑美学研究的后续影响

由于徐中先生所处社会历史背景的特殊性与局限性，他的建筑美学研究未能进一步完善和深入，再加上当时的"政治挂帅"语境，在论述中不免有附加的一些不太自然的语言成分，而当今建筑发展中所面临的新困惑、新挑战，更是徐中先生在建筑美学研究中不可能触及到的。然而，这些都没有使他的建筑美学研究失去应有的光彩。他说过："从 1931 年我开始学习建筑起，思想里就老存在着一个问题：建筑里的艺术问题究竟是个什么问题？"[6]徐中先生一辈子对建筑美学的特殊兴趣和情感，已完全融入到他的职业生涯和他的人格魅力中去了。可以说，不论是作为徐中先生教学团队的成员，还是作为他的学生或他的学生的学生，大家在建筑教育、建筑创作和建理理论建设三个方面的钻研精神、行事作风和实干效应，似乎都融入了他特有的美好建筑理想及其修养根底的基因。

始于 1966 年的文化大革命对建筑教育的摧惨是史无前例的，幸运的是，这之前的教学一直在认真贯彻徐中先生的指导思想，坚持培养学生扎实的设计构思和建筑构图基本功。1977 年恢复高考之后不久，教学成绩的总体水平很快就上去了。在 1981 年和 1982 年举办的第一、第二届全国大学生建筑设计竞赛中，天津大学建筑系获得前三名的人数比例（其中第二届包揽了一等奖的两个全部名额），成了抢眼的亮点。1983 年全国大学生建筑论文竞赛获奖的共有 35 名，天津大学建筑系就占了 10 名，产生了很大的社会反响。1980 年以来，在与日本、美国、德国等建筑界和高等建筑院校频繁的互访交流中，各国专家、学者都对天津大学建筑教育突出基本功训练的办学特色表示赞赏。

自 20 世纪 50 年代以来，徐中先生和他呕心沥血组建的教学精英团队，为国家培养和输送了数以千计的职业建筑师，在这个队伍中，涌现出了许多第一线的设计骨干（包括从国外留学归来创办事务所而独当一面的主持人），这其中便不乏具有社会影响力和设计话语权的"设计尖子"，他们的代表作品已先后载入了中国现代建筑史册。特别应当提到的是，80年代以来的后起之秀们，和兄弟建筑院校的优秀学子一样，在"天时地利人和"的创作大舞台上，展示出了他们生机勃勃、如日中天的风采。如果说彭一刚院士是徐中先生教学精英团队中优秀代表的话，那么，曾作过彭一刚先生的研究生，而今年作为建筑界最年轻的一代当选为中国工程院院士的崔愷总建筑师，便是80后走上建筑创作舞台的姣姣者。与过去相比，这些新一代建筑师们的作品风格虽然发生了很大的变化，但在建筑美学观念上，却仍然坚守着理性与情感交融、艺术与功能辉映、建筑与环境共生的设计思想。这种"自内功而发，认品格为上"的设计心理与气质，其"遗传性"正是来自天津大学建筑教育的美学传统。

徐中先生倡导的以建筑美学研究为中心的理论建设，已幅射到了城市设计、建筑设计、环境设计、建筑史学和建筑哲学等各个领域。特别是在建筑美学范畴方面，徐中先生尚未完成或未能涉及的研究课题，都先后由他的老中青弟子们承接起来进行了探索，诸如：建筑空间组合原理与赏析，建筑设计构思与草图表达，建筑结构运用的思路与技巧，现代建筑审美的变异与软化，建筑语言的运用与审美，走出风格与流派的困惑，走向本土化的建筑创作，以及建筑哲学概论、现代建筑评论等，有关这些方面的学术著作已广为业内关注和传播。

5 徐中建筑美学研究的启示

中国已进入高速发展的关键时期，四化建设中出现的"城市病""建筑病"问题，早已引起我们的担忧和警觉。如何去浮戒躁、正本清源地去寻求治病的"长效良方"，我们可以从徐中先生的建筑美学研究中得到一些切合时宜的启示。

其一，首先要从人才培养这个根本问题着眼。建筑教学改革的深入，在与时俱进中，始终要把学生"能动手又能动脑"的扎实基本功训练放在第一位。

处于知识、信息爆炸的时代，自然需要更新学生的文化心理结构，而创新意识的培养，也需要探索新途径、新方法。这样一来，就不可避免地要给学生增加很大的负担，如果不应时把牢设计基本功扎实训练的目标，学生自然就会在好奇心的驱使下，误入以虚为荣、好高骛远、迷恋花拳绣腿之类虚功的歧途。徐中先生一直把"既能动手，又能动脑，手脑并用"作为设计基本功训练的目标，而当今，设计基本功中"动手"和"动脑"的内涵虽然有了新的充实和扩展，但不论把"设计功力"理解为"动手建构"也好，"作文书写"也好，还是"玩一把游戏"也好，都不能让设计整合、优化的"图式化表达"消失。而现在最难找的，也是我们最需要的，正是心态平和却悟性不凡、动手画出来的东西不论是整体还是局部，都不"跌份"，都不让人"揪心"的建筑师。有一个怪而不奇的现象：操纵鼠标画图也还算熟练，但就是作设计时，连一些基本的比例尺度关系都掌握不了。"创意"跑偏，"求变"失态，"品格"沦丧等，这些都并非是一般方案竞标中出现的个别问题。诸如此类建筑审美直觉的迟钝说明了什么？再次担任天津大学建筑学院院长的张颀先生说得好："在建筑界百花齐放、流派纷呈的当下，建筑教育界也在忙于奔跑和追赶。但在此过程中，就不曾发现有些什么珍贵的东西已经丢掉了？丢掉了就应该回头去找一找。把建筑美学教育与设计基本功的扎实训练创造性地结合起来，是我们的优良传统，如何使这一传统更好地去适应未来建筑人才培养的规划目标，这就需要重新思考、认真探索并切实加以解决。这样去做，不是倒退，而是迷途知返。"

其二，要广为宣扬，建筑创作实践应以坚守建筑的本质为底线，尽其有效地利用资源，让建筑中的生活美艺术美和形式美回归到本土生活空间环境的创造中去。

徐中先生称之为"理论的理论"告诉我们，作为建筑观核心的建筑美学思想，可以而且应该使我们在当今信息化、全球化时代，仍然保持清醒的头脑，始终不移地以"创造和谐宜人的本土生活空间环境"作为多元多价设计的底线，而不要陷入使建筑中的艺术美与生活美相抵毁、形式美与艺术美相背离的"肆欲贪婪"的泥潭。任何建筑作品，其实现的过程和实现后的生存，都需要巨大的诸多资源作为支撑。徐中先生一再强调的"物为人用，物尽其用"和"用得其所"的设计原则，这也是当今建筑实现可持续发展目标所应牢牢记取的。张钦楠先生在《特色取胜》这本专著中，对广义资源概念和"用贫资源建造高文明"的中国最宝贵的传统等，都有十分精辟的论述。他反对用"高耗"去拼"形象"，而提倡以"低耗"去创"文明"，这与徐中先生的建筑美学观念是多么相通相融而发人深省啊！

其三，要着手研究新时代条件下文化形态、社会思潮对建筑创作实践的影响，努力发挥《建筑创作思想史》在宏观上对建筑创作走向的预警作用。

建筑业本来就是一个千头万绪、关系复杂、反应滞后的行业，所以，漫长演化之后的"事后诸葛亮"早已是常态，而这时造成的巨大损失和影响就可想而知了。徐中先生说，中外建筑史上各种风格、流派、主义的形成，都与一定历史条件下的世界观、建筑观、艺术观有着密切的联系，但是他觉得，"过去研究建筑历史，在论述历史背景和建筑活动之间，总缺乏一个创作思想作为联系"[5] 由此，他特别渴望能有他称之为"建筑创作思想史"一类的研究成果问世，这样，我们便可以从中认识思想意识形态影响建筑创作价值取向的客观规律，进而对我们的创作走向起到一定的预警作用。读一读邹德侬先生在《中国现代建筑史》中所洞察、分析的那些曲折起落和人为折腾，我们便能痛切地体会到，徐中先生在建筑美学研究中提出的这一看法和期盼，是深思熟虑，极富远见卓识的。

6 结语

在为徐中先生诞辰100周年写下这些纪念文字的时候，我恰好读到了3月16日《环球时报》采访普利兹克奖评委会执行主席玛莎·索恩的报道，其中，她讲了一段话："当今世界建筑业值得批判的是一种两极分化现象，要么很好、很昂贵，要么太差，根本无法保证居住者的生活质量。我去过很多地方，看过很多建筑。我认为我们面临的问题不是缺少标志性建筑，而是缺少足够多的好建筑。我认为，好的建筑不一定要让我们尖叫，但要拥有优秀的设计、拥有可持续性，能够提供好的生活质量。"当今颇有见地的世界建筑评论者的这些话语，十分切中中国城市化进程中的建筑时弊。由此让我想到，在徐中先生诞辰100周年之际，重温他的建筑美学理论遗产，细细体味其理论意义和现实意义，都是适时且有特别助益的。

参考文献

[1]徐中.建筑与美 [C]// 纪念徐中先生诞辰90周年暨建筑教育研讨会文集.天津:天津大学建筑学院，2002.

[2]徐中.建筑和建筑设计 [C]// 纪念徐中先生诞辰90周年暨建筑教育研讨会文集.天津:天津大学建筑学院，2002.

[3]徐中.建筑的艺术性究竟在哪里 [C]// 纪念徐中先生诞辰90周年暨建筑教育研讨会文集.天津:天津大学建筑学院，2002.

[4]徐中.建筑功能与建筑艺术的关系 [C]// 纪念徐中先生诞辰90周年暨建筑教育研讨会文集.天津:天津大学建筑学院，2002.

[5]徐中.发挥主观能动性，创造建筑新风格 [C]// 纪念徐中先生诞辰90周年暨建筑教育研讨会文集.天津:天津大学建筑学院，2002.

[6]徐中.探讨建筑里的艺术问题 [C]// 纪念徐中先生诞辰90周年暨建筑教育研讨会文集.天津:天津大学建筑学院，2002.

图1

图5

图2

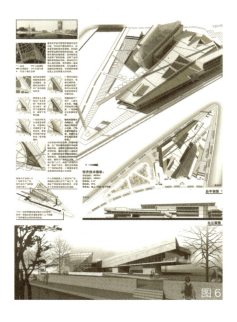

图6

图3

图7

图4

图 2 至图 4 由邹德侬先生提供，图 7 至图 11
由设计主持人提供

图1 青岛英式小住宅（文物保护建筑）1932 年设计（徐中）

图2 北京外贸部办公楼组群临街东侧配楼 1954 年建成（徐中）

图3 天津大学第9教学楼远眺 1954 年建成（徐中）

图4 天津大学第9教学楼近景 1954 年建成（徐中）

图5 1977 年徐中率队作河北盘山规划设计的景观效果图

图6 2003 级本科生优秀作业之一：近代工业与城市博物馆设计（梁丰）

图7 中间建筑·艺术家作坊 北京 2009 年建成（1981 级崔愷）

图8 上海湾·国际假日广场 2008 年建成（1983 级王兴田）

图9 东莞松山湖科技产业园图书馆 2005 年建成（1985 级周恺）

图10 天津中新生态城管理服务中心 2010 年建成（1990 级赖军）

图11 建川文革镜鉴博物馆暨汶川地震纪念馆 2010 年建成（1991 级李兴钢）

后记 CONCLUSION

作为中国建筑界杰出的建筑师、理论家、教育家，徐中先生一生创作严谨、知行合一、桃李满天下。

天津大学建筑学院人才辈出的今天，离不开徐中先生对建筑教学体制与作风的基础奠定。天津大学为曾有徐中先生主持建筑教育工作而感到万分幸运而荣耀。

今天，在学院里，有一座学子为先生立的塑像。让我们敬佩和感动的不仅仅是先生学识的渊博扎实、事业的勤奋执着、为人的温文尔雅，更是先生处处显示出的老一辈知识分子的风骨、良知和人性。

先人驾鹤，风范永存。

As one of the outstanding architect, theorist and educator in Chinese architecture, Xu Zhong had been engaged in architectural creation and integration of the word and the deed all through his life, nourishing accomplished pupils all over the country.

On this day, with generation after generation of talents glorifying the Department of Achitecture, Tianjin University, we can never overlook the foundations which Xu Zhong set in teaching institutions and patterns in architecture. It is our great honor and bliss to have Xu Zhong as the core of architectural teaching in Tianjin University.

Today, on the campus there is a bust of Xu Zhong set up in the name of all the students. Our admiration and sensation is not only attribute to his profound knowledge and persistent practice, but also the character, conscience and humanity of the past generation of intellectuals.

As Xu Zhong has presided himself on the other shore, his demeanors will be cherished forever on this side.